Der Schweizer Knigge

D1725782

CHRISTOPH STOKAR

Der Schweizer Knigge

Was gilt heute?

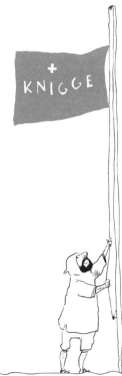

Beobachter
edition

Dank

Für das Vertrauen und die Loyalität danke ich Urs Gysling, Käthi Zeugin und meiner Familie von ganzem Herzen.

Beobachter-Edition
4., erweiterte Auflage, 2013
© 2012 Axel Springer Schweiz AG
Alle Rechte vorbehalten
www.beobachter.ch

Herausgeber: Der Schweizerische Beobachter, Zürich
Lektorat: Käthi Zeugin, Zürich
Illustrationen: illumueller.ch
Umschlag, Gestaltung und Satz:
Buch und Grafik, Isabel Thalmann und Doris Grüniger, Zürich

ISBN 978-3-85569-769-4

Mit dem Beobachter online in Kontakt:
f www.facebook.com/beobachtermagazin
🐦 www.twitter.com/BeobachterRat
g+ www.beobachter.ch/google+

Inhaltsverzeichnis

Ist dieses Buch vielleicht nichts für Sie?

Wer will sich heute schon mit Benimmregeln auseinandersetzen? Korrekte Manieren sind doch etwas für Spiessbürger oder die oberen Zehntausend. Es gibt jedenfalls Wichtigeres im Leben als die Frage, ob man Spargeln mit den Fingern essen darf oder nicht. So viel steht fest.

Und das ganze Regelwerk eines Schweizer Knigge lesen, wer will sich das denn antun? All die hochgezogenen Augenbrauen, diese Drohfinger und Gardinenpredigten, dieses Etepetete-Getue und das kleinliche Pochen auf die Wichtigkeit von Äusserlichkeiten – hallo, sind Sie noch da?

Es gibt zwei Einwände gegen diese Haltung. Erster Einspruch: Gerade in Zeiten der Individualisierung besteht ein Bedürfnis, zu wissen, wie es eigentlich korrekt ginge. Denn Umgangsformen geben Sicherheit, wie Begegnungen zwischen Menschen positiv zu gestalten sind. Sie vereinfachen das Miteinander, beugen Missverständnissen vor, können Karrieren begründen oder gefährden. Das ist ein Fakt.

Tatsache ist, dass jede Form von Gemeinschaft – und sei sie noch so massendemokratisch oder im Gegenteil elitär – ihre eigenen Regeln und Codes kennt. Auch die ehrenhaft mordende Mafia.

Das Dasein ist jedenfalls tiefer von Konventionen durchdrungen, als man das wahrhaben und zugeben möchte. Jeder Mensch praktiziert ein gewisses Mass an Höflichkeit – selbst der bärbeissigste Misanthrop wird hin und wieder ein Bitte oder Merci aus dem landläufigen Repertoire bemühen müssen. Denn ohne Anstand und eine stillschweigende Übereinkunft darüber, was «gut» und was «schlecht» sei, ist kein menschenwürdiges Leben möglich. Die Schweizer Gesetze reglementieren Dinge wie Diebstahl oder Verkehrsdelikte – das allgemeine Zusammenleben also. Ein Knigge-Ratgeber versucht darüber hinaus, ungeschriebene Regeln festzuhalten, über die es einen Konsens gibt. Was der einzelne Mensch mit diesen Kulturtechniken dann macht, bleibt seinem Gutdünken überlassen. Eine Knigge-Polizei gibt es zum Glück ebenso wenig wie ein Gericht, das Sanktionen aussprechen würde.

Oberflächlich betrachtet, scheinen deshalb die Umgangsformen heute viel lockerer zu sein als früher. Doch es gibt eine Vielzahl von nicht explizit formulierten Normen. Die Krux dabei: Niemand wird Ihnen sagen, dass Sie diese oder jene Regel verletzt haben – das bekommt man erst später zu spüren, wenn eventuell die nächste Einladung ausbleibt.

Zweiter Einspruch: Es gibt Situationen im Leben, die fast zwingend ein angemessenes Verhalten einfordern: Todesfälle, Businesslunch & Co., Internetdating. Weil schlechte Manieren nur darin effizient sind, schnell und unbarmherzig einen Graben zwischen Menschen aufzureissen. Unhöflichkeit hat denn auch die verhängnisvolle Eigenschaft, einzig nur Nachteile für den zu bewirken, der sich ihrer bedient.

So weit das Vorwort, mit dem der Schweizer Knigge Ende 2012 erschien. Jetzt liegt er bereits in der vierten, mit Ergänzungen versehenen Auflage vor. Das Echo bei Publikum und Medien war gross, das Thema scheint zu interessieren. Denn eines ist gewiss: Die gesellschaftliche Entwicklung der letzten 25 Jahre hat uns von den Dramen der Schuld und des Gehorsams befreit. Sie hat uns aber diejenigen der Verantwortung und des Handelns gebracht. Vorbei die Zeiten, als man der Nation strikte Regeln ins Pflichtenheft diktieren konnte. Ein Beharren auf sinnentleerten Vorschriften für Anstandswauwaus gibt es zwischen diesen Buchdeckeln jedenfalls nicht. Und über die einzelnen Modalitäten wird von Fall zu Fall verhandelt – sind Sie damit einverstanden?

Christoph Stokar,
im November 2013

 BUSINESS CLASS **ROYAL CLASS**

Diese beiden Rubriken werden Sie neben dem Lauftext immer wieder vorfinden. Es sind Ergänzungen für diejenigen Passagiere unter Ihnen, die zum jeweiligen Thema Aspekte suchen, die auf einen bevorzugt geschäftsmässigen oder betont gehobenen Lebensstil hindeuten. Dann mache ich Sie noch auf die Notausgänge jeweils am Ende der Kapitel aufmerksam – «do» und «no-go» –, heisse Sie herzlich willkommen an Bord und bitte Sie jetzt, sich anzuschnallen. Schwimmwesten sind über das ganze Buch verteilt – ich wünsche einen angenehmen Flug! ■

1 Typisch Schweiz

Autonomie und Unabhängigkeit, das sind Begriffe, die das Selbstverständnis der Schweizerinnen und Schweizer prägen. Wir waren noch nie so frei, dürfen tun, sagen und glauben, was wir wollen – egal, ob wir Frauen sind oder Männer, ob arm oder reich. Normen und Gesetze geben zwar Leitlinien vor, doch in einer Zeit, in der alles möglich ist, fehlt eine gewisse Verbindlichkeit. Den Wurzeln des Schweizer Selbstgefühls geht dieses Kapitel nach, und eine der gewonnenen Erkenntnisse ist eigentlich recht erfrischend: dass das Land ein glückliches sein muss, das bisher ohne Ratgeber, wie es dieses Buch ist, auskam.

Wie anders ist anders?

Adolph Freiherr von Knigge lebte im noch nicht geeinten Deutschland des 18. Jahrhunderts. Sein Buch «Über den Umgang mit Menschen» von 1788 ist ein Werk, das stark vom Gedankengut der Aufklärung geprägt ist. Entgegen dem, was viele vermuten, werden Tischsitten und Ähnliches darin nicht erwähnt. Es ging dem Freiherrn viel mehr um den angemessenen Umgang zwischen den verschiedenen Gesellschaftsschichten als um das Formulieren von Benimmregeln.

Knigges Schrift war ein Buch der Freiheit und wollte ein Bewusstsein für Souveränität und Verantwortung schaffen: Das Bürgertum wurde aufgerufen, sich vom Diktat des Adels zu befreien und ein selbstbestimmtes Dasein zu führen. Der adlige Freiherr von Knigge nannte sich denn auch «freier Herr Knigge». Sein Werk ist übrigens ein sehr lesenswertes – und sehr lesbares – Buch, auch heute noch.

Sonderfall und Willensnation

Die Schweiz kennt keine aristokratische Vergangenheit: Mit den an Fürsten- und Königshäusern gebrauchten Ritualen ist sie wenig vertraut, bestaunt die pompösen Zeremonien im Ausland als leicht amüsierter Zaungast. Das Land war und ist ein Sonderfall mitten in Europa: ein loses, erst später auf Druck von aussen zu einem Staat zusammengewachsenes Konstrukt, das lange Zeit eingekreist war von Monarchien, Kaiserreichen, Diktatoren und Generälen. Im Bewusstsein von Herrn und Frau Schweizer ist dieser Umstand tief verwurzelt.

Die Schweiz ist eine Willensnation, deren Machtgefüge von einer Vielzahl von Mitspracherechten geregelt wird. Diese sorgen dafür, dass das Sagen auf viele Schultern verteilt ist. Wir legen Wert auf Eigenständigkeit und Unabhängigkeit – selbst wenn manches auf Mythen beruht, die nicht jeder kritischen Geschichtsprüfung standhalten.

All dies hat dazu geführt, dass heute der Umgang miteinander in der Schweiz in Nuancen ein anderer ist als im übrigen deutschsprachigen Raum. Wir fühlen uns ausgeprägter einer Harmonie verpflichtet, suchen das Verbindende, nicht das Trennende im zwischenmenschlichen Umgang. Selbst hohe Behördenmitglieder und Wirtschaftskapitäne suchen Nähe zur vermeintlichen Volksseele, signalisieren gern: «Ich bin einer von euch.»

Wir sind im täglichen Miteinander schnörkelloser, pflegen generell eine höflichere Alltagssprache und unkompliziertere Umgangsformen. Und auch dem Statusdenken begegnen wir kritischer, als dies in anderen Ländern der Fall ist: Man hat die Million, zeigt sie aber nicht – hiess es wenigstens noch bis vor Kurzem.

Auf der anderen Seite ist auch eine gewisse Igelmentalität zu beobachten: In der DNA des Schweizer Selbstverständnisses sind Gene des Bergbauern auszumachen, der allem Neuem mindestens mit Skepsis, wenn nicht gar mit Ablehnung begegnet.

Warum ein Schweizer Knigge?

Das alles erklärt auch, weshalb bis heute kein Schweizer Knigge geschrieben wurde, der einen vertieften Überblick über die gesellschaftlichen Konventionen im Land gibt: Man hat vielleicht in deutschen Versionen geschmökert, sich auf einiges selber einen Reim gemacht und sich dabei stets gesagt: Ich bin ein freier Mensch, niemand soll mir vorschreiben, was ich zu sagen oder zu tun habe. Gesslerhüte sind nicht gern gesehen und werden wenn immer möglich ignoriert.

Dass jetzt trotzdem ein solches Buch erscheint, ist den Umständen der Zeit geschuldet. Neuzuzüger von anderswo möchten wissen, wie nicht nur die berühmten Uhren, sondern auch die Schweizerinnen und Schweizer ticken. Im Beobachter-Beratungszentrum treffen immer mehr Fragen ein, die sich um Benimmregeln drehen. Mancherorts ist auch ein Missbehagen zu hören über Zustände, die allenthalben von Rücksichtslosigkeit und Verrohung der Sitten zeugen. Die Wirtschaft mit ihren internationalen Verflechtungen wiederum will Leute einstellen, die ein sicheres und gewandtes Auftreten haben.

Der Versuch, mit diesem Buch quasi Neuland zu betreten, wird also gewagt. Von anderen Exemplaren aus unserem nördlichen Nachbarland unterscheidet es sich vor allem in der Absicht, die Dinge nicht immer so ernst zu sehen. Hie und da soll Humor aufblitzen, manchmal sogar etwas Ironie zwischen den Zeilen zu finden sein. Anderswo würde solches Tun als Zeichen dafür interpretiert, dass nicht mit dem notwendigen Ernst vorgegangen, dem Aufkommen von Barbarei und Endzeitstimmung nicht mit genügend Entschlossenheit entgegengetreten werde.

Doch dermassen verklemmt, wie man den Leuten hier manchmal unterstellt, sind wir nicht. Siebenhundert Jahre Andersdenken haben uns gelehrt, die Dinge pragmatisch zu sehen. Nicht alles muss unbedingt heute verhandelt werden. Die Wartezeit überbrücken wir mit einem launigen Jass, ein paar träfen Sprüchen oder einem Kulturerlebnis voll Originalität und Esprit – Erlebnisse übrigens, die in dieser Vielzahl und Qualität in keinem anderen Land vergleichbarer Grosse über die Bühnen gehen könnten. Ziemlich entspannt wird die Sache also angegangen.

Hiesige Besonderheiten

Die Amerikaner verwechseln «Switzerland» immer noch allzu oft mit «Sweden», die Franzosen nennen uns nach ihrem Käse «petits Suisses», die Italiener spotten «non fare lo svizzero», wenn sie jemanden als Erbsenzähler abkanzeln wollen, und die Deutschen, sie fügen jedem Nomen ein «-li» hinzu, um die sprachlichen Eigenheiten unseres Landes zu imitieren. Wobei sie oft Beispiele wählen, die dann doch nicht funktionieren – Fränkli!

Mit Spott und Häme oder aber mit Bewunderung und Respekt: Sind einmal die gängigen Klischees von Käse, Banken, Bergen und Schokolade bemüht, zeichnet das Ausland ein zwiespältiges Bild der Schweiz. Viele ausländische Medien präsentieren eine geschönte Sichtweise oder suchen im Gegenteil einen wenig schmeichelhaften Blickwinkel, wenn sie das Land porträtieren. In Paris, Hamburg oder London erfährt die Leserschaft von ihren Leibblättern jedenfalls nur wenig Interessantes über die Schweiz. Und wenn in Deutschlands führendem Nachrichtenmagazin «Der Spiegel» von «Baselern» und «Zürichern» die Rede ist, kann bei den so Angesprochenen nicht viel Sympathie für solchen Journalismus aufkommen. Vielleicht sind die Nationen aber auch einfach dazu verdammt, einander durch die verzerrende Linse der Mythen und Stereotype wahrzunehmen.

Vielfalt in der Einheit

Dabei kommen Schweizerinnen und Schweizer mit Widersprüchlichem gut klar, sind sie doch quasi die Personifikation dieser Eigenschaft. Die Willensnation Schweiz lässt sich denn auch viel einfacher durch das definieren, was sie nicht ist, als durch das, was sie ist. Denn das Land ist zur Schweiz geworden, weil die Menschen im Verlauf der Geschichte immer wieder merkten, was sie nicht wollten: Die Nation ist eine zu Verteidigungszwecken geschmiedete Konstruktion. Vom Franzosen Napoleon erhielt sie die Verfassung der Helvetik und vom Deutschen Friedrich

Schiller das Schauspiel «Willhelm Tell», das dem Land eine glorreiche Vergangenheit bescheinigt. Ein gemeinsamer Feind – die Habsburger, die Nazis, die EU, der Concours Eurovision de la Chanson – hat uns Schweizer in der Einsicht bestärkt, dass Zusammenhalten die beste Taktik ist. Das Land existiert, weil seine Bürgerinnen und Bürger daran glauben.

Die Schweiz ist keine gewachsene Kulturnation, sie ist geprägt von mehreren Zivilisationen, Sprachen und Konfessionen. Doch sind die Menschen hierzulande weder eingeschweizerte Franzosen noch Deutsche noch Italiener. Meist drängt sich ein Sowohl-als-auch auf. Die meisten Landesbewohner kennen zwar nicht den genauen Wortlaut der Landeshymne, sind aber trotzdem ziemlich stolz auf ihre Geschichte. Würden sich mehrheitlich wohl – wenn es denn niemand anderes hörte – als Patriotin, als Patrioten bezeichnen.

Im Vorfeld eines Fussballspiels der Schweizer Nationalmannschaft tragen wir bevorzugt ein rotes Leibchen mit weissem Kreuz drauf. Harzt es während der Begegnung einmal eine Viertelstunde lang, werden wir kleinlaut und schämen uns für unseren zur Schau gestellten Enthusiasmus. Wir möchten die Mannschaft unterstützen, verweigern ihr aber die lautstarke Zuneigung, wenn nicht alles wie gewünscht funktioniert. Was kommt dazwischen? Der Perfektionismus? Das stetige Sich-klein-machen-Wollen, damit man ja nicht auffällt und die Schadenfreude anderer weckt? Bescheidenheit?

Ein paar Wesenszüge der Schweizer lassen sich trotz aller Gegensätzlichkeiten ausmachen.

Die Schweizer haben gelernt, mit Widersprüchen zu leben

Die Schweiz ist ein kleines, aber vielgestaltiges Land. Es braucht jedoch gute Ohren, gute Augen und Geduld, wenn man die Vielfalt der Bräuche, Sprachen und Mentalitäten unter der Kontinuität von Landschaft und Alltag wahrnehmen will.

Die verschiedenen Regionen haben sich unterschiedlich entwickelt. Das Zusammenleben früher war geprägt von Selbstversorgung und Selbstgenügsamkeit. Man half dem Nachbarn, war aber darauf bedacht, anderswo keine Begehrlichkeiten zu wecken. Der Schweizer fühlt sich in erster Linie seinem Dorf, seiner unmittelbaren Region, seiner Stadt verbunden – zum richtigen Patrioten wird er erst im Ausland.

Auch heisst es in der Schweiz: Man sieht sich immer zweimal im Leben. In einem Land, das knapp doppelt so gross ist wie das Bundesland Hessen, kann das schnell der Fall sein. Also nimmt man Rücksicht aufeinander. Wer weiss schon, ob der WK-Soldat in ein paar Jahren im Geschäftsleben nicht einen interessanten Auftrag zu vergeben hat?

Die Schweiz: Sie ist reich, aber nicht protzig. Konservativ, aber auch innovativ und liberal. Hat weitreichende politische Mitspracherechte, für die uns das Ausland bewundert, doch nur eine Minderheit nutzt sie je weils an der Urne. Hat Heidi und Mona Vetsch, die beiden Bauerntöchter, Street Parade und Alpaufzug, den besten Fernsehsender der Welt und die schlechtesten Moderatoren darin, die NZZ und den Beobachter, die höchste Tesla-Dichte der Welt (Elektroauto) und die Liebe zu mechanischen Uhren. Die Schweiz ist weltoffen und veränderungsresistent, ist Emil und Pipilotti Rist, mutig und zaudernd und von Querulanten wie Angepassten gleichermassen geprägt. Man bildet sich zwar etwas ein auf die Vielsprachigkeit, aber die Chance ist gross, dass der Romand und die Deutschschweizerin am liebsten Englisch miteinander sprechen – so müssen sich beide einer Fremdsprache bemühen. Mit diesen Widersprüchen zu leben, funktioniert nur, weil das Land selber daran glaubt und gelernt hat, die Unterschiedlichkeit zum Vorteil aller zu nutzen.

Den Konsens stellt die Schweiz über alles

Kappeler Milchsuppe – die wenigsten Landesbewohner könnten die Umstände beschreiben, die 1529 zum kriegerischen Zusammentreffen von Zürcher Protestanten und Innerschweizer Katholiken führten. Die Versöhnung, weil beide Parteien Hunger hatten und sich deshalb Brot und Milch teilten und das Kriegshandwerk ruhen liessen, die ist jedem präsent. Konsens statt Konflikt: eine Schweizer Eigenart, anzutreffen in der Politik, in der Begegnung mit dem Visavis, im Umgang mit der Nachbarschaft, fast überall. Diese Einstellung bildet wohl das Fundament der Erfolgsgeschichte Schweiz, ist man versucht zu sagen.

Jede Veränderung wird deshalb als Verschlechterung des Idealzustands empfunden, die das sorgsam gepflegte Gleichgewicht stören könnte. Die allgegenwärtige Freundlichkeit kann nicht darüber hinwegtäuschen, dass die Schweizer ziemlich reserviert und misstrauisch sind und bei ersten Kontakten erst einmal abwarten, wie sich das Ganze entwickelt. Das eigene Zuhause kann zuweilen Charakteristiken einer Festung annehmen.

Leben und leben lassen

Schweizerinnen und Schweizer sind nicht für das Untertanentum gemacht. Sie dienen nicht gern. Das macht beispielsweise der heimischen Hotellerie immer wieder zu schaffen. Am Arbeitsplatz oder in der Armee gibt es zwar klare Hierarchien, sie werden aber zurückhaltend gelebt. Weil jeder weiss, wer das Sagen hat, wird das Machtmittel kaum gebraucht. Das Duzen über mehrere Stufen im Unternehmen ist nicht die Ausnahme, sondern vielerorts gängige Praxis. Bei gegenteiligen Meinungen wird der gemeinsame Anknüpfungspunkt gesucht. Man wahrt die Form und sucht eine kompromissfähige Lösung. Eine Streitkultur, wie sie unsere Nachbarn kennen, ist hierzulande verpönt: Alles, was nach Konfrontation aussieht,

wird vermieden; die Kavallerie bleibt im Stall. Und hinter einem ehrlich gemeinten Kompliment vermutet der Schweizer eine taktische Finte: Er reagiert mit Abwehr oder wird die Aussage schnell relativieren wollen.

Interessant zu beobachten ist allerdings das Phänomen, dass unter dem allgemeinen Teppich der Konformität auch viele Signale des Anders-sein-Wollens vorhanden sind. Immer wieder haben Schweizer Künstler, Architekten, Schriftsteller und Wirtschaftsleute ausgesprochen Originelles und Einzigartiges geschaffen – und wurden vielleicht zuerst im Ausland berühmt, bevor sie Annerkennung hierzulande fanden. Auch im Alltag lässt sich vieles verorten, was einen Anflug von Weltläufigkeit hat und vermeintlich nicht zum Bild der braven, biederen Schweiz passen will: Kinofilme werden meist in Originalversion gezeigt, der Umgang mit Essstäbchen ist fast überall ein sehr gewandter, man reist an exotische Orte, Yoga steht hoch im Kurs, die Mitgliedschaft in einem Verein ebenfalls. Das Fremde mag zwar abschrecken, fasziniert aber zugleich. Tradition und Technologie bestimmen den Takt des Wirtschaftsmotors. Das Leben hierzulande ist in den letzten zwanzig Jahren jedenfalls bunter, vielfältiger und interessanter geworden. Schön, das feststellen zu können.

2 Sollte, müsste, könnte – die Grundlagen

Niemand mag Vorschriften. Doch eine Reihe von Benimmregeln hat den Langzeittest bestanden, ganz einfach deshalb, weil sie das Zusammenleben einfacher und angenehmer gestalten. Auch heute noch. Oder gerade heute. Dieses Kapitel stellt die wichtigsten davon vor und formuliert die Anleitung «Triple A plus G» als Handlungsmuster, mit dem sich fast jede Situation in Beruf und Alltag mit Bravour und Takt bewältigen lässt. Im Wissen darum, dass nur, wer seinen Standpunkt kennt, ihn auch verändern kann, nimmt der Schweizer Knigge Haltung an und befasst sich mit dem Phänomen der sozialen Interaktion.

In Stein gemeisselt?

Wir mögen keine Regeln und verlieren die Contenance, wenn sie uns aufgezwungen werden. Die Polizistin mit der Busse für zu langes Parkieren und der Gesundheitsapostel, der bei Nichtbeachtung seiner Mahnungen mit um einige Wochen verkürzter Lebenszeit droht: Sie ärgern uns.

Man denkt gern von sich selber als einem ungebundenen Individuum, das lediglich seiner inneren Stimme zu folgen hat. Diese Haltung allerdings funktioniert bekanntlich nur bis zu einem gewissen Punkt. Bis dann nämlich, wenn andere hinzukommen. Damit ein Paar, eine Familie, ein Verein, ein Unternehmen weniger Konflikte austragen müssen, entwickeln sie Regeln – grösstenteils ungeschriebene. Diese geben Sicherheit darüber, was von uns erwartet wird und was wir von anderen erwarten dürfen, so unterschiedlich die Situationen auch sind, in denen man sich befindet. Diese Sicherheit und das Wissen um die wichtigsten Regeln helfen in der überwiegenden Anzahl von Begegnungen, ganz automatisch das Richtige zu tun.

Und seien wir ehrlich, niemand ist so einzigartig punkto Persönlichkeit und gesellschaftlicher Stellung, dass er oder sie das Recht hätte, sich um einen korrekten Umgang mit anderen zu foutieren. Ganze Industrien leben davon, dass wir genau dasselbe kaufen (wollen) wie der biedere Nachbar, von dem uns, wie wir meinen, Welten der ästhetischen Kompetenz trennen. Nein, im Gegenteil, wenn etwas Demut die Verhältnisse bestimmt, kommt niemand zu Schaden.

Eines sei jedoch zugestanden. Der Schweizer Knigge hat lediglich den Anspruch, ein Ratgeber zu sein. Eine Vorstellung darüber zu vermitteln, wie das Zusammenleben in unserem Land sich auch gestalten könnte. Strikte Vorschriften werden darin nicht postuliert – es werden Empfehlungen ausgesprochen. Auch wenn diese als pointierte, klare Aussagen daherkommen, sind sie nicht als unumstösslich zu werten. Wenn Sie persönlich den einen oder anderen der hier gemachten Vorschläge in den Wind schlagen und Ihren eigenen Stil pflegen – zumindest haben Sie vorher davon gewusst.

BUSINESS CLASS
AUF DEM WEG NACH VORNE ODER NACH OBEN?
Der rücksichtslose Karrierist im feinen Tuch unterscheidet sich mental
nicht gross vom Ellbogenvirtuosen an der Grossverteilerkasse: Er hat
nur mehr Glück, umfangreichere Finanzmittel und eine grössere Auswahl
an Erfolg versprechenden Strategien. Der Schweizer Knigge schlägt vor:
«Die Erinnerung an den eigenen ersten Arbeitstag hilft gegen jeden
Anflug von Übermut, Arroganz und Verschwendungssucht.»

Code, Kanal und Kontext – was Kommunikation ausmacht

Mit dem Begriff Kommunikation bezeichnet die Wissenschaft den Ablauf der gegenseitigen Verständigung unter Menschen. Kommunikation ist demnach ein beabsichtigter oder unbewusster, in jedem Fall aber wechselseitiger Prozess des Sendens und Empfangens von Informationen. Elemente dieses Ablaufs sind:

- **Code** – Sprechweise, Gestik, Mimik, Blick, Kleidung, Körperhaltung
- **Kanal** – mündliche Rede, Papier, elektronische Form
- **Kontext** – Zusammenhang, Situation, Beziehungen
- **Inhalt** – Information, Wortwahl

Ganze Bücher wurden geschrieben über Kommunikationstheorie. Ihr vielleicht berühmtester Vertreter war Paul Watzlawick, der den viel zitierten Satz formulierte: «Man kann nicht nicht kommunizieren.» Sobald zwei Personen sich gegenseitig wahrnehmen, kommunizieren sie miteinander. Zudem sagte Watzlawick, dass jede Kommunikation neben der Sachinformation einen Hinweis darauf enthalte, wie der Sender seine Botschaft verstanden haben wolle und wie er seine Beziehung zum Empfänger sehe. Dieser Beziehungsaspekt zeige, welche emotionale Bindung zwischen den beiden bestehe. Watzlawick kam zum Schluss, dass eine konfliktfreie Kommunikation dann gelinge, wenn zwischen den Teilnehmern Einigkeit über den Inhalts- und den Beziehungsaspekt herrsche. Er unterschied dabei nicht zwischen dem Wort und den nonverbalen Komponenten: Tonalität, Lächeln, Blick etc. Beides ist wichtig: das Was und das Wie.

Form vor Inhalt

Aussagen darüber, welcher Aspekt der wichtigere sei – der des Inhalts oder jener der Form –, gibt es viele. Die meisten Wissenschaftler sind der Ansicht, dass die Art und Weise der Botschaft viel zentraler sei als ihr eigentlicher Informationswert, und sprechen von einem Verhältnis von 9:1. Die Form stellt folglich den weitaus bedeutenderen Teil dar.

In diesem Licht betrachtet, machen beispielsweise in der Politsendung «Arena» im Schweizer Fernsehen die Krawattenfarbe oder die Eloquenz, mit der ein Diskussionsteilnehmer seine Ansicht vorbringt, einen viel grösseren Eindruck auf die Zuschauer als die tatsächliche Kraft der vorgebrachten Argumente. Code, Kanal und Kontext bestimmen die Wirkung also sehr ausgeprägt. Man mag die Vorherrschaft des Wie über das Was bedauern, aber ignorieren sollte man diesen Grundsatz nicht.

So viel zu den gängigen Kommunikationstheorien. Dem Satz «Man kann nicht nicht kommunizieren» kann sich niemand entziehen. Und lang vor der Moderne hielt der Engländer John Donne fest: «Niemand ist eine Insel.»

 BUSINESS CLASS
WIRTSCHAFT UND SELBSTMARKETING
Im Zeichen von Dienstleistungskultur und Kundenorientierung erleben gute Umgangsformen in der Businesswelt eine Renaissance. Sie können in Zeiten des verstärkten Wettbewerbs entscheidend für den Erfolg eines Unternehmens sein. Sie signalisieren den Willen zum zivilisierten Miteinander und bezeugen die Bereitschaft, auf die Interessen der Kunden einzugehen. Das ist oft wirkungsvoller als ein Hochglanzprospekt oder eine peppige Selbstdarstellung im Internet.

Die Langzeitregeln: Triple A plus G

Angesichts der Tatsache, dass die Vorstellung, was unter guten Manieren zu verstehen sei, sich stetig verändert, stellt sich die Frage, welche Werte das zwischenmenschliche Verhalten tatsächlich beeinflussen. Gibt es verbindliche Tugenden, die einen durch die Tücken des Alltags und des Geschäftslebens leiten können? Die nicht nur die schlimmsten Fauxpas verhindern helfen, sondern im Gegenteil dazu beitragen, dass ein positiver Eindruck zurückbleibt?

Ja, die gibt es: Anstand, Aufmerksamkeit, Authentizität und Grosszügigkeit heissen sie, sagt der Schweizer Knigge. Damit sich jeder und jede die vier Grundpfeiler guten Benehmens problemlos merken kann, packt er sie in die Formel «Triple A plus G».

Gibt es Situationen, die Sie immer wieder verunsichern? Wissen Sie manchmal nicht, wie Sie sich verhalten sollen oder was von Ihnen erwartet wird? In solchen Momenten gibt Ihnen «Triple A plus G» hoffentlich eine Antwort.

Anstand

Anstand setzt das eigene Tun in einen grösseren Zusammenhang. Respekt, Fairness, Mitgefühl, Takt und Diskretion umschreiben den Begriff. Als grosse zivilisatorische Leistung der Aufklärung geltend, stellt der Anstand sicher, dass niemand durch die Einstellung oder das Verhalten anderer in seiner Würde verletzt wird. So, wie wir von anderen behandelt werden möchten, treten wir ihnen auch gegenüber. Anstand ist ein Menschenrecht und fest mit den Vorstellungen einer pluralistischen Zivilgesellschaft nach hiesigem Verständnis verknüpft.

Der Begriff umreisst denn auch ziemlich treffend das, was man früher als «gute Kinderstube» bezeichnete. Nicht der Standpunkt macht es, sondern die Art, wie man ihn vertritt.

Aufmerksamkeit

Der Anstand und die Aufmerksamkeit sind die beiden wichtigsten Grundpfeiler guten Benehmens. Denn die Aufmerksamkeit lässt uns den Blick von uns selber wegwenden und auf die Personen um uns richten. Nicht das eigene Ich steht im Mittelpunkt des Interesses, sondern das des andern. Von einer höflichen Person sagt man denn auch, dass sie aufmerksam sei.

Für aufmerksame Zeitgenossen gibt es keine unwichtigen Menschen. Sie kennen den Namen ihres Visavis, sprechen ihn richtig aus, wissen um seine privaten und beruflichen Umstände. Sie kennen die Essensvorlieben der Person, ihre Vorzüge und besitzen genügend Feingefühl, um nicht auf ihren Schwächen herumzureiten. Auch ein ausgeprägtes Mass an Hilfsbereitschaft zeichnet sie aus. Kurz, andere Menschen sind ihnen ebenso wichtig wie die eigene Person.

Authentizität

Es ist keinesfalls die Absicht des Schweizer Knigges, mehr den Schein als das Sein zu propagieren. Im Gegenteil. Gerade in der Schweiz haben wir ein feines Sensorium dafür entwickelt, was gekünstelt und unaufrichtig ist. Wir mögen keine Aufschneider und Wichtigtuerinnen. Glaubwürdigkeit dagegen ist eine Währung, die hierzulande viel Sympathie geniesst.

Diese Haltung sollte sich im Benehmen widerspiegeln. Seien Sie auch nach dem Lesen dieses Knigge einfach Sie selber, aber das mit einer Nuance mehr Savoir-faire und mehr Aufmerksamkeit gegenüber anderen – wenn Sie das als opportun erachten. Denn übertrieben devote Manieren sind nicht zeitgemäss, und purer Formalismus ist dumm. So viel steht fest.

Grosszügigkeit

Eine Tugend, die vielleicht ein bisschen in Vergessenheit geraten ist: die Grosszügigkeit. Sie ist nicht mit Kalkül verbunden und rechnet nicht per se mit einer Gegenleistung. Grosszügige Menschen bemühen sich, anderen mit mehr Höflichkeit zu begegnen, als es die Situation eigentlich erfordert. Oder als ohnehin erwartet wird. Wir sagen hierzulande an der Theke stehend nicht: «Ich kriege ein Bier», sondern: «Könnte ich bitte ein Bier haben?» Konjunktive und nicht Befehlsformen bestimmen das Alltagsvokabular. Das sind Nuancen, für die wir Schweizerinnen und Schweizer ein feines Gehör haben.

Zur Eigenschaft der Grosszügigkeit gehören auch ein generös gehandhabtes Verzeihen-Können sowie die Fähigkeit, über Missgeschicke von anderen hinwegzusehen, ohne dass das entsprechende Fettnäpfchen gleich beim Namen genannt wird. In vielem ist die Grosszügigkeit das Gegenteil der Besserwisserei und deckt sich mit dem in unserem Land gelebten Gedanken der Toleranz und des Konsenses.

Vorbeugen und sich zurücklehnen

Ausgestattet mit den vier Attributen, sind Sie fast jeder Situation gewachsen. Anständig, aufmerksam und grosszügig agieren und dabei authentisch bleiben – dies befähigt Sie dazu, fast jedes zwischenmenschliche Problem angemessen zu bewältigen, und gibt Ihnen darüber hinaus in vielen ethischen und ästhetischen Fragen situationsgerechte Hinweise. Das Respektieren von «Triple A plus G» schafft einerseits Nähe und auf der anderen Seite willkommene Distanz, so paradox das klingen mag. In Kombination mit einer Prise Humor oder gar Selbstironie machen die vier Attribute Sie zu einer Person, die als charmant und einnehmend empfunden wird.

Und wenn dann doch ein Fauxpas passiert? Dann kann der explizite Hinweis auf das eigene Missgeschick ungeahnte Brücken schlagen oder wenigstens verhindern, dass die Peinlichkeit förmlich im Raum kleben bleibt. Denn Ironie, die auf einen selbst gerichtet ist, hat etwas sehr Befreiendes. Und dass geschickt verwendeter Humor Türen öffnet, die ohne ihn vielleicht verschlossen blieben, das braucht hier nicht extra erwähnt zu werden. Doch für ihn zu werben, ist selbstverständlich sehr viel einfacher, als ihn auch geistesgegenwärtig und situationsgerecht anzuwenden. Glücklich diejenigen, die sich seiner intelligent zu bedienen wissen!

Sich um eine gegenseitige Wertschätzung bemühen, so lässt sich der Sinn von guten Manieren zusammenfassen. Sie erlauben, sich selbstbewusst auf die wesentlichen Dinge zu konzentrieren und den Moment zu geniessen, ohne gleich ganze Abgründe von möglichem Fehlverhalten sehen zu müssen. Das heisst aber auch, dass moderne Benimmregeln nicht dogmatisch anzuwenden sind. Situationsgerechtes Verhalten verschafft Sympathien. Die Zeiten von stur gehandhabten Verhaltenskodexen sind vorbei.

 ROYAL CLASS
AM ENGLISCHEN HOF

Die Königin von England begrüssen? Sie brauchen lediglich den Kopf leicht vor ihr zu neigen und sie mit «Your Majesty» (und danach mit «Ma'am») anzusprechen. Mehr verlangt auch das strenge britische Hofzeremoniell nicht von Ihnen. Das Leben kann zuweilen einfacher sein als vermutet.

Gute Manieren

«Triple A plus G» stellt ein Instrumentarium zur Verfügung, nach dem man sich in den meisten Situationen richten kann. Doch bei sehr formellen Veranstaltungen und in der Geschäftswelt gibt es Konventionen, die man darüber hinaus zu beachten hat. In solchen Situationen einfach der Stimme des Herzens zu folgen, könnte peinlich sein. Doch keine Bange, die Dinge haben sich in letzter Zeit sehr vereinfacht. Und auch hier bewährt sich eine einfache Regel: Rang vor Alter vor Geschlecht.

Die Begrüssung

Wir haben es besser. Während früher das Begrüssungszeremoniell ganze Kapitel der einschlägigen Literatur füllte und mit komplizierten Regeln verbunden war, geht es diesbezüglich heute sehr viel sachlicher zu und her.

Mündlich

Wir grüssen in der Schweiz mit «Grüezi» oder «Guten Tag» und stellen hintendran Anrede und Nachnamen. Also: «Grüezi, Herr Schönbächler.» Falls es die Situation erfordert, wird der Nachname durch einen Titel oder eine Position ersetzt. Die korrekte Anrede für eine weibliche Vertreterin des Bundesrats lautet also: «Grüezi Frau Bundesrätin» – den Vor- oder Nachnamen von Amtsträgerinnen oder -trägern zu nennen, ist überflüssig.

Ist Ihnen also die Behördenbezeichnung Ihrer Ansprechperson bekannt, machen Sie davon am besten Gebrauch – im beruflichen Kontext jedoch öfter als im privaten. Die Reaktion auf der Empfängerseite wird eine positive sein, selbst wenn Sie das am Verhalten nicht bemerken sollten. Ein Stadtpräsident wird es Ihnen allerdings nachsehen, wenn Sie ihn lediglich mit dem Familiennamen ansprechen. In der Schweiz handhaben wir hinsichtlich der Nennung von politischen wie auch akademischen Titeln die Dinge etwas legerer als im Ausland. Seien Sie in jedem Fall respektvoll: Kein Mensch ist so reich, dass er keine Nachbarn braucht.

Grüezi, Herr Doktor

Mit dem Nennen eines Titels anerkennen Sie die Kompetenz Ihres Gegenübers. Tun Sie dies so oft, wie Ihnen angebracht erscheint. Auch kirchliche Amtsträger und Mediziner sprechen Sie am vorteilhaftesten mit «Grüezi, Herr Pfarrer» bzw. «Guten Tag, Frau Doktor» an. Dies besonders, wenn es sich dabei um ältere Semester handelt, die diese Ansprache von früher gewohnt sind und eventuell empfindlicher reagieren als jüngere Kollegen in Turnschuhen. Wichtig ist der Grundsatz: Wenn Sie von jemandem etwas wollen, tun Sie gut daran, ihn respektvoll anzureden.

Andere Träger von akademischen Titeln sprechen Sie einfach mit dem Nachnamen an, das hat sich so eingebürgert.

Und schliesslich: Ein «Grüezi» oder «Guten Tag», gefolgt vom Nachnamen bzw. vom Titel, ist anderen mündlichen Grussarten wie etwa «Hallo» bei Weitem vorzuziehen. Letzteres wirkt einfach zu salopp und suggeriert unterschwellig, dass einem der Nachname des Gegenübers entschlüpft ist.

BUSINESS CLASS
IN AMT UND WÜRDEN

Im berufsorientierten Umfeld sollten Träger von akademischen Titeln und Amtsinhaber beim Erstkontakt stets mit ihrem Titel angesprochen werden: «Guten Tag, Frau Professor.» Diese Regel gilt aber nicht für die Ehepartner, wenn diese nicht selber über einen akademischen Titel verfügen.

Bei mehreren Titeln wird der höhere verwendet. Wenn jemand Professor und Doktor ist, wird er mit Professor angeredet – Nationalrätin ersetzt den Nachnamen, Regierungsrat den Oberst etc. Leute in der politischen Exekutive sprechen Sie also mit dem Titel an. Das gilt auch für Parlamentarier im National- und Ständerat sowie für Vertreterinnen und Vertreter der kantonalen Regierung und Legislative. Doch nicht für jene eines Gemeindeparlaments, da ist es nicht üblich.

Usus ist übrigens, dass die einmal so angesprochene Person bald vorschlägt, den Titel wegzulassen. Auch das gehört zum hiesigen Umgangston.

ROYAL CLASS
EURE KAISERLICHE MAJESTÄT ODER EXZELLENZ?

Zur korrekten Anrede von Menschen mit Adelstiteln kennen wir in der Schweiz keine verbindlichen Regeln – die Titel werden im Alltag einfach übergangen. Sind Sie allerdings Gastgeber und möchten die betreffende

Person korrekt ansprechen, wird Ihnen eine Internetsuche mit deren Namen wohl die nötigen Informationen liefern. Auch ein höfliches «Wie darf ich Sie ansprechen?» kann ein probates Mittel sein, die Dinge kontextgerecht beim Namen zu nennen. Und: Im Anhang finden Sie eine E-Mail-Adresse des Eidgenössischen Departementes für auswärtige Angelegenheiten, unter der Sie die zwei Dokumente «Schriftverkehr» und «Protokoll und Etikette» anfordern können. Darin sind dann wirklich alle Gepflogenheiten im Umgang mit hochgestellten Personen aufgeführt.

Handschlag

Grundsätzlich wird in der Schweiz mit Handschlag gegrüsst: Man reicht die rechte Hand und schüttelt diejenige des Gegenübers. Eine, höchstens zwei Sekunden reichen dafür. Der Krafteinsatz ist wohldosiert. Der Grundsatz, je fester der Händedruck, desto selbstsicherer die Person, hat wohl lediglich vulgärpsychologischen Charakter. Zu lascher Druck allerdings dürfte einen schalen Eindruck hinterlassen.

Nervös und feuchte Hände? Lassen Sie Ihre rechte Hand wie zufällig über Hosenbein oder Rock streifen und hoffen Sie, dass die Feuchtigkeit sich verflüchtigt – nicht aber der gute Eindruck, den man von Ihnen hat.

Augenkontakt ist wichtig! Übergehen Sie dabei niemanden, selbst wenn es viele Hände zu schütteln gibt. Und machen Sie das doch immer in Verbindung mit einem Lächeln, das wirkt gleich viel sympathischer.

Noch ein letztes Merkmal des Begrüssens per Handschlag: Bei Veranstaltungen mit privatem Charakter hat sich die Gewohnheit gehalten, dass die Frau entscheidet, ob mit Handschlag begrüsst wird oder nicht. Drängen Sie also Ihre nach vorn gestreckte Hand nicht auf! Die Frau darf darüber befinden, wie dieser Begrüssungsteil vonstatten geht, und kann dabei lediglich ein Grusswort vorbringen. Respektieren Sie das, hier wartet ein Fettnäpfchen, das Sie als Mann elegant zu umschiffen haben!

 BUSINESS CLASS
DER CHEF HATS IN DER HAND
Hochgestellte Persönlichkeiten in einem Unternehmen unterlassen eventuell das Handschütteln mit rangniedrigeren Angestellten. Das ist durchaus üblich in gewissen Häusern. Preschen Sie bei solchen Gelegenheiten deshalb nicht vor und strecken Sie nicht unaufgefordert Ihre Hand hin! Warten Sie ab, ob die höhergestellte Person die Initiative ergreift.

ROYAL CLASS
DER HANDKUSS

Eher anekdotischen Wert hat der Handkuss, obwohl er in der katholischen Kirche noch anzutreffen ist. Im gesellschaftlichen Umgang gilt: Die Initiative dazu geht von der Frau aus! Deshalb kann es durchaus Situationen geben, in denen Sie als Mann zu dieser Geste «genötigt» werden. Grundsatz: kein Berühren des Handrückens mit den Lippen! Ergreifen Sie mit Daumen, Zeige- und Mittelfinger zwei Finger der Dame und deuten Sie den Hauch eines Kusses an, indem Sie die Hand bei gleichzeitigem Vorbeugen leicht nach oben ziehen. Mehr nicht. Danach Blickkontakt und mündliche Begrüssung.

Wer zuerst? Die richtige Reihenfolge

Wer mit den Gepflogenheiten der guten Etikette eher wenig vertraut ist, macht sich hinsichtlich der Begrüssungsreihenfolge und der dabei verwendeten Worte wohl grössere Sorgen, als es die Wirklichkeit verlangt. Denn die Dinge präsentieren sich relativ einfach und sind von einer erfreulichen Pragmatik bestimmt.

Statt Floskeln bemühen Brücken bauen

Es gilt der Grundsatz: Rang vor Alter vor Geschlecht. Dieser wird ergänzt durch: Der Einzelne – oder später Dazugestossene – grüsst zuerst die Mehrheit. Und: Wer den anderen zuerst sieht, grüsst auch zuerst.

Beispiel eines korrekten Vorstellens: «Frau Meier, ich möchte Sie mit Herrn Gerber bekannt machen. Herr Gerber, Frau Meier.» Das genügt. Oder: «Herr Regierungsrat, das ist Frau Dubach, unsere Finanzchefin. Frau Dubach, der Regierungsrat.» Danach kann die ranghöhere Person bzw. die Frau die Initiative ergreifen und der ihr vorgestellten Person zur weiteren Begrüssung die Hand reichen. Sie muss dies allerdings nicht – wie bereits erwähnt.

Getrost dürfen dabei gewisse Floskeln der Vergangenheit in Pension geschickt werden: Fräuleins gibt es heute prinzipiell nicht mehr, und wenn Sie andere miteinander bekannt machen, vermeiden Sie doch bitte auch das Gerede von: «Erlauben Sie, dass ich bekannt mache?» Oder: «Es ist mir eine Ehre, Ihnen Herrn Schneider vorzustellen.» Das wirkt altbacken

35

und antiquiert. Auch die Bezeichnungen «mein Gatte» oder «meine Gemahlin» sind passé; «mein Mann», «meine Partnerin» genügen vollauf. Erwähnen Sie allerdings bitte immer den vollständigen Namen – bekanntlich können Ehepartner verschieden heissen.

Ebenfalls zum überholten Sprachgebrauch gehören «sehr erfreut» oder «angenehm» als Replik aufs Vorgestelltwerden. Das höchste der Gefühle ist in diesem Zusammenhang ein «freut mich» oder «schön, dass ich Sie kennenlerne». Kann man, muss man aber nicht, das entscheidet die Situation.

 BUSINESS CLASS
GESCHÄFTSMÄSSIGE HÖFLICHKEIT

Im geschäftlichen Bereich sind geschlechtsspezifische Sonderbehandlungen out. Hier sind das Wissen, die Erfahrung sowie natürlich in erster Priorität die Hierarchie ausschlaggebend. Und: Zuoberst in der Hierarchie steht der Kunde. Also:

■ *Die Marketingleiterin stellt sich dem männlichen Kunden vor.*
■ *Der Chef wird vom weiblichen Lehrling gegrüsst.*

Kunden sind immer bevorzugt zu behandeln. In hierarchisch ebenbürtigen Situationen ist es allerdings angezeigt, der weiblichen Person beim Begrüssen den Vorrang zu geben.

Beispiel des Vorstellens im Business-Kontext: «Peter, ich möchte dir unsere neue Vertriebsassistentin Regula Weiss vorstellen. Frau Weiss, unser Finanzchef Peter Schwarz.»

Sich selber vorstellen
Wer sich selber vorstellt, vermeide: «Mein Name ist Müller, James Müller» – diese Ausdrucksweise ist Filmhelden Ihrer britischen Majestät vorbehalten. Sagen Sie stattdessen: «Grüezi, mein Name ist James Müller» – oder: «Grüezi, ich bin James Müller» – und fügen Sie allenfalls bei, welche private oder berufliche Funktion Sie haben: «Ich bin der Verantwortliche für Qualitätskontrolle hier.» Oder: «Ich bin eine Freundin der Gastgeber.» Solche Zusatzinformationen sind nützlich und erleichtern den Einstieg in ein anschliessendes Gespräch, indem sie Anknüpfungspunkte bieten. Das gilt übrigens auch, wenn Sie zwei sich unbekannte Personen einander vorstellen. Beispiel: «So viel ich weiss, reiten Ihre Töchter beide.»

VORSTELLUNGEN VON SELBSTSICHERHEIT

«Hallo, ich bin die Frau Weiss», so oder ähnlich wird es wohl heute landauf, landab tönen. Irgendwo bei einem Apéro, an einem Seminar – sechs Wörter zu Anfang, gut gemeint und doch nicht überzeugend. Warum? «Hallo»: zu unverbindlich, «Grüezi mitenand» wäre besser. «Die Frau Weiss»: Dass es sich um eine Frau handelt, wird man wohl sehen können, und da heutzutage nicht mehr zwischen Frau und Fräulein unterschieden wird, kann man diesen Zusatz getrost weglassen. Dem Schweizer Knigge gefallen folgende zwei Varianten besser: «Grüezi mitenand, ich möchte mich vorstellen, mein Name ist Regula Weiss.» Oder noch selbstbewusster: «Grüezi (mitenand), ich bin Regula Weiss.» Grundsätzlich werden also immer der Vorname und der Nachname mitgeteilt. Können Sie sich mit dieser Vorstellung anfreunden? ■

Sie sehen also, das Vokabular der korrekten Begrüssung ist schon erheblich entschlackt worden. Es gelten die Devise des Klartexts sowie die Regel: Die wichtigere Person erfährt den Namen des Gegenübers zuerst.

BUSINESS CLASS
DIE VISITENKARTE

«Darf ich Ihnen meine Karte überreichen?» So ungefähr könnte der Übergang lauten nach einem ersten Gespräch. Die Initiative dazu wird meist die ranghöhere Person ergreifen. Stellen Sie sicher, dass der Empfänger die Karte richtig herum erhält, das heisst: lesbar für ihn. Wer eine Visitenkarte bekommt, sollte einen kurzen Blick drauf werfen – als Rückversicherung: Vielleicht ists nicht der vermeintliche Prokurist, sondern der CEO! – und sich bedanken, bevor er sie einsteckt. Rückfragen oder Bemerkungen sind durchaus opportun und können ein Gespräch eröffnen.

PS: Vielleicht erweist es sich als Vorteil, auf der Rückseite zu vermerken, bei welcher Gelegenheit Sie die Person kennengelernt und worüber Sie gesprochen haben. Bei einer späteren Kontaktaufnahme erleichtert das den Einstieg. Ihr Gesprächspartner sollte dieses Notieren jedoch nicht beobachten können …

Halb so wild

Natürlich wird es immer Situationen geben, die Sie verunsichern. Fragen Sie sich dann: Wem steht eine Vorzugsbehandlung zu? Die Regel ist ja relativ einfach: Die wichtigere Person erfährt den Namen des Gegenübers zuerst. Selbstverständlich ist es klug, sich im Vorfeld von Begegnungen darauf vorzubereiten. Das Antizipieren und das vorherige Üben werden vieles einfacher machen.

Ganz allgemein lässt sich zu diesem Thema sagen: Machen Sie aus der Angelegenheit keinen Hindernislauf! Versuchen Sie, den Beginn korrekt zu gestalten, und lassen Sie danach den Dingen freien Lauf. Seien Sie in jedem Fall authentisch und glaubwürdig!

Vom Sie zum Du

Es hat sich herumgesprochen, dass in der deutschsprachigen Schweiz die Du-Anrede weitaus häufiger verwendet wird als in Deutschland oder Österreich. Das könnte auf die fehlende Adelstradition zurückzuführen und mit dem Umstand zu erklären sein, dass hierzulande der Demokratiegedanke und der Wunsch nach Gleichbehandlung eine identitätsstiftende Wirkung haben. Bei Freizeitaktivitäten, in Vereinen oder unter Nachbarn wird meist schon bei der ersten Begegnung und ohne vorherige Absprache das vertrauliche Du benützt. Auch in Schweizer Unternehmen ist diese Anrede die weitaus am häufigsten verwendete Variante.

Mit dem Sie anfangen

Trotzdem. Wenn sich einander unbekannte Erwachsene begegnen, ist das Siezen heute die übliche Höflichkeitsform. Und es ist davon auszugehen, dass es jeder Person ab 16 Jahren zusteht, auf diese Weise angesprochen zu werden. Der Lauf der Welt will es allerdings, dass das Siezen immer weniger Befürworter findet. Es mag vielleicht anachronistisch klingen, aber eine freundschaftliche Beziehung mit anderen Menschen lässt sich jahrelang pflegen, auch wenn es bei der förmlichen Version bleibt.

Bei der Frage, wer als Erster das weniger förmliche Du vorschlagen darf, findet die bereits erwähnte Regel Anwendung: Rang vor Alter vor Geschlecht. Man beachte die Reihenfolge! Im Privaten fällt der Rang wohl meist weg; hier wird die ältere Person die Du-Anrede vorschlagen, unter Gleichaltrigen dagegen die Frau.

Ketzerische Zwischenfrage: Was heisst «Alter» in Zeiten von Botox und Fitnessdiktat? Der Schweizer Knigge würde es so definieren: ein deutlicher Altersunterschied, der ungefähr eine Generation umfasst (also ca. 15 Jahre) – im Wissen darum, dass sich das im Alltag nicht immer mit Gewissheit feststellen lässt.

BUSINESS CLASS
DU, CHEF

Flachere Hierarchien als in vergleichbaren Unternehmen im Ausland und der Wunsch, den Teamgedanken zu fördern, haben in hiesigen Unternehmen zur weitverbreiteten Du-Anrede geführt. Rang vor Alter vor Geschlecht gilt aber immer noch. So steht es dem deutlich jüngeren Abteilungsleiter zu, einer Telefonistin, die im Gegensatz zu ihm schon seit langer Zeit im Unternehmen arbeitet, das Du anzubieten. Im Englischen übrigens kann nicht zwischen der Höflichkeitsform des Sie und dem Du unterschieden werden; lediglich mithilfe von Mrs. oder Mr. (oder des «Sir») im Gegensatz zur Anrede mit Vornamen lassen sich hierarchische Unterschiede festhalten.

Im deutschsprachigen Raum wäre noch die Variante Vorname plus Sie zu überlegen. Sie wird allerdings, ausser in der Anrede eines Lehrlings oder im Coiffeursalon, kaum verwendet. Berühmt die Szene, in der sich Johanna Spyris Heidi über das «Sie und Sebastian», die Anrede für den Butler, wundert.

Viele Unternehmen, vor allem grössere und solche in der Dienstleistungsbranche, kennen einen eigentlichen Verhaltenskodex, der meist auch in schriftlicher Form existiert und neuen Mitarbeiterinnen und Mitarbeitern beim Arbeitsantritt ausgehändigt wird. Oder die Regeln werden in einem Einführungsseminar näher erläutert. Halten Sie sich daran und fragen Sie bei einem Neueintritt Ihre Kollegen oder Vorgesetze, welches die allgemein üblichen «do» und «no-go» sind!

ROYAL CLASS
IHRZEN

In einigen Regionen der Schweiz – vor allem im Bernbiet, im Wallis und in Fribourg – kennt der Dialekt die zweite Person Plural als gebräuchliche Höflichkeitsform, das Ihrzen. Berühmt der Ausspruch des Berner Stadtoriginals Madame de Meuron (1882–1980):
«Syt Dihr öpper oder näht Dihr Lohn?»

Nein danke?

Ist es statthaft, eine Du-Initiative abzulehnen? Wenn dies höflich und wenn immer möglich mit einer Begründung geschieht, ist dies durchaus legitim: «Ihr Angebot freut mich sehr. Ich bin allerdings ein Gewohnheitstier und empfinde den freundlichen Umgang mit Ihnen in dieser Form als so angenehm, dass ich das Sie beibehalten möchte. Haben Sie Verständnis dafür?»

Stellen Sie eventuell in Aussicht, dass Sie bereit sind, Ihre Gewohnheiten zu ändern.

Weitere Regeln für ein höfliches Miteinander

Lassen Sie uns noch ein paar Worte darüber verlieren, welche Situationen sich einem im Alltag präsentieren, in denen es besonders auf gute Manieren ankommen könnte. Situationen, in denen Anstand, Aufmerksamkeit, Grosszügigkeit und Authentizität sehr viel zum allseitigen Wohlbefinden beitragen können. Folgende Spezialfälle verdienen eine besondere Beachtung.

Äxgüsi!

Niemand gibt gerne zu, dass er sich geirrt oder im Ton vergriffen hat. Doch es zeugt von Feingefühl und Charakter, sich in einem solchen Fall angemessen zu entschuldigen. Mündlich, brieflich, per E-Mail und eventuell in Verbindung mit einem Blumenstrauss. Achten Sie darauf, dass Ihre Entschuldigung vom Gegenüber als ehrlich empfunden wird.

Allzu grosse Wortakrobatik sollten Sie vermeiden, das wirkt aufgesetzt. Seien Sie aufrichtig in Ihrer Wortwahl und vermeiden Sie alle Arten von Floskeln.

Ein Beispiel, das dem Schweizer Knigge nicht besonders gefällt: «Du musst schon entschuldigen, hab mich da etwas vertan mit meiner Bemerkung gestern Abend. Bin zurzeit etwas gestresst, die Situation im Job ist nicht gerade angenehm, und dann hab ich wohl auch ein Glas zu viel getrunken. Wird nicht wieder vorkommen!» Besser: «Tut mir leid die Bemerkung gestern Abend. Das war einfach unangebracht und dumm von mir. Kannst du mir verzeihen?»

BUSINESS CLASS
WO, BITTE, IST DER AUSGANG DES FETTNÄPFCHENS?

Um Schlimmeres zu verhindern, sollte eine Entschuldigung möglichst rasch kommen und umfassend sein. Damit verhindern Sie möglicherweise, dass ein Fehltritt Konsequenzen nach sich zieht. Wichtig ist, bei selbst verschuldeten Verfehlungen die ganze Angelegenheit auf den Tisch zu legen, statt sich in Notlügen oder Halbwahrheiten zu verheddern. Das könnte Ihre Glaubwürdigkeit untergraben. Für Menschen im öffentlichen Rampenlicht: Nicht nur das zugeben, was sowieso schon bekannt ist. Denn im Zeitalter des «Homo sapiens smartphonensis» mit Twitter, Mediengepolter und Whistleblower-Funktionen kommt die Wahrheit meist umfassend ans Tageslicht. Früher oder später. Ein häppchenmässiges Vorgehen wird niemanden zum Schweigen bringen, bevor nicht das ganze Fressen vor der Meute liegt.

Distanz und Territorium

Körperliche Nähe kann etwas Schönes sein – dann, wenn sie gewünscht ist. Einen Kreis von etwa einem halben Meter rund um die eigene Person empfinden wir als Intimzone. Dieser Bereich bleibt den Freunden und der Familie vorbehalten. Deshalb fühlt man sich im Lift oft unwohl: Alle gucken zu Boden oder zur Decke und vermeiden den Blickkontakt zu anderen Fahrgästen. Man fühlt sich bedrängt.

50 bis 120 Zentimeter definieren die persönliche Distanz. In diesem Bereich bewegen wir uns bei Gesprächen an einer Party, an einem Stehapéro, schütteln Hände, plaudern mit anderen. Weder mit dem ganzen Körper noch mit Gesten sollte man den halben Meter unterschreiten: Man würde als aufdringlich empfunden. Besser ist, sich bei solchen Gelegenheiten nahe der Obergrenze zu bewegen, besonders, wenn man die andere Person erst gerade kennengelernt hat.

Bei ca. 120 Zentimetern beginnt die gesellschaftliche und berufsorientierte Distanz, bei ca. 350 Zentimetern die öffentliche. Ab dort fühlt man sich wohl bei einer Ansprache oder einer Präsentation – als Publikum wie auch als Rednerin.

Pünktlichkeit

Pünktlichkeit ist ein Gebot, das einzuhalten jedermann ziemt. Kommt es doch einmal zur Verspätung, ist das wenn immer möglich zu avisieren.

Unpünktlichkeit signalisiert keinesfalls, dass Sie eine viel gefragte und stark beschäftigte Persönlichkeit sind, sondern bezichtigt Sie einzig und allein der Unhöflichkeit.

Zu einer privaten Einladung allerdings sollten Sie einige Minuten nach der verabredeten Zeit eintreffen. Das gibt den Gastgebern die Möglichkeit, letzte Hand an die Vorbereitungen zu legen. Fünf bis allerhöchstens fünfzehn Minuten sind allseits willkommen, länger wohl nicht.

Kirchliche und standesamtliche Termine erlauben keinerlei Zuspätkommen.

 BUSINESS CLASS
A NEUF HEURES PILE
Punkt neun Uhr – Pünktlichkeit ist wichtig im Berufsleben. Zu einem Kundentermin und für ein Vorstellungsgespräch sind es sogar fünf Minuten vor der vereinbarten Zeit. Immer.

 ROYAL CLASS
S.T. VS. C.T.
Bei hochrangigen Einladungen kann die Rede von «s.t.» oder «c.t.» sein. Sie bedeuten: sine tempore (genauer Zeitpunkt) bzw. cum tempore (mit der Zeit), was das sogenannte akademische Viertel bezeichnet und das Erscheinen mit bis zu 15 Minuten Verspätung erlaubt. Heute gebräuchlicher ist aber der Vermerk: «ab 19 Uhr» – was ebenfalls das viertelstündige Zeitfenster fürs Späterkommen meint.

Komplimente

Ein paar nette Worte öffnen ungeahnte Türen – sofern sie ehrlich gemeint sind. Oder wenigstens vom Visavis so empfunden werden. Seien Sie grosszügig in der Handhabung und lassen Sie sich überraschen, wie überaus effizient und Sympathie schaffend Komplimente wirken. Denn Schönes, Gelungenes und Erfreuliches wird oft als Selbstverständlichkeit empfunden, was aber alle drei eigentlich gar nicht sind. Deshalb ist es wichtig, Komplimente glaubwürdig zu formulieren. Also: «Mir imponiert, wie du dich heute beim Geburtstagsessen verhalten hast. Du hast eine sympathische Art, und dich in solchen Situationen als Partnerin an meiner Seite zu wissen, macht aus mir einen glücklichen Mann.»

Umgekehrt muss man ein Kompliment auch annehmen können. Darum nicht einfach mit einem verlegenen Lächeln übergehen, sondern zum Beispiel reagieren mit: «Vielen Dank, das ist nett, dass du das sagst.»

BUSINESS CLASS
HUT AB

Das gilt auch im Berufsalltag. Im Lift nach einer Präsentation bei einem Kunden: «Das war einfach schlau, wie du auf die Einwände des Kunden reagiert hast. Chapeau!»

Nein sagen

Wenn Sie sich ausgenützt fühlen, so sagen Sie das. Höflich, aber bestimmt. Denn wer Respekt anderen gegenüber zeigt, soll ihn auch sich selbst gegenüber haben und sich nicht unnötig in eine Harmoniefalle begeben. Sie können eventuell eine Begründung für Ihr Nein geben und ein freundliches Lächeln dabei aufsetzen. Das verschafft der Botschaft etwas Nachdruck. Beispiel: «Das mit dem Pflanzengiessen während Ihrer Ferien wird mir nicht möglich sein, ich bin selber zu unregelmässig im Haus anwe-

---

SO BLEIBT DIE HÖFLICHKEIT NICHT IM LIFT STECKEN

Der Ranghöchste (Rang vor Alter vor Geschlecht) hat beim Betreten eines Aufzugs den Vortritt. Später beim Aussteigen wäre es allerdings zu kompliziert, dieselbe Reihenfolge zu berücksichtigen, das würde ja bedeuten, das die hinterste Person zuerst den Fahrstuhl verlassen müsste und man sich gegenseitig auf die Füsse träte. ■

send. Fragen Sie doch Frau Breitenmoser im zweiten Stock. Ich denke, sie wird das gerne übernehmen. Tut mir leid.» Wichtig: Ich-Botschaft vor Du-Botschaft. Nicht «du sollst …», sondern «ich wünsche mir …».

Auf Unpassendes hinweisen

Soll man sein Gegenüber zum Beispiel auf Essensreste an unsachgemässen Orten aufmerksam machen, auf nicht verschlossene Reissverschlüsse und ähnliche Malheurs, gegen die schliesslich niemand gefeit ist? Ja, tun Sie das. Man wird Ihnen dafür dankbar sein. Machen Sie es diskret und wenn möglich mit einer leicht verständlichen Geste statt mit wortreichen Ausführungen. Dann stimmt der Informationswert mit dem Höflichkeitsgebot überein.

Bitte, Danke & Co.

In der Schweiz küssen wir uns zum Begrüssen oder Verabschieden oft und gern. Und zwar in fast allen Landesteilen dreimal: rechts, links, rechts. Hier soll allerdings dafür geworben werden, dass man Sie noch öfters als beim Verteilen von Küsschen beim «Ist-es-erlaubt?»-, beim Danke-, Äxgüsi- und Bitte-Sagen antrifft. Oder bei anderen Respektsbezeugungen, die den Alltag so viel bequemer, sympathischer und rücksichtsvoller gestalten.

Gleichberechtigung – Weib, Frau oder Dame?

Am 7. Februar 1971 haben 65,7 Prozent aller stimmberechtigten Männer sich dafür ausgesprochen, den Frauen die gleichen politischen Rechte einzuräumen, wie sie ihnen seit 1848 zustehen. Reichlich spät – dass die Schweiz allerdings das erste Land überhaupt war, in dem dies durch den männlichen Teil der Bevölkerung geschah, verdient ebenfalls eine Randbemerkung.

Für ausländische Gäste oder Neuzuzüger: Das Erwähnen des vergleichsweise späten Datums ist eine unmittelbar zu strengster Eiseskälte führende Bemerkung, die in jedem Fall tunlichst zu unterlassen ist. In dieser Frage reagieren die meisten Schweizerinnen und Schweizer – auch jene mit der Gnade der späten Geburt – höchst ungehalten, weil es so gar nicht zu ihrem Selbstbild passen will. Zeigen Sie sich rücksichtsvoll und erwähnen Sie diesen Umstand nicht. Never ever.

Hat der Kavalier alter Schule ausgedient?

Bis hierher – das haben Sie bestimmt schon bemerkt – ist der Schweizer Knigge mehr oder weniger geschickt der Frage ausgewichen, ob in Zeiten

---

WEIBLICHKEIT

«Geh den Weibern zart entgegen, du gewinnst sie …», sagte Johann Wolfgang von Goethe (1749–1832) und verwendete das Wort ganz selbstverständlich als Synonym für Frau. Heute kommen «Weiber» nur noch in Redewendungen (Wein, Weib und Gesang) oder als Grobheit (blöds Wyb) vor. Wer respektvoll von weiblichen Wesen sprechen wollte, sprach bis vor Kurzem von Damen – für unsere Ohren eine altmodische, ja dämliche Bezeichnung. Eine Frau ist eine Frau – selbstbewusst und weiblich, auch im zarten Alter von sechzehn. ■

der Gleichberechtigung das traditionelle Frauenbild, so wie es in der herkömmlichen Etikette zelebriert wird, überhaupt noch aktuell ist. Oder anders gesagt: Muss Mann der Frau aus dem Mantel helfen? Sind solche Gesten der Höflichkeit noch angebracht oder gehören sie zu einem längst überholten Bild von der Frau, die zu «beschützen» als oberstes Gebot galt?

Der Schweizer Knigge vertritt die Meinung – auch auf die Gefahr hin, als altmodisch eingestuft zu werden –, dass es für eine Todesanzeige des Kavaliers noch etwas früh wäre. Dass dieser bloss eine gewisse Verjüngungskur brauche, damit ihn als frisches, modernes Exemplar im Alltag anzutreffen einem noch bemerkenswert oft vergönnt sei: einen George Clooney mit einer gesunden Portion Swissness sozusagen. Wobei bezüglich seines Aussehens ein Grossteil der weiblichen Bevölkerung durchaus bereit sein wird, gewisse Abstriche hinzunehmen. Und ferner bei seiner Genussmittelwahl Alternativen bestehen.

Die Erklärung: Zum einen waren solche Höflichkeitsbezeugungen in der Vergangenheit durchaus berechtigt und hatten oft einen handfesten Grund. Sich mit einem drahtverstärkten, voluminösen Kleid ohne fremde Hilfe an den Tisch zu setzen, war für eine Dame im 18. Jahrhundert schlicht nicht möglich. Fürs Nachschieben des Stuhles war sie dankbar. Oder man vergegenwärtige sich das Gewicht eines damaligen Pelzmantels – ein schwerwiegendes Argument für das Helfen. Und dass der aufgeklärte Herr die

EQ – EMOTIONAL INTELLIGENT

Die Rede ist von den sogenannten Soft Skills. Mitte der Neunzigerjahre veröffentlichte der Amerikaner Daniel Goleman sein Buch «EQ. Emotionale Intelligenz». Darin hat er den herkömmlichen Intelligenzbegriff, der lediglich mathematische und verbale Fähigkeiten umfasste, um emotionale Komponenten erweitert. Zur emotionalen Intelligenz gehören die Fähigkeiten,

■ die eigenen Gefühle zu kennen und sie zu akzeptieren,
■ die eigenen Gefühle zu beeinflussen,
■ Gefühle in positives Handeln umzusetzen,
■ Empathie zu entwickeln.

Golemans Buch ist auch heute noch lesenswert und vermag viele Aspekte des Alltags in ein neues Licht zu rücken. ■

Aussenseite des Gehwegs benutzte, erklärt sich ziemlich schnörkellos mit dem Schützen-Wollen der weiblichen Bekleidung vor dem Pferdeverkehr und dem Schmutz noch ungereinigter Strassen.

Höflich führt am weitesten
Viele althergebrachte Regeln entstammen also einfachen Hilfeleistungen, die heute so nicht mehr notwendig sind. Doch: Die moderne Umgangskultur hat viel mit geschickter Kommunikation zu tun – Stichwort Wertschätzung. Wenn der Schweizer Knigge dafür plädiert, dass einer Frau zuvorkommend zu begegnen ist, dann nicht, weil er sie als schwaches, hilfsbedürftiges Wesen ansieht. Und sich dabei eines Unterdrückungsmechanismus bedient, der früher gewiss auch Teil der Botschaft war.

Sondern der Effizienz wegen. Es lässt sich nicht ignorieren, dass gute Umgangsformen darüber (mit-)entscheiden, ob jemand als sympathisch und einnehmend empfunden wird. Ob im Geschäftsleben der Auftrag zugesprochen oder anderweitig vergeben wird. Ob jemand einen Partner findet und zu halten vermag. Ob eine Person als Vertrauensperson wahrgenommen wird. Und unbestritten ist, dass jemand mit hoher sozialer Kompetenz über mehr Persönlichkeit verfügt als ein Ungehobelter – trotz vergleichbarer Ausbildung. Kurz, dass wir solche Menschen besser mögen und mehr respektieren. Dass sie mehr Erfolg haben, privat und im Job.

BUSINESS CLASS
HIER AUCH?
Die Businesswelt kennt zu diesem Thema nur eine Regel: Rang vor Alter vor Geschlecht. Im geschäftlichen Umfeld wirken Galanterien alter Schule deplatziert. Dies sei hier unmissverständlich gesagt. Davon ausgeschlossen sind natürlich die allgemeinen Gebote der Höflichkeit.

ROYAL CLASS
LINKS SCHÜTZT RECHTS
Die Regel hat eine handfeste Erklärung aus der Vergangenheit. Der mit einem Säbel bewaffnete Begleiter konnte diesen mit der rechten Hand aus der Säbelscheide ziehen, ohne dass seine Begleitung durch die Verteidigungsabsicht in Gefahr kam. Stellen Sie sich das auf der anderen Seite vor; das gut gemeinte Unterfangen hätte sehr schnell ins Auge gehen können.

47

Weder Macho noch Rüpel

Klar können Frauen eine Bohrmaschine bedienen, nach einem Taxi pfeifen oder einen defekten Reifen wechseln, sie sind keine Heimchen am Herd. Die moderne Variante eines Kavaliers zu sein, bedeutet nicht, ein patriarchalisches Weltbild zu pflegen. Im Gegenteil. Indem die Geschlechtsunterschiede in einer Art Spiel zelebriert werden, strahlt eine herzlich gelebte Galanterie Respekt aus.

Weil dem Machotum hier und jetzt die Todesanzeige geschrieben und bei den Trauerfeierlichkeiten seinem Imponiergehabe keine Träne nachgeweint wird, plädiert der Schweizer Knigge für den aufgeklärten Mann, der die Mittel der Zuvorkommenheit intelligent, liebenswürdig und stilbewusst zum Vorteil aller einzusetzen versteht. Einige dieser Mittel sind im folgenden Kasten aufgelistet.

DIE MITTEL MODERNER GALANTERIE

- Der Partnerin Blumen bringen.
- Erst Platz nehmen, wenn die Frau sich hinsetzt.
- Und aufstehen, wenn Sie sich zum Beispiel zur Toilette begibt.
- Ihr in den Mantel helfen.
- Ihr immer den besseren Platz im Restaurant, im Kino und in öffentlichen Verkehrsmitteln überlassen.
- Beim Gespräch das Mobiltelefon ausschalten.
- Die Frau nach Hause begleiten (ohne Hintergedanken!).
- Ihr die Türen aufhalten und in unbekannten Territorien vorangehen.
- Die Regel applizieren: links schützt rechts. Das heisst, Sie zeigen sich während einer formellen Einladung verantwortlich für die am Tisch rechts von Ihnen sitzende, Ihnen eventuell unbekannte Frau, führen mit ihr ein Gespräch und sorgen für ihr Wohlbefinden. Als Fussgänger gehen Sie links von der Frau auf dem Trottoir – wobei der Schutz gegen die Strassenseite Priorität hat.
- Der Frau beim Treppensteigen folgen, um sie bei einem Sturz notfalls auffangen zu können. Und beim Hinuntersteigen aus dem gleichen Grund vorangehen. Ihr jedoch im Lift den Vortritt lassen.
- Den Regenschirm anbieten.
- Beim Koffertragen und Ähnlichem helfen.

Bedenken Sie dabei: Gesten dieser Art haben die Wirkung eines Lächelns. Und dieses ist bekanntlich die kürzeste Distanz, die es zwischen zwei Menschen gibt.

Will sie das überhaupt?

Frauen führen heute ein selbstbestimmtes Leben. Sie wollen frei entscheiden, welche Gesten des nett gemeinten Miteinanders sie als angenehm akzeptieren und welche sie als unangebracht zurückweisen. Entsprechende Signale im Vorfeld richtig interpretieren und dabei den gesunden Menschenverstand einsetzen – dieses Verhalten drängt sich dem aufgeklärten Mann auf. Dreht Ihnen die Frau beim Mantelausziehen den Rücken zu, erwartet sie eventuell Hilfe; bleibt sie Ihnen zugewandt, wohl eher nicht. Fragen Sie als Mann im Zweifelsfall einfach: «Kann ich Ihnen helfen?» Die Antwort bestimmt dann das Mass der Zuvorkommenheitsgesten im weiteren Zusammensein.

Mit Kompetenz und Stil – gute Umgangsformen erhellen den Alltag. Die moderne Version von Immanuel Kants kategorischem Imperativ lautet: «Jeder sollte den Prinzipien folgen, die zum jeweils bestmöglichen Ergebnis führen, weil dies die einzigen Prinzipien sind, von denen jeder wollen kann, dass sie als universale Gesetze gelten.» Da ist es selbstverständlich, dass die Frau auch einmal die Restaurantrechnung bezahlt. Oder dem Mann Blumen bringt, wenn sie das richtig findet. Dass sie den Wein probiert, den sie bestellt hat. Denn mit der Emanzipation haben sich die Frauen nicht nur die ihnen zustehenden Rechte erkämpft, sondern auch Pflichten übernommen. Das ist nur zu begrüssen und entspricht dem, was wir inzwischen als normalen Alltag empfinden.

Und: Intelligent und situationsgerecht angewandte Galanterien im privaten Bereich – und nach langen Ehejahren – haben das Zeug, ein Band der Sympathie und des Respekts zu knüpfen. Die Chancen, die sich einem damit auftun, sollten Sie nicht leichtfertig ignorieren.

do

- «Triple A plus G» als Handlungsmodell
- In der Business Class: Bei der Begrüssung den Namen und den Titel des Gegenübers nennen
- Es gilt erst einmal das Sie.
- Rang vor Alter vor Geschlecht
- Klartext reden
- Nach oben weisende Mundwinkel
- Situationsgerechtes Handeln
- Bitte und Danke sagen
- Ehrliche Komplimente machen
- Höflicher Umgang auch mit scheinbar «Untergebenen»

no-go

- Me, myself and I
- Einen Gruss unerwidert lassen
- Nicht wirklich zuhören und ins Wort fallen
- Sich selbst mit dem Titel vorstellen
- Andere Menschen ändern wollen
- Überinitiative an den Tag legen
- Besserwisserei oder Desinteresse zeigen

3 Zu Hause und unterwegs – rücksichtsvoll im Alltag

Im öffentlichen Verkehr, am Busen der Natur, in der Einkaufs-

passage – das sind nicht einfach Erweiterungen des privaten

Raums, wo man sich benehmen kann, wie es einem gerade behagt,

sondern Orte, an denen Sorgfalt und Rücksicht das Verhalten

bestimmen sollten. Vorstadtgören und Alltagsrambos knüpft

sich der Schweizer Knigge vor und redet ihnen ins Gewissen.

Man darf sich in diesem Kapitel aber auch ins kleine Schwarze

oder in den Smoking werfen und sich über Dinge freuen, die das

Miteinander konfliktfreier gestalten. Begonnen wird mit der Liebe.

Eheglück – für immer minus einen Tag?

Die Tage auf Wolke sieben sind vielleicht schneller vorbei, als es sich das Liebespaar wünscht. Der Alltag hat die beiden – inzwischen ist es möglicherweise eine Familie geworden – fest im Griff. Und jetzt? Gefühle, Zärtlichkeit und Verstand in Gleichtakt zu bringen, das ist mitunter ein schwieriges Unterfangen. Der Schweizer Knigge kennt auch keine goldene Formel, versucht aber – sicher etwas ungewöhnlich für diese Art von Ratgeber –, den einen oder anderen Hinweis zu geben, welche Art Umgang ein Paar krisenresistenter machen könnte.

Alltagstauglich verliebt

Denn ist einmal Sand im Getriebe, wird es schwierig, eine stabile Beziehung aufrechtzuerhalten. Das anfängliche Glück reibt sich an den Realitäten: Kinder, Stress in Familienalltag und Berufsleben sowie die unterschiedlichen Persönlichkeiten der beiden Beteiligten können der Stimmung schnell einmal zusetzen.

Lebendige, befriedigende Beziehungen sind denn auch keine Selbstverständlichkeit. Der Wechsel vom Modus «Alltag» zum Modus «Intimität» ist mitunter diffizil. Sind doch für die tägliche Lebensbewältigung Managerqualitäten vonnöten, während es bei Liebe und Erotik um Fantasie, Freigebigkeit und Kontrollverlust geht. Man hat einmal als Liebespaar angefangen und findet sich unversehens in einer Arbeitsgemeinschaft und Kinderkrippe wieder – eine fatale Entwicklung für viele. Diesem Wechsel zwischen Arbeitsalltag und Intimität und den damit verbundenen Erwartungen gerecht zu werden, das kann und will nicht immer gelingen. Dass die gemeinsame Zukunft sich als eine lohnende Perspektive darstellt, dafür müssen beide einen Einsatz leisten. Und sich vielleicht sogar über Grenzen bewegen, die ihnen bis anhin unverrückbar schienen. Denn in einer Partnerschaft ist das Nachgeben keine Niederlage und das Durchsetzen des eigenen Willens kein Sieg.

Die zehn Gebote für ihn

Wie man seine Beziehung stark machen kann? Der Schweizer Knigge setzt im realen Leben an und postiert Wegmarken für den Mann, die eine Überlegung wert sind. Aus der Überzeugung heraus, dass der Umgang nicht nur mit Fremden, Kunden oder Bekannten sorgsam zu gestalten ist, sondern auch mit der Person, die man einmal als die allerwichtigste im Leben erkoren hat.

1. Fernseher und Mobiltelefon aus

Wer beim Essen oder während ein paar ruhigen Minuten im Alltag statt Zweisamkeit unentwegt Ablenkung sucht, signalisiert damit: «Deine Anwesenheit genügt mir nicht.» Wann war das letzte Mal, dass Sie Ihre Partnerin mit einem Blumenstrauss überrascht haben, einem Zeichen der Wertschätzung, einem Dankeschön? Bewegen Sie Ihren Hintern und nicht nur den Daumen auf Fernbedienung oder Smartphone.

2. Aktiv auf die Partnerin eingehen

Wer nur von sich selbst spricht, zeigt Desinteresse. Vermeiden Sie aber auch, sich lediglich nach Belanglosem zu erkundigen. Hören Sie zu, mit beiden Ohren. Sprechen Sie über Ihre Gefühle, Ihre Gedanken und haben Sie Vertrauen, dass Ihre Partnerin Sie verstehen und unterstützen wird. Denn das Gegenteil von Leben ist nicht der Tod, sondern die Gleichgültigkeit.

3. Partnerschaftlich – auch im Haushalt

Unaufgefordert die Abwaschmaschine leeren, den Rasen mähen, die Socken wegräumen, den Tisch decken, Staub saugen, alle Schuhe putzen. Fällt Ihnen noch mehr ein? Kinder abholen? Hören Sie nie auf anzufangen, fangen Sie nie an aufzuhören.

4. Pflege

Tägliches Duschen, saubere Haare, regelmässiges Rasieren, gepflegte Hände, Füsse und Zähne sind ein Muss. Jeder sollte auf sein Äusseres achten. In den meisten Situationen jedenfalls. Dazu gehört auch, sich ansprechend anzuziehen. Adiletten beispielsweise passen in die Nasszone und sind nicht als Ersatz für Hausschuhe anzusehen: Ihr enterotisierendes Potenzial wird von vielen Männern unterschätzt. Und: Der Bauch muss weg. Vorbei die

Zeiten, in denen pralle Bier- und Wohlstandsbäuche als Zeichen eines dicken Portemonnaies Vorteile auf dem Partnerwahlmarkt brachten.

5. Neugierig bleiben

Vertrautheit und aktives Zuhören schaffen Raum für Zweisamkeit. Zeigen Sie Ihre Zuneigung – nicht nur in Spezialsituationen, sondern auch im täglichen Umgang: mit Worten, einer Geste, einem Zuzwinkern. Lernen Sie die Frau an Ihrer Seite immer wieder frisch kennen, entdecken Sie neue Facetten an ihr. Sonst tuts ein anderer.

6. Momente pflegen

Zeit ist die neue Beziehungswährung. Wer für seine Partnerin keine Momente der Zweisamkeit findet, sondern die Agenda mit Businessterminen und Kumpelabenden zumüllt, signalisiert: «Du bist mir nicht wichtig.»

7. Die Frau ist meist die Stärkere

Tatsache ist, dass drei Viertel aller Scheidungen von den Frauen initiiert werden. Heute. In der Schweiz. Weil sie der Funktion als Servicestation überdrüssig sind. Und weil sie sich dynamischer entwickelt haben als die Männer, selbstbewusster geworden sind. Halten Sie Schritt, weil es nie zu spät ist, das zu werden, was Sie einmal hätten sein wollen.

8. Kein 3M-Programm

Mund, Möpse, Möse, jeweils drei Minuten und dann rein mit ihm. So gehts nicht. Langjährige Paare einigen sich beim Sex oft stillschweigend auf den kleinsten gemeinsamen Nenner – das lässt eine Beziehung irgendwann ins Leere laufen. Seien Sie erfinderisch, überraschend, neugierig. Dazu zwei Anregungen: Die Partnerin hat einen Höhepunkt, bevor Sie mit Ihrem Geschütz auffahren. Oral oder von Hand. Jedes Mal. Und: Wenn Sie in der Intimzone der Frau tätig werden, ölen Sie Ihre Hände immer ein (zum Beispiel mit Traubenkernöl aus dem Lebensmittelladen). Denn die wenigsten Frauen haben einen Höhepunkt allein durch Penetrationssex: (gut geöltе) Handwerkskunst ist gefragt.

9. Seien Sie ehrlich

Wenn Sie glauben, das einzig Schwierige an einem Seitensprung sei sein Vertuschen, dann irren Sie sich. Männer werden in dieser Hinsicht aktiv, wenn sie vorher zu passiv in ihrem Beziehungsverhalten waren und die Schuld dafür der Partnerin geben. Erwarten Sie nicht, dass Ihre Liebste automatisch auf Ihre Wünsche eingeht oder sie intuitiv kennt. Suchen Sie das Gespräch, teilen Sie sich mit, öffnen Sie sich auch für Themen, die Sie während langer Zeit ignoriert haben. Pflegen Sie eine offene Gesprächskultur. Denn glücklich ist der, der sich nicht auf das Problem konzentriert, sondern auf die Lösungen innerhalb der Beziehung.

10. Investieren Sie richtig
Geht es der Beziehung gut, geht es auch den Kindern gut. Ebenso dem Job. Setzen Sie Prioritäten. Niemand sagt auf dem Sterbebett: «Hätte ich doch nur mehr Zeit im Büro verbracht.»

GLÜCKSMOMENTE

- Der Duft von frischem Brot
- Wissen, dass jemand an einen denkt
- Am Köpfchen eines Babys schnuppern
- Geschenke auspacken
- Keine Hausaufgaben haben
- Zu sehen, dass der wichtigste Mensch der Welt glücklich ist
- Im Sommer das erste Mal baden
- Ein Lächeln, das zurückkommt
- Bekocht werden
- Längst vergessene Songs wieder hören
- Auf einem Foto gut aussehen
- Umarmungen, die länger als eine Minute dauern
- Bilder aus der Kindheit anschauen
- Schutzfolien von neuen Geräten entfernen
- Wenn der Partner zuerst eine SMS schreibt
- Schneetreiben zuschauen
- Intimität und Sex in einem
- Einen handgeschriebenen Brief erhalten
- Mit Freunden alte Erinnerungen hervorholen
- Kinderlachen
- Frische Bettwäsche
- Morgens als Erstes in schöne Augen schauen
- Den Schlusspunkt unter eine wichtige Arbeit setzen
- Ein unerwartetes Kompliment
- Lachen, bis einem der Bauch wehtut
- Wenn vor dem Konzert die Lichter ausgehen
- Jemanden am Bahnhof abholen, den man vermisst hat

Die zehn Gebote für sie

Frauen haben häufiger die Tendenz, sich im Alltag für das Glück des Partners verantwortlich zu fühlen, als umgekehrt: Nimmt er diese Angebote nicht an, ziehen sie sich – verständlicherweise – irgendwann zurück. Resigniert. Für viele ist es auch immer noch schwieriger, zu sich selbst gut zu sein, als etwas Gutes für andere zu tun. Doch die Vorstellungen darüber, wie sich eine erfüllende Partnerschaft definiert, verändern sich sehr schnell. Moderne Frauen wollen ihre Wünsche und Lebensziele schon lange nicht mehr anderen Menschen oder einer Sache unterordnen, haben ein starkes Selbstwertgefühl entwickelt.

1. Es gibt keine weissen Ritter
Ihr Partner ist nicht für Ihr Glück verantwortlich. Ihre Kinder und Ihr Chef sind es ebenfalls nicht. Der Retter und Richard Gere in «Pretty Woman» – das sind weibliche Wunschvorstellungen, die Männer überfordern. Zu Recht.

2. Ein Leben auch ausserhalb der Beziehung
Dazu kann zum Beispiel eine Berufstätigkeit gehören – auch wenn Sie Kinder haben. Ebenfalls, dass Sie nicht alles gemeinsam mit ihm unternehmen müssen. Der Partner, die Kinder, das Zuhause sollten nicht Ihr einziger Lebensinhalt sein. Kinobesuche mit Freundinnen oder Freunden, ein Leseklub, Sport und Hobbys gehören dazu. Das schafft einen Ausgleich, und man hat sich am Ende des Tages etwas zu erzählen.

3. Es sagen
Worauf haben Sie Lust? Was wurde schon zu oft auf die lange Bank geschoben? Teilen Sie es Ihrem Partner mit. Ergreifen Sie die Initiative, denn Männer neigen zu Trägheit und zeigen sich meist eher zufrieden mit dem Status quo. Kämpfen Sie darum, dass er wach bleibt. Er ist es wert.

4. Lust auf nicht Alltägliches
Buchen Sie das schönste Hotelzimmer am Ort für einen Tapetenwechsel, gehen Sie mindestens zweimal pro Monat miteinander essen. Und: Frauen, die sich nur von Salat ernähren, sind nicht appetitanregend. Wer lustvoll isst, ist es auch im Bett.

5. Aufs Äussere achten

Zu Hause immer nur in Jogginghose und mit fettigen Haaren: Das ist ein Beziehungskiller. Ein ungepflegtes Äusseres ist nicht nur unerotisch, sondern signalisiert auch fehlenden Respekt. Gegenüber sich selber und gegenüber dem Partner. Die «Desperate Housewives» geben selbstverständlich kein realistisches Bild ab, wie sich die Dinge präsentieren sollten. Aber tragen Sie Sorge zu Ihrem Körper und dem, was Sie anziehen. Innere Zufriedenheit und Schönheit kommen auch vom Sich-Wohlfühlen in der eigenen Haut.

6. Nicht nur über Klatsch reden

Es gibt Frauen, die ohne Punkt und Komma über sich selbst reden. Oder über die neuste TV-Serie, Schönheitsoperationen, Nachbarn, Kinder, Shopping und Ferienpläne. Das ist nur langweilig.

BUCHTIPP

Guy Bodenmann, Professor am Psychologischen Institut der Universität Zürich, nennt in seinem bekannten Beobachter-Ratgeber folgende Eigenschaften mit Erfolg versprechendem Potenzial: die Bereitschaft, dem Partner, der Partnerin Raum und Zeit zu gewähren; die Neigung, sich dem Gegenüber immer wieder mitzuteilen, das eigene Innerste zu zeigen; der Wille, die Beziehung zu bewahren und sich dafür zu engagieren. **«Was Paare stark macht»** – ein Buch für alle, die zu ihrer Liebe Sorge tragen wollen.

www.beobachter.ch/buchshop

7. Keine Scheingefechte

Es muss nicht alles immer bis zum bitteren Ende ausdiskutiert werden, bis die andere Seite weiss, dass sie im Unrecht war. Hacken Sie nicht in Endlosschleifen auf seinen Defiziten herum, sondern zeigen Sie sich souverän, indem Sie auch einmal etwas Unerwartetes, etwas Humorvolles sagen und so eine neue Tür öffnen. Sie werden ihn damit auf dem richtigen Fuss erwischen. Man hat niemanden überzeugt, den man zum Schweigen gebracht hat.

8. Schätzen Sie kleine Aufmerksamkeiten

Sie sind keine Selbstverständlichkeit. Bewegt er sich etwas, lassen Sie ihn spüren, dass Sie das freut. Nicht wie zum kleinen Hündchen, sondern auf sympathische Weise. Sie haben ihn einmal geliebt und tun das eigentlich immer noch.

9. Klartext

Frauen sagen: «Ich habe nichts anzuziehen», und meinen: «Ich fühle mich vernachlässigt.» Sagen Sie ohne Subtext, was Sie denken, zum Beispiel: «Ich würde mich freuen, wenn du mich nächsten Samstag in die Stadt begleitest. Nur zwei Stunden. Ich möchte ein neues Jackett kaufen.» Oder sagen Sie: «Ich fühle mich vernachlässigt.» Dann lässt sich darüber reden. Männer sind auf versteckte Botschaften schlecht zu sprechen, sie haben kein Gehör dafür.

10. Nach- und Rücksicht

Lassen Sie ihm Freiheiten, auch wenn es Ihnen zuweilen kindisch erscheint, wie er sein Velo auf Hochglanz bringt. Und Gleiches mit den Schuhen und im Haushalt tunlichst unterlässt. Es gibt Dinge, die sind für ihn existenziell, dazu gehört eventuell auch ein ganzer Monat Fussball-EM. Das korrigieren zu wollen, ist müssig. Die Kunst der Gelassenheit liegt darin, sich nicht über Dinge aufzuregen, die sich nicht ändern lassen.

Ausserhalb der eigenen 50 Quadratmeter Glückseligkeit

Pro Tag werden in der Schweiz zehn Fussballfelder zugebaut. Das ist ein Zeichen für Wohlstand, und schuld an dieser Entwicklung ist nicht allein das Bevölkerungswachstum – die Ansprüche haben sich erhöht: 50 Quadratmeter beansprucht eine Person heute, doppelt so viel wie vor einem halben Jahrhundert. Mehr Platz zu Hause bedeutet aber nicht zwangsläufig komfortablere Verhältnisse draussen. Im Gegenteil. Auf den Strassen, beim Pendeln, im öffentlichen Raum ist es enger geworden.

Die Zeiten sind vorbei, in denen Herr und Frau Schweizer ausser Haus tun und lassen konnten, worauf sie gerade Lust hatten, ohne an die Konsequenzen denken zu müssen. Das konnten sie zwar noch nie, aber heute empfindet man forciert individuell ausgelegten Eigensinn rascher und penetranter als einst. Zigarettenkippen, Bierdosen, Gratiszeitungen, Taschentücher, Graffiti, Sachbeschädigungen: Man trifft sie an Unorten weitaus häufiger an als nötig. Es ist ein Verlust an Verbindlichkeit zu beklagen. In einem Land notabene, das für seine Sauberkeit bekannt ist.

LEIB UND SEELE
16 Gesichtsmuskeln braucht der Mensch für ein Lachen. Ein Stirnrunzeln hingegen erfordert die Arbeit von 43 Muskeln. ■

Mit hehrer Gesinnung das Fähnlein der sieben Aufrechten schwenkend, versucht der Schweizer Knigge, etwas Gegensteuer zu geben. Ob es gelingt, dieses Plädoyer für Respekt und weniger Gleichgültigkeit gegenüber Personen und Sachen? Damit jedoch kein Missverständnis aufkommt: Er vermisst auf keinen Fall die Zustände von anno 1950, als das bürgerliche Leben hierzulande doch sehr von Scheinheiligkeit, Kleinkariertheit und Engherzigkeit geprägt war – er steht mit beiden Beinen zufrieden im Hier und Jetzt.

Vom Grüssen

Menschen aus dem Ausland sind zu Beginn oft etwas irritiert und erstaunt, wie häufig hierzulande das Begrüssungsritual zelebriert wird. In dieser Beziehung ist die Schweiz ein kleines Dorf, dessen Einwohnerinnen und Einwohner einen freundlichen Umgang zu pflegen sich bemüssigt fühlen. Weil das eine sympathische Eigenart ist, werden der Vollständigkeit halber folgende Situationen erwähnt, in denen Grüssen passt:

■ Im Zug, im Bus, Tram und Flugzeug, wenn man sich neben eine andere Person hinsetzt. Auch am Skilift-Bügel.

■ Im Wartezimmer, im Tante-Emma-Laden und im Supermarkt an der Kasse, im Personenlift, im Hotel und im Modegeschäft (dort dürfen Ü30 penetrantes Duzen durch das Personal ruhig ignorieren, das wird nicht als unhöflich empfunden …).

■ Wenn Sie in Ihrer Firma auf Fremde oder Besucher treffen.

■ Wenn Sie eine Frage an jemanden richten.

■ Überhaupt immer, sofern man sich nicht im grossstädtischen Raum befindet, wo es lästig und komisch wirken würde, ständig zu grüssen. In der freien Natur, im Stadtwald, auf Wanderwegen und zum Tuchnachbarn in der Badi hingegen – das «Grüezi» gehört allenthalben zum guten Ton. Schön, dass dem immer noch so ist, auch wenn dies jetzt etwas altmodisch klingen mag.

Küsschen, Küsschen, Küsschen

Selbstredend gilt das oben Gesagte für Begegnungen, bei denen man auf fremde Menschen trifft. Grussfreudig verhalten sich Herr und Frau Schweizer aber auch in Situationen, in denen man sich kennt. Wo man nur hinschaut, ein allgemeines Händeschütteln im Kollegenkreis, Luftküsschen rechts, links, rechts – eine Gewohnheit, die Menschen aus unseren Nachbarländern immer wieder seltsam berührt, denn sie begnügen sich mit zweimaligem Küssen. Das Gleiche auch beim Abschiednehmen, niemand wird ausgelassen, überall herrscht eine herzlich gemeinte Verbindlichkeit. Auch wenn dies von aussen betrachtet zuweilen etwas umständlich wirkt, der Schweizer Knigge würde sich hüten, ein anderes Verhalten zu empfehlen. Denn es ist ein Zeichen von Respekt und Wertschätzung anderen gegenüber, etwas, wovor man nur den Hut ziehen kann.

Öffentlich verkehrt

Der Minimalismus geniesst bei Kulturschaffenden, Architektinnen, Designern, Grafikerinnen und Techno-Liebhabern hierzulande eine hohe Wertschätzung, und viele ihrer Werke sind berühmt für ihre einfache Formensprache und den reduzierten Mitteleinsatz. Man spricht vom «swiss style» auf der ganzen Welt. Doch im Alltag zeugt Minimalismus nicht von gutem Stil, begünstigt im Gegenteil eine zunehmende Verrohung. Mit anderen Worten: Der Allerwerteste ist zu bewegen, wenn die Sitzplätze im Tram rar sind und eine ältere Person, eine schwangere Frau, Menschen mit einer Behinderung etwas Komfort suchen. Bitte. Denn ob Jungspund oder Silberrücken, eine Konstante bleibt lebenslang: Wir altern – gegen das Ende hin zwar etwas unvorteilhafter – alle gleich schnell.

Allerdings: Es besteht kein Grundrecht auf einen Sitzplatz. Hin und wieder werden ältere Personen gesichtet, die beim Einsteigen ins Tram Mittel einsetzen, die sie an anderen als unhöflich taxieren würden: Vordrängen, Ellbogeneinsatz und ähnliche Rote-Karte-Techniken vom Fussballplatz. Deshalb: Die Dinge regeln sich erst im Fahrzeug.

Nähe und Distanz...

...das Dauerthema eigentlich. Weil Schuhe nicht auf die Sitzbank im ÖV gehören und auch Gratisblätter oder anderer hinterlassener Müll im Park, auf dem Parkplatz, neben der lauschigen Bank im Grünen und natürlich im Personenverkehr bloss als ästhetische Scheusslichkeiten auftreten.

Der Verzehr eines Sandwichs, eines Schokoriegels im ÖV, das Trinken von Red Bull: Hat jemand etwas dagegen einzuwenden? Nicht wirklich, sofern die olfaktorischen Eigenschaften des Nahrungsmittels kurzdistanzlich ausgelegt sind. Hamburger, Wurst und Kebab jedoch sorgen allseits für Naserümpfen.

Bevor die geneigte Leserschaft sich ganz vom Thema verabschiedet, ein High five auf die Versöhnung, denn die Grundregel lautet ganz einfach: Verhalten Sie sich auswärts so, wie Sie das auch zu Hause und im Büro machen. Klingt nicht sexy, aber erleichtert das Miteinander ungemein.

Ohne Mahnfinger oder Hupe

Und eines in dieser Angelegenheit ist gewiss: Auch im Umgang mit Flegeln und Ignoranten bleibt der höfliche Mensch gefasst, schaut dem

Treiben lediglich irritiert zu. Dem Ruf nach mehr Disziplin in Schulwesen und Staat erteilt er, grosszügig wie immer, eine Absage. Im Wissen darum, dass sich nicht nur der Begriff der Freiheit in den letzten 50 Jahren erweitert hat, sondern auch der damit einhergehende Missbrauch. Das eine ist offenbar nicht ohne das andere zu haben. Wer aber wollte die neue Offenheit wieder eintauschen?

Vielleicht hilft das gute Beispiel. Oder die Nachfrage, ob die Person die leere Coladose auf der Sitzbank vergessen habe. Etwas mehr Rücksicht würde die Arbeit von Strassenwischern, SBB-Putzkommandos etc. und die damit verbundenen Kosten wesentlich reduzieren. Und für eine etwas aufgeräumtere Stimmung im Land sorgen.

Ist das ein Modus operandi, mit dem sich leben liesse? Zufrieden, dass der Wink mit dem Zaunpfahl die Dinge wohl hinreichend klärt, wendet sich der Schweizer Knigge wieder anderem zu. Denn auch beim Thema Strassenverkehr kann es nur heissen: Blinker raus und das Thema umfahren. In der Schweiz wird immer noch weit weniger aggressiv gefahren als im Ausland. Wenn da nur nicht diese frechen Velofahrer im Stadtverkehr, die unverfrorenen Kurierfahrer im Terminstress und die sich nie im Unrecht empfindenden 120-Fahrer auf der Überholspur der Autobahn wären … Nein, gut schweizerisch plädiert der Schweizer Knigge für die Vernunft und lässt den Drohfinger am Lenkrad ruhen, damit andere Themen angesteuert werden können.

 ROYAL CLASS
DIE ETIKETTEN VON VERSAILLES
Schon der Sonnenkönig Louis XIV. hatte seine liebe Mühe mit dem Verfall von Sitte und Ordnung. Um das ungenierte Treiben seines Hofstaats in geordnete Bahnen zu lenken, liess er in Schloss und Garten von Versailles kleine Schilder – französisch: «étiquettes» – mit Ge- und Verboten aufstellen. Seither spricht man auch bei uns von Etikette.

Die Zivilcourage

Wenn die seelische oder körperliche Integrität einer anderen Person gefährdet ist, fordert der gesunde Menschenverstand zum Eingreifen auf. Zivilcourage bedeutet: nicht wegschauen, sondern sich einmischen. In unserer Zeit ist allerdings das Streben nach Selbstverwirklichung zum Mass aller Dinge geworden, der Kaufentscheid über die anstehende grössere Anschaffung bedeutsamer als der nächste Urnengang. Im Zeichen der Toleranz wird alles geschluckt, der Gesellschaftsvertrag zugunsten einiger weniger vernachlässigt. Statt Grenzen zu setzen, wird Nachsicht geübt, um wegschauen zu können, um nicht in den Verdacht des Bünzlitums zu geraten. Und wo der Einzelne überfordert ist, wird nach dem Staat gerufen, der die Probleme für uns regeln soll.

Doch es ist ein Akt der Zivilcourage, unbequem zu sein und sich für Werte einzusetzen, die unsere Gesellschaft zusammenhalten. Das bedeutet nicht, dass man den Helden spielen soll. Es bedeutet vielmehr, zu sagen:

«Was da passiert, ist nicht in Ordnung, ich muss etwas dagegen tun.» Und so gehen Sie richtig vor, wenn sich im öffentlichen Raum Dinge ereignen, die Ihren Widerspruch provozieren:

- Beobachten Sie die Situation, um abzuschätzen, wie dramatisch sie bereits ist.
- Versuchen Sie, ruhig zu bleiben. Warten Sie mit Ihrer Intervention nicht so lange, bis die Wut Ihr Handeln bestimmt.
- Bleiben Sie in Ton, Mimik und Gestik ruhig und höflich. Benützen Sie die Sie-, nicht die Du-Anrede.
- Bitten Sie die Person anständig, das störende Verhalten einzustellen. Begründen Sie, weshalb es Sie stört.
- Betonen Sie nicht die Unterschiede, sondern die Gemeinsamkeiten. Bauen Sie keine Wir-gegen-euch-Stimmung auf.
- Keine Erziehungsversuche, nehmen Sie Ihr Gegenüber ernst.
- Provozieren, berühren oder beleidigen Sie die störende Person nicht.

Wenn die Situation eskaliert

Vielfach wird ein solches Vorgehen die Situation beruhigen und entschärfen. Das ist das wichtigste Ziel. Treffen Sie auf gewalttätige Aktionen, sollten Sie so viel Hilfe wie möglich organisieren: Benachrichtigen Sie zuerst die Polizei (Nr. 117) und fordern Sie Herumstehende ganz direkt zur Mithilfe auf: «Sie mit der Baseballkappe, rufen Sie die Polizei an. Sie mit dem roten Pulli, helfen Sie mir!» Versuchen Sie dann, in erster Linie das Opfer zu schützen, und nicht, den Täter, die Täterin zu erziehen. Sprechen Sie deutlich und mit fester Stimme. Blickkontakt ist wichtig. Sind allerdings Waffen im Spiel, sollten Sie das Eingreifen in jedem Fall unterlassen und Abstand wahren (merken Sie sich aber die Zeugen, das Signalement und allenfalls die Fluchtrichtung der Akteure).

ROYAL CLASS
AUSGEZEICHNETE ZIVILCOURAGE

Jedes Jahr ehrt der Beobachter Mutige mit dem «Prix Courage» und feiert sie anlässlich einer grossen Gala. Menschen, die Zivilcourage gezeigt und den berühmten Unterschied ausgemacht haben.

Begegnungen mit Behinderten

Viele behinderte Menschen haben sich eine hohe Selbständigkeit bewahrt oder (wieder) angeeignet. Darauf sind sie stolz. Denn für sie zählt nicht, was verloren ging, sondern das, was bleibt. Deshalb: Ungefragte und unerwünschte Hilfe kann ein Gefühl von Erniedrigung und Bevormundung hervorrufen. Fragen Sie immer, bevor Sie aktiv werden: «Kann ich helfen oder kommen Sie allein zurecht?»

Verhalten Sie sich ganz normal. Wer behindert ist, kennt seine Fähigkeiten und Grenzen selber am besten. Das wird die Person Ihnen auch mitteilen und die gewünschte Hilfestellung näher erläutern. Aber Behinderte wollen nicht auf ihre Defizite reduziert werden. In erster Linie sind sie Menschen, Frauen, Männer, Kinder und möchten altersgerecht behandelt werden. Sie wollen ein eigenverantwortliches Leben, das nicht durch Mitleid oder Überbeflissenheit anderer zusätzlich eingeschränkt wird.

Wenn eine behinderte Person die Hilfe ablehnt, ist das zu akzeptieren. Sie sind vielleicht schon der Dritte, der fragt. Beim nächsten Mal wird man dann aber vielleicht froh sein, wenn Sie zur Stelle sind. Und noch etwas: «Normal» heisst eben auch, dass man Fehler macht. Einem Blinden beim Abschied «auf Wiedersehen» sagen – jänu, war sicher nicht ironisch gemeint. Und nun einige Hinweise, was denn in verschiedenen Situationen an Hilfeleistungen gefragt sein könnte:

Körperlich behinderte Menschen

Treppenstufen werden zur Eigernordwand, Einkaufstaschen nehmen Container-Dimensionen an, ein Hauch von Schnee kommt an Glätte einer Bobbahn gleich. In diesen Situationen können Sie also immer helfen – auf Wunsch, wie gesagt. Passen Sie dabei das eigene Tempo dem des Behinderten an. Auch eine Handreichung, Hilfe beim Tragen, beim Bedienen von Fahrstühlen wird willkommen sein, sofern Ihre Nachfrage positiv beantwortet wurde. Nicht nur bei längeren Gesprächen mit Personen im Rollstuhl: Wenn Sie auf gleicher Augenhöhe kommunizieren – real und sinngemäss –, dann wird das geschätzt.

Blinde Menschen

Einen Sehbehinderten müssen Sie von vorn ansprechen, damit er Sie wahrnehmen kann. Und er erschrickt, wenn Sie ihn ohne Vorankündigung berühren. Das sollten Sie auch nicht tun, wenn die Person von einem Hund begleitet wird.

Sprechen Sie ruhig und selbstverständlich von dem, was Sie sehen. Kündigen Sie es an, wenn ein Hindernis kommt. Beschreiben Sie den Platz der Kaffeetasse, des Wasserglases. Füllen Sie Letzteres nicht bis oben hin. Beim Essen schildern Sie, was sich wo auf dem Teller befindet, mithilfe von Zeigerpositionen der Uhr: «Bohnen auf zwei Uhr.» Grundsatz also: Sie beschreiben mit Worten, was für das Visavis nicht wahrnehmbar ist. Vertrauen Sie darauf, dass dem Gesprochenen umso mehr Aufmerksamkeit geschenkt wird, die Zwischentöne herausgespürt werden.

Hörbehinderte Menschen

Ein Hörbehinderter muss Sie sehen können, bevor Sie ihm Ihre Hilfe anbieten oder ihn allenfalls berühren. Die Worte muss er Ihnen vom Mund ablesen können. Stellen Sie sich deshalb bitte so hin, dass Ihr Gesicht gut beleuchtet ist und Sie ihm möglichst frontal gegenüberstehen.

Sprechen Sie langsam und deutlich, in normaler Lautstärke und ohne Übertreibungen. Und in kurzen Sätzen. Notfalls schreiben Sie etwas auf einen Zettel, wenn es um komplizierte Informationen geht. Gesten können ebenfalls helfen.

Menschen mit Sprachbehinderung

Zeigen Sie Geduld, ohne das zu zeigen. Bleiben Sie also ganz ruhig und versuchen Sie nicht, den Satz für Ihr Gegenüber zu beenden, indem Sie ihm mit Wörtern zuvorkommen. Denn Ihr Gesprächspartner ist sich seiner Behinderung bewusst: Unter Stress kann das zu zusätzlichen Blockaden führen. Verhalten Sie sich deshalb so entspannt wie möglich, ignorieren Sie die Sprachhemmungen und sorgen Sie für ein angenehmes Gesprächsklima. Dann fühlt sich die Person wohl und die Worte kommen leichter über die Lippen.

Menschen mit geistiger Behinderung

Der Umgang mit ihnen erfordert viel Geduld, Verständnis und Menschlichkeit. Es sind keinesfalls Personen, die in einer kindlichen Vorstellungswelt gefangen sind, sie möchten ernst genommen und freundlich behandelt werden. Sprechen Sie in kurzen, klaren Sätzen, wiederholen Sie Bitten oder Anweisungen, wenn nötig. Gliedern Sie Aufforderungen in kleine Teilaufträge.

Sehr oft sieht man, dass Menschen mit geistiger Behinderung herablassend behandelt werden. Das setzt nicht nur die betroffene Person in ein schlechtes Licht, sondern vor allem auch denjenigen, der so handelt. Nicht nur in dieser Situation lautet das Motto: Kümmern Sie sich weniger darum, was die Leute über Sie denken, als darum, was Sie über diese denken.

Die lieben Nachbarn

Die Schweizer sind immer noch ein Volk von Mietern. Rambazamba und Geruchsbelästigungen sind die häufigsten Gründe dafür, dass es zu Konflikten mit den Nachbarn kommt. Deshalb sind Fingerspitzengefühl und gesunder Menschenverstand gefragt, denn mit rechtlichen Mitteln lassen sich solche Streitereien schlecht aus der Welt schaffen. Schalten Sie den Vermieter ein, wenn Sie die Situation als untragbar empfinden – nicht jedoch die Polizei, die kommt nur in wirklichen Notfällen.

Damit es gar nicht erst zu Zoff kommt, hier die wichtigsten Regeln fürs Zusammenleben:

- **Treppenhaus:** Allzu viele Schuhe und Ähnliches sollten dort nicht deponiert werden. Das wirkt schnell einmal unordentlich. Spielen und Schreien von Kindern vermeiden, Dreck beseitigen und den Ort nicht als Zwischenlager benutzen. Damit steigt die Qualität des Nachbarschaftsverhältnisses, die Toleranzschwelle bleibt gewahrt.
- **Balkon:** Auf dem Balkon gilt ab 22 Uhr Zimmerlautstärke. Beim Blumengiessen darauf achten, dass die Bewohner oder Pflanzen auf dem unteren Balkon nicht in Mitleidenschaft gezogen werden. Rücksichtnahme gilt auch am Grill: Die Nachbarn können von beherzten Einfeuerungsaktionen schnell einmal die Nase voll haben.
- **Waschküche:** Der Reservationstermin sollte mit der tatsächlich gebrauchten Zeit ungefähr übereinstimmen. Lassen Sie die Nachbarn nicht hängen mit trockener Wäsche, die übermässig lange auf bessere Zeiten wartet.
- **Gerüche:** Den Mitbewohnern stinkt das schnell einmal: Abfallsäcke vor der Tür, Zigarettenrauch im Treppenhaus oder via Balkon und Kochaktionen, die frühmorgens oder spätabends das Treppenhaus aromatisieren.

▪ **Lärm:** Zwischen 22 und 6 Uhr gilt die Nacht-, von 12 bis 13 Uhr die Mittagsruhe. Auch wenn sie mal nicht eingehalten wird – Unmutsäusserungen mit Besenstiel kommen hoffentlich nur noch in Comics vor, denn im wirklichen Leben sind sie gesetzwidrig. Party geplant? Informieren Sie die Nachbarn rechtzeitig – vielleicht mit einem Kinogutschein. Oder laden Sie sie auch mit ein. Nicht länger als zwei Stunden am Stück musizieren, dabei die Ruhezeiten beachten. Sie gelten auch für den munter agierenden Nachwuchs beim Spielen.

Alltagssituationen unter der Knigge-Lupe

Es sei nicht verholen: Der Schweizer Knigge hat etwas Mühe, für jede Situation, in der man sich im Berufs- und Lebensalltag finden könnte, explizit Verhaltensregeln aufzustellen. Mit der allgemein um sich greifenden Reglementierungswut tut er sich schwer und ist der Meinung, dass Rücksichtnahme und Besonnenheit die Dinge von allein regeln sollten. Badi- und Sauna-Knigge? Hundebesitzer-Knigge? Fitnessklub-Knigge? Spielplatz-Knigge? Wanderweg-Knigge? Wirklichen Handlungsbedarf sieht er bei diesen Themen nicht, ist doch der Gesetzgeber dort schon (über-) aktiv. Und wo er es nicht ist, soll ein Duft von Freiheit und Respekt das Freizeitverhalten von Herrn und Frau Schweizer umgeben.

Mit Säbelgerassel und anderen Mitteln aus der rhetorischen Waffenkammer will dem Schweizer Knigge jedenfalls nicht recht wohl werden. Ein paar Gedanken zu einzelnen Themen hat er sich gleichwohl gemacht.

Beim Einkaufen

Sie nerven, die vordrängelnden Mitmenschen in der Warteschlage beim Metzger, am Nummernautomaten der Post, die Zusammenklauber von Münz, das dann zum Bezahlen an der Coop-Kasse doch nicht reicht. Sie, die das Wägen der Peperoni schon wieder vergessen haben und einstellige Frankenbeträge mit der EC-Karte bezahlen.

In solchen Situationen würde man sich etwas mehr Rücksicht wünschen. Und weil es einem die Höflichkeit verbietet, dann ebenfalls ungebremsten Individualismus walten zu lassen und sich auf das gleiche Verhaltensniveau zu begeben, hilft nur der Rückgriff auf die eigene Gelassenheit. Fürwahr manchmal ein schwieriges Unterfangen!

Gut gemeintes «Gesundheit!»

Jetzt kommt der Schweizer Knigge in die Bredouille. Was soll er empfehlen, welche Reaktion ist angemessen, wenn jemand niest? Soll er für das nett gemeinte «Gesundheit!» plädieren oder zum Ignorieren raten, weil es generell unschicklich ist, Körpergeräusche zu kommentieren? Er neigt zur zweiten Ansicht, weil viele Menschen es als unangenehm empfinden, auf ihre Gesundheit oder Körperfunktionen angesprochen zu werden.

Einmal mehr heisst es: Auf die Situation kommt es an. Ein Niesen während der Geschäftsleitungssitzung wird nicht kommentiert, der kleine Junge im Tram freut sich über ein herzliches «Gesundheit!». Auch ältere Menschen sind den freundlichen Wunsch von früher noch eher gewohnt.

Seinen Ursprung hat der Zuruf übrigens darin, dass man lange Zeit glaubte, der Sitz der Seele befinde sich im Kopf, und deshalb fürchtete, dass mit dem Niesen die Seele diesen Ort verlasse. Die Genesungswünsche waren also eher Mitleidsbekundungen.

Im Flugzeug

Hoch in den Lüften geht es natürlich in erster Linie um die eigene Ellbogenfreiheit: um die Vorherrschaft über die Armlehne, den Anspruch, jederzeit den Mittelgang betreten und dabei den Sitznachbarn immer wieder stören zu dürfen, um das Handgepäck im Weg und um die Absicht, der unmittelbaren Umgebung mit Weisheiten, Witzen, Schlafgeräuschen und (Lang-)Referaten die Reisezeit zu verkürzen. Egal, ob Economy- oder Businessclass, die Freiheit dort oben ist auch nicht grenzenlos, wie uns das Reinhard Mey vor einiger Zeit weismachen wollte.

When in Rome, do as the Romans do

Jeden Erdteil oder gar jedes Land mit Etiketten von «do» und «no-go» zu versehen, würde den Rahmen des Schweizer Knigge sprengen. Dazu sind gescheite Bücher geschrieben worden (siehe Anhang). Allgemeingültiges gibt es vielleicht trotzdem zu sagen: dass die Herausforderungen nicht unerheblich sind, wenn man sich in einem fremden Kulturkreis bewegt. Vor allem religiöse Aspekte und zwischenmenschliches Verhalten können sich im Ausland sehr von unseren Vorstellungen unterscheiden. Vom fremden Idiom gar nicht gesprochen.

Erkundigen Sie sich beim Reiseleiter und im Internet schon im Voraus über die am Ziel vorherrschenden Sitten und Gebräuche. Verhalten Sie sich dann so, dass Sie sich selber zu Hause als Ihren geschätztesten Gast empfinden würden. So kommt es zu ungetrübten Begegnungen auf allen Seiten.

Zur Hochkultur

Wer auf Youtube «nokia, classical concert» eingibt, erlebt hautnah mit, was passieren kann, wenn das Mobiltelefon während eines Konzerts losjault. Tätigen Sie die nötigen Vorsichtsmassnahmen, bevor der Dirigent den Taktstock hebt, man wird allseits dankbar sein für Ihr Musikgehör.

Dies gleich zu Beginn geklärt, stellt sich danach die Frage, wie in den Genussräumen der Hochkultur zwischen den Sitzreihen zu verkehren sei. Der Schweizer Knigge meint: «Man geht immer mit dem Gesicht zu den Sitzenden durch die Reihe, Rücken zur Bühne.» Das gilt auch fürs Kino. Höflicher allerdings ist es, Sitzplätze in der Mitte des Aufführraums bereits etwas früher einzunehmen, das verhindert einen umständlichen Personen-Nahverkehr. Anders als im Kino ist es im Opern-, Konzert- oder Theatersaal nicht üblich, dass Zuspätkommende ihre Sitze noch aufsuchen können. Allenfalls gibt es einen Platz ganz aussen, und man muss dort bis zur Pause verharren.

Dresscode und andere Sitten

Bei Opernpremieren schreibt die Etikette den Herren vor, in Smoking oder dunklem Anzug zu erscheinen; für die Damen ist es das Cocktailkleid oder das Abendkleid. Im Zürcher Opernhaus halten sich Anzug- und Smoking-Träger ungefähr die Waage. Bei einer Theaterpremiere geht es lockerer zu und her, ein Strassenanzug mit Krawatte genügt. An übrigen Vorführtagen tut es auch eine Jeans – eventuell mit einem Jackett kombiniert.

Im Kino ist es dann besonders angenehm, wenn das Knabbern von Popcorn und das Suchen von Mandeln in einer Tüte ein dezentes ist. Auch Hinweise auf die kommende Pointe sollten der Begleitung vorbehalten bleiben. Sonst darf es filmgerecht heissen: «Klappe!»

«Bitte nicht stören» – unterwegs zu Hause

Die meisten Leute übernachten nicht im Hotel, nur um ein Dach über dem Kopf zu haben und verpflegt zu werden. Ausser sie sind Geschäftsleute oder anonyme Testschläfer. Seit es Reisende gibt, gibt es auch Hotels. Und man verbindet mit ihnen fast immer Vorstellungen von Entspannung, gepflegter Lebensart und manchmal sogar von Luxus.

Nicht nur, wo die Preise fürstlich sind, sollte der Gast König sein, sondern auch in einfacheren Häusern mit weniger als fünf Sternen überm Hoteleingang. Allerdings werden Könige bekanntlich für eine Tugend ganz besonders respektiert: für die Höflichkeit. Dieser Ausdruck leitet sich schliesslich vom königlichen Hof her.

Gern gesehener Hotelgast

«Willkommen im Weissen Kreuz, hatten Sie eine gute Anreise?» Der Schweizer Knigge nimmt Ihnen schon einmal die Koffer ab und zeigt, wo es langgeht.

- Bitte rechtzeitig absagen, wenn Sie die Reise nicht antreten können. Mit Vorteil avisieren Sie auch eine Verspätung, damit das Zimmer nicht anderweitig vergeben wird.
- Wünsche sind legitim. Der Gast ist König, und dieser Titel berechtigt – bei entsprechendem Zahlungsversprechen – zur Entgegennahme des Zimmerschlüssels. Er ist aber kein Freipass für Absolutismus und Tyrannei im Umgang mit Personal und anderen Gästen. Auf dem Hotelflur grüsst man, ob andere Gäste oder das Hotelpersonal.
- Wenn nicht alles wie am Schnürchen klappt, darf der Ton zwar etwas bestimmter werden, sollte aber stets höflich bleiben.

- Es zeugt von Lebensart, wenn man im Zimmer Kleider, Schuhe und Einkäufe selber in den dafür vorgesehenen Stauräume versorgt.
- Wenn man Freude am flauschigen Bademantel hat, dann haben das auch die nächsten Gäste. Gilt übrigens genauso für Aschenbecher, Besteck, Fernsehapparate und Kronleuchter.
- Es käme Ihnen doch nie in den Sinn, Schuhe mit dem Vorhang zu putzen oder das Badetuch zum Reservieren schon frühmorgens auf den Liegestuhl am Pool zu legen? Nein? Haben Sie gar keine dunklen Seiten? Das wird langsam unheimlich.
- Wenn Sie sich ins Restaurant oder in den Speisesaal begeben und mindestens drei Dresscode-Kategorien unterhalb der des Personals gekleidet sind – zum Beispiel Smoking des Chef de Restaurant versus Muscle-T-Shirt –, dann stimmt etwas nicht.
- Der liebe Nachwuchs. Wenn nur noch das Klappern von Essbesteck im Speisesaal zu hören ist, dann sind Siechtum und Tod nicht mehr fern. Ists allerdings nur Kindergeschrei, dann werden auch liberal denkende Mitgäste zu Befürwortern der Mittel von Schwarzer Pädagogik. Kinder dürfen ruhig etwas Leben in die Bude bringen, das stört hoffentlich die wenigsten. Solange es im Rahmen bleibt und die anderen Gäste nicht penetrant und konstant in ihrem Wohlbefinden beeinträchtigt. Sehen Sie das auch nicht so eng?
- Unschön und etwas peinlich ist das Mitnehmen von Essen und Getränken aus dem Speiseraum. Ein Apfel ist okay. Und eine Ausnahme bildet selbstverständlich auch das Hochbringen von Essen, wenn jemand erkrankt ist und das Bett hüten muss. In besseren Häusern gibt es dafür allerdings einen Zimmerservice. Dem Chef de Restaurant sollten Sie sich also erklären, sonst gibts am nächsten Abend den Tisch neben der Küchentür.
- Nicht bezahlte Konsumationen aus der Minibar sind ein Maxiärgernis für das Hotel.

Trinkgelder in Hotel, Restaurant und anderswo

Pourboires sind eine ehrliche Anerkennung für guten Service – und kein Muss bei schlechten Dienstleistungen. Es liegt deshalb in Ihrem Ermessen, wie Sie die Dinge handhaben, denn allgemein ist es in der Schweiz natür-

lich so, dass Trinkgelder bereits in den Preisen inbegriffen sind. Trotzdem
legt Ihnen der Schweizer Knigge eine wohldosierte Grosszügigkeit ans Herz.

Im Hotel

Am Schluss eines längeren Ferienaufenthalts in einem Schweizer Hotel
wird dem Personal an der Rezeption ein Kuvert überreicht mit einem
Betrag in bar, der in etwa zwei Prozent der Rechnungssumme entspricht.
Das deckt alles ab. Waren es lediglich ein paar Tage oder ein Weekend,
überlassen Sie dem Zimmermädchen pro Tag drei Franken, mindestens
aber zehn. Übrige Dienste sind dann eventuell separat zu würdigen, zum
Beispiel zwei Franken pro Stück fürs Hochtragen des Gepäcks. Ebenso,
wenn Sie im Speisesaal ausserordentlich gut bedient wurden.

Im Restaurant

Üblich ist es mittlerweile, dass man bei grosser Zufriedenheit ein Trinkgeld gibt. Die Höhe richtet sich nach der Art der Gaststätte: In der Pizze-
ria runden Sie den Rechnungsbetrag um ein paar Franken auf (etwa fünf

Prozent), in einem eleganten Restaurant sind es bis zu 20 Franken (rund zehn Prozent), nach einem Anlass für eine ganze Gesellschaft sogar mehr. Möchten Sie explizit die Person begünstigen, die Sie bedient hat, legen Sie Bargeld hin. Bei einer Gutschrift mittels Kreditkarte kommt die ganze Belegschaft in den Genuss Ihrer Generosität.

Im Taxi

Auch hier ist das Trinkgeld eigentlich inbegriffen, wird aber heute ebenfalls gewährt, wenn es sich um ein besonders sympathisches Exemplar von Chauffeur gehandelt hat. Sie gehören mittlerweile ja zur «Specie rara», man sollte pfleglich mit ihnen umgehen. Ein paar Franken sorgen also für zusätzliches Lächeln.

Beim Coiffeur

Manche tun es, viele nicht. Es besteht keine generelle Trinkgeldpflicht im Coiffeursalon. Die Lernende wirds aber bestimmt freuen, wenn ihr Lohn etwas aufgebessert wird.

Dienstleister an der Haustür

Und dem Briefträger, dem Zeitungsboten – ist ihnen auch etwas Dankbarkeit in Form eines Weihnachtsgelds geschuldet? Der Schweizer Knigge meint Ja. 20 bis 40 Franken, in einem Kuvert mit einem Kärtchen überreicht oder hinterlegt, das haben unsere Eltern so gehandhabt und das darf auch heute noch gelten. So viel Anerkennung sollte sein.

Letzter Abschied –
Verhalten im Trauerfall

Zuerst ist da der Schock über den Verlust eines nahestehenden Menschen. Doch die Situation verlangt schnell einmal, dass Verschiedenes angegangen, besprochen und erledigt wird. Obwohl rationales Handeln das Letzte ist, wonach einem bei Trauer und Leid der Sinn steht. Was gibt es zu tun und welche Entscheide stehen an? Mit Respekt versucht der Schweizer Knigge eine Art Auslegeordnung.

Organisatorisches

Der Todesfall ist innert zweier Tage beim Bestattungs- oder Zivilstandsamt zu melden. Mit der ärztlichen Todesbescheinigung, der Todesanzeige vom Spital oder Heim, dem Familienbüchlein und der Meldebestätigung. Dort werden den Hinterbliebenen verschiedene Fragen gestellt:

- Ort und Datum der Bestattung?
- Soll es eine Erdbestattung oder eine Kremation sein?
- Wird eine Abdankung in der Kirche, eine Grabliturgie auf dem Friedhof gewünscht? Oder findet eine nichtkirchliche Abdankung statt?
- Soll der Verstorbene in einem Reihengrab, Urnengrab, Gemeinschaftsgrab oder im Familiengrab beigesetzt werden?
- Wer vertritt die Erben (Kontaktadresse für die Gemeindebehörde)?
- Soll es eine amtliche Todesanzeige (Kurzmitteilung im Amtsblatt) geben? Wird es eine private Todesanzeige geben?
- Wann findet die Einsargung statt – bzw. die Überführung, wenn die verstorbene Person zu Hause aufgebahrt war?

Das Bestattungs- oder Zivilstandsamt wird anschliessend meist alles Nötige veranlassen. Es wird auch ein verbindlicher Termin für die kirchliche Feier vereinbart, der Pfarrer, die Pfarrerin wird benachrichtigt, ebenso der Friedhofsgärtner, die Sigristin und der Organist.

Wichtig: In einigen Schweizer Gemeinden werden diese Dienstleistungen vollumfänglich erbracht und sind kostenlos. In anderen Gemeinden dagegen sind die Hinterbliebenen selber für gewisse Aufgaben verantwortlich oder müssen ein Bestattungsunternehmen damit beauftragen. Solche Unternehmen bieten auch Dienstleistungen, die weit darüber hinausgehen, und übernehmen das Abwickeln quasi von A bis Z.

Wer muss Bescheid wissen?
Der Gang zum zuständigen Amt ist nicht die einzige Aufgabe, die einen jetzt erwartet. Setzen Sie sich so rasch wie möglich auch mit folgenden Stellen in Verbindung:

- Angehörige, Freunde, Vereine und andere Organisationen, bei denen die verstorbene Person Mitglied war. Die wichtigsten unter ihnen werden Sie wohl schon kontaktiert haben.
- Arbeitgeber der verstorbenen Person
- Ihr eigener Arbeitgeber. Üblich sind bei einem Todesfall ein bis drei freie Tage. Sprechen Sie sich mit ihm ab.
- Pfarrperson, falls Sie eine kirchliche Abdankung wünschen
- Freischaffender Trauerbegleiter, wenn es eine Abdankung in nichtkirchlichem Rahmen werden soll
- Unfall- und Lebensversicherungen, zuerst per Telefon, später schriftlich. Beachten Sie die Meldefristen.

Die Todesanzeige

Bevor Sie sich an eine Zeitung wenden, sollten Ihnen das Datum und der Ort der Abdankung bekannt sein. Ein Gang zur Inseratenannahme oder eine E-Mail stellen den Kontakt her. Zwar werden die Anzeigen heute zum überwiegenden Teil auf elektronischem Weg aufgegeben, doch das persönliche Vorbeigehen hat Vorteile. Am Schalter liegen Ordner mit Mustern, mit Text-, Schrift- und Gestaltungsvorschlägen auf. Auch Todesanzeigen auf Trauerzirkularen zum Verschicken können Sie dort in Auftrag geben.

In der Regel erscheint die Anzeige am folgenden oder am übernächsten Tag, wenn Ihr Auftrag – oder das «Gut zum Druck», falls Sie die Anzeige prüfen wollen – vor dem späten Nachmittag eintrifft. Allenfalls ist die Todesanzeige des Arbeitgebers, der meist etwas länger zum Redigieren braucht, zeitlich mit der privaten Anzeige zu koordinieren, sodass beide am selben Tag erscheinen. Nicht immer ist das allerdings möglich, und für einen Verein oder Klub wird die Zeit wohl zu knapp bemessen sein. Das wird aber allerorts akzeptiert.

Zu den Kosten: Je nach Auflage der Zeitung kommt eine Todesanzeige auf ein paar Hundert bis über 2000 Franken zu stehen. Gleichzeitig in Auftrag gegebene Trauerzirkulare (inklusive Kuverts) kosten zwischen 300 und 500 Franken, je nach Anzahl.

Das Trauerzirkular

Zusätzlich zur Anzeige in einer Tageszeitung wird meist eine Trauerkarte verschickt, damit auch Menschen ausserhalb der Region informiert sind. Und natürlich vor allem: damit Gewissheit besteht, dass alle Verwandten und Bekannten informiert sind, die nicht schon vorher kontaktiert wurden. Bei diesem Trauerzirkular handelt es sich um die Anzeige in der Zeitung, die auf eine Karte gedruckt wird. Den Auftrag übernimmt die Zeitung selber oder eine Druckerei am Ort.

DAS STEHT ÜBLICHERWEISE IN EINER TODESANZEIGE

- Eventuell ein Trauerspruch, ein kurzes Gedicht
- Datum der Anzeige (entspricht dem Sterbedatum)
- Adresse der verstorbenen Person, wenn der Ehepartner noch lebt, oder eine andere Traueradresse, wenn niemand mehr im gleichen Haushalt wohnt
- Einleitung, eventuell mit Erwähnen der Todesursache
- Vor- und Nachname der verstorbenen Person
- Geburts- und Todestag
- Einige Zeilen der Information
- Namen der Hinterbliebenen. Familienhierarchie beachten: Ehe- oder Lebenspartner zuerst, dann die Söhne und Töchter (durch «mit» können Grosskinder nach ihren Eltern aufgeführt werden), Eltern, Geschwister, die Schwiegereltern und am Schluss eventuell Freunde
- Informationen zur Abdankung: Ort, Datum, Uhrzeit und Adresse
- Angabe über Blumen oder (Geld-)Spenden (mit Kontoangabe)

Hoffentlich hat die verstorbene Person eine Adressliste hinterlassen, oder die nötigen Angaben sind in einem Adressbuch oder im entsprechenden Computer zu finden!

Trauerfeier organisieren

Wie wenn das bereits Erwähnte nicht schon genug wäre, Weiteres muss besprochen und entschieden werden. Das Bestattungs- oder Zivilstandsamt hat den Termin der Abdankung mit Ihnen abgemacht. Es ist also an der Zeit, dass Sie und die Pfarrperson miteinander in Kontakt treten, um den Ablauf der kirchlichen Trauerfeier zu besprechen. Je früher, desto besser. Dazu werden Sie einen Lebenslauf verfassen, der bei der Abdankung verlesen wird und die verstorbene Person noch einmal in Worten aufleben lässt. Dieser Lebenslauf ist für die Pfarrerin, den Pfarrer auch dann wichtig, wenn ein Familienmitglied, eine Freundin, ein Freund ihn vorträgt. So erhält auch die Predigt einen individuellen Charakter und fügt sich mit dem Lebenslauf und der Musik zu einem harmonischen Ganzen zusammen.

Heute ist während einer kirchlichen Abdankung vieles möglich. Nicht nur bei der Musik wird sehr grosszügig auf die Vorlieben der toten Person oder der Hinterbliebenen eingegangen. Das alles klären Sie im Gespräch. Externe Fachleute für diese Aufgaben – Musiker, Sängerinnen, eine Floristin für die Blumenarrangements – können ebenfalls beigezogen werden.

Meist gibt es nach der Abdankung ein sogenanntes Leidmahl, zu Hause oder in einem Restaurationsbetrieb in der Nähe der Trauerfeier. Soll es auswärts stattfinden, müssen Sie sich möglichst rasch um ein Lokal kümmern und den Termin reservieren, da die Zeiträume knapp bemessen sind. Auch für diesen Ort möchten Sie eventuell einen Blumenschmuck vorsehen.

WAS KOMMT IN DEN LEBENSLAUF?

Nicht nur die Lebensdaten gehören in diesen Text, sondern auch eine kurze Beschreibung der menschlichen Qualitäten, des Wesens der verstorbenen Person sowie der Art, wie sie ihr Leben gelebt hat. Es ist nicht üblich, dass dabei Negatives über die Person gesagt wird – höchstens sehr versteckt. Man braucht sie aber auch nicht makellos darzustellen. Die eine oder andere wohlbekannte Schwäche, liebenswert formuliert, dann erinnern sich alle: Ja, genau so war er (oder sie). Es kommt auf die Zwischentöne an, die Trauergemeinde wird jedenfalls jedes Wort auf die Goldwaage legen, so viel ist sicher. ■

Alternative Trauerfeier?

Heute gibt es viele freischaffende Theologen, Bestattungsredner und Ritualbegleiterinnen, die sich für eine Abdankung ausserhalb der Kirche engagieren lassen: im Wald, auf dem See, am Lieblingsplatz der verstorbenen Person. Denn ist jemand kremiert worden, darf die Asche aus der Urne an einem solchen Ort verstreut werden (einen Link finden Sie im Anhang).

Dresscode

Sehr nahe Familienmitglieder tragen Schwarz; das Hemd oder die Bluse ist auf jeden Fall hell. Schwarz sind auch die Krawatte, Strümpfe, Socken und Schuhe. Grelle, aufreizende oder bunte Kleidung ist zu vermeiden.

Die anderen Gäste der Trauerfeier werden ebenfalls darauf schauen, dass ihre Kleidung keine schrillen Elemente enthält, und gedeckte Farben wählen. Es muss aber nicht Schwarz sein; der Regenmantel kann auch beige sein, hier ist der Spielraum grösser. Rote Krawatten dagegen überschreiten diesen, Jeans je nachdem auch. Ihr Gespür für Stilfragen und Angemessenheit ist der Wegweiser.

Nach der Beerdigung

Was bleibt danach zu tun? Es würde den Rahmen des Schweizer Knigge sprengen, sich im Detail mit Fragen des Nachlasses auseinanderzusetzen, nur kurz seien aber noch erwähnt:

■ Das Platzieren einer Danksagung in derselben Zeitung, in der auch die Todesanzeige erschienen ist. Es entstehen die gleichen Kosten.
■ Das individuelle Verschicken von Danksagungen, die ebenfalls das publizierte Inserat zum Hauptinhalt haben – ergänzt mit einigen Worten, falls das Kondolenzschreiben sehr persönlichen und berührenden Charakter hatte.

do

- Andere im Gespräch ausreden lassen
- Rücksicht nehmen. Es macht das Leben so viel einfacher.
- Hilfe anbieten, wo sie eventuell gebraucht wird
- Rechts stehen, links gehen auf Rolltreppen
- Mobiltelefon bei öffentlichen Veranstaltungen ausschalten
- Sich im Mehrfamilienhaus an die Regeln halten
- Angemessene Trinkgelder
- Lächeln, die kürzeste Verbindung zwischen zwei Menschen
- Vorher fragen, ob man einem Behinderten helfen kann
- Triple A plus G: Anstand, Aufmerksamkeit, Authentizität und Grosszügigkeit in allen Lebenssituationen
- Couragiert handeln, wenn es die Umstände erfordern

no-go

- Nebenplatz mit Taschen blockieren, wenn Sitzgelegenheiten rar sind
- Müll zurücklassen – egal wo
- Beim klassischen Konzert zwischen den Sätzen eines Werks applaudieren
- Ess- und Raschelgeräusche im Kino
- Beim Kondolieren sagen: «Wie gehts?»
- Das Wort «Leichenschmaus» verwenden
- Artikel aus dem Hotel mitlaufen lassen
- Ungehobelte Prinzessinnen und Thronfolger im Hotel
- Ellbogen-Virtuosen und Schlange-stehen-Ignoranten
- Mitleidig oder herablassend mit Behinderten umgehen

4 Sitte zu Tisch – Messer, Gabel & Co.

Wer mit vollem Mund spricht, die Ellbogen auf dem Tisch abstützt oder die Suppe vom Löffel schlürft, landet bei der nächsten Einladung womöglich am Katzentisch. Es gibt jedoch Situationen, die stellen auch Geübte vor Probleme. Denn nirgendwo sonst offenbaren sich gute Manieren schneller als beim Essen. Der Schweizer Knigge macht reinen Tisch mit überholten Vorstellungen, zeigt aber auch auf, welche Regeln es wert sind, aufgegabelt zu werden.

Die Dinge klären sich – irgendwann

Welcher Knirps hat das nicht schon zu hören bekommen: «Die Gabel geht zum Mund und nicht umgekehrt!» Ermahnungen dieser Art gehören auch an heutigen Familientischen noch zum oft intonierten Kanon der Eltern, die sich um die Karriere-geschwindigkeit der Göre und die Heiratsaussichten des Filius wohl etwas zu wiederholt und zu früh Sorgen machen. Überra-schung: Ausser Haus weiss der Nachwuchs meist ziemlich geschickt mit den Kulturtechniken umzugehen, wer hätte das gedacht!

Wie effektiv solche Früherziehungsversuche sind, sei dahingestellt; nachhaltiger als der immerwährende Drohfinger aber wirkt bestimmt das Vorbild der Eltern. So soll denn die Last etwas von den schmalen Kinderschultern genommen und jenen aufgebürdet werden, die mit der Aufforderung zum intelligenten Selbstmarketing weitaus effizienter und nachhaltiger zu überzeugen sind.

Besseresser – früher und heute

Es ist übrigens gar nicht so lange her, dass hierzulande mit den Fingern gegessen wurde. Erst seit Mitte des 19. Jahrhunderts gehören Messer, Gabel und Löffel zum Gedeck. Das Messer kennt selbstverständlich eine lange Entwicklungsgeschichte und hatte eine Funktion als Werkzeug wie auch als Waffe. Mit dem Messer ist eine Reihe von Tabus verbunden, die immer noch gelten: Fisch mit ihm zu zerteilen ist – Ausnahme: spezielles Fischmesser – ebenso unschicklich wie damit Blätterteiggerichte oder Salat zu schneiden und Frühstückseier zu kappen …

   … vielleicht, manchmal, unter bestimmten Umständen. Denn wie so oft heutzutage muss relativiert werden, und es ist die Situation, die bestimmt, was angemessen ist und was einen schalen Nachgeschmack hinterlässt.

Oder was in Urgrossmutters Benimmheft geschrieben wurde – und dort ruhig weiter vor sich hin schimmeln darf. Fragen der Tischsitte wird in diesem Kapitel also mit Genuss nachgegangen. Und auch das Problem wird erörtert, wie sich das denn nun mit dem Auftunken der Sauce mit Brot verhält (Kurzantwort für Eilige: vielleicht manchmal unter gewissen Bedingungen…).

Notorischen Kulturpessimisten, die im Siegeszug der Big Macs – und der damit einhergehenden Aufwertung der Finger als Esswerkzeug – nichts weniger als den Niedergang des Abendlands sehen, sei versichert, dass ein saftiges Exemplar (bitte mit Doppelkäse und Speck) doch entschieden dem 08/15-Menü mit Salat und Industriesauce in einem muffigen Lokal vorzuziehen ist. Wer sich dagegen amüsiert hat, als Julia Roberts in «Pretty Woman» im piekfeinen Restaurant die Weinbergschnecke, die über den Tisch flog, als «schlüpfriges Scheisserchen» titulierte, der findet hier Herzhaftes zum Zulangen. Die Festtafel ist aufs Schönste angerichtet, bitte bedienen Sie sich!

MADE IN SWITZERLAND

Ganz unschuldig an der Entwicklung von Fast Food ist die Schweiz übrigens nicht. Julius Maggi – 1846 in Frauenfeld als Sohn eines italienischen Einwanderers und einer Schweizerin geboren – stellte ab 1885 in seiner Mühle in Kemptthal aus dem Mehl von Erbsen, Bohnen und Linsen Beutelsuppen mit hohem Eiweissgehalt her. Eine wesentliche Verbesserung der Ernährungssituation von Fabrikarbeitern, bestand doch damals ein übliches Mittagessen aus Kartoffeln, Kaffee und Schnaps. Zehn Rappen betrug der Preis für zwei Portionen vorzüglicher Maggi-Suppe. Zum Verfeinern kam wenig später die Flüssigwürze hinzu, 1907 der Bouillonwürfel.

Es war auch Julius Maggi, der den jungen Frank Wedekind, den später berühmten Schriftsteller, mit Werbetexten für seine Fertigprodukte beauftragte: «Wenn der Kochkurs nicht wär'», seufzt da das siebzehnjährige, schwarzäugige Engelskind, «so wollte ich ja gerne heirathen. Aber er wünscht durchaus, dass ich vorher einen Kochkurs nehme.» – «Elschen, beruhige Dich», darauf die verständige Mutter. «Das nothwendigste will ich dir schon beibringen; und dann würzest Du ihm jeden Mittag die Gerichte mit diesem Fläschchen hier. Pass mal auf, was der für Augen machen wird. Täglich giebt er Dir zwei Küsse mehr dafür! Es ist nämlich Maggi's Suppen- und Speisewürze.» ■

Das Gedeck

Das Gedeck heisst in der Fachsprache «Couvert» und bezeichnet die Anordnung von Tellern, Gläsern, Besteck und Serviette für jeweils eine Person. Ein kurzer Blick darauf und Sie wissen schnell, was Sie als Gast in der nächsten Zeit erwarten dürfen: ob Ihnen beispielsweise eine Suppe, eine Vorspeise mit Fisch, ein Hauptgang mit Fleisch aufgetischt werden.

Das weckt schon einmal Ihre Vorfreude, wie das Gesamtbild auch viel von der Qualität des Hauses und der zu erwartenden Genüsse erahnen lässt. Selbstverständlich präsentieren sich die Dinge unterschiedlich je nachdem, ob das Mahl in einem Luxusrestaurant, im Säli des «Rössli» oder bei jemandem zu Hause stattfindet. Doch alles schön der Reihe nach.

So sieht ein korrekt eingedecktes Grand Couvert für einen Viergänger aus.

Von aussen nach innen: Wegweiser für Gäste

Vielleicht verwirrt Sie zu Anfang die Vielzahl des Essbestecks und Sie fragen sich, welches Werkzeug wann zum Einsatz kommt. Doch die Regel ist einfach: Das Besteck wird von aussen nach innen benützt, Gang für Gang. Oberhalb des Tellers liegt das Besteck für das Dessert. Und links oberhalb der Gabeln befindet sich eventuell ein Brotteller mit kleinem Messer – oder der Beilagenteller.

So weit, so gut. Für mehr als vier Gänge (inklusive Dessert) wird in der Regel im Grand Couvert nicht aufgedeckt – maximal befinden sich also links des Tellers oder der Serviette drei Gabeln und rechts der Mitte drei Bestecke (normalerweise zwei Messer sowie ein Suppenlöffel). Alle danach noch notwendigen Bestecke für ein später folgendes Gericht werden einzeln aufgedeckt. Jeweils eine Einheit mit Messer und Gabel wird für einen Gang verwendet – der Suppenlöffel hat natürlich kein Pendant auf der linken Gedeckseite.

Sollten Sie trotz der Regel «von aussen nach innen» einmal falsches Besteck verwendet haben, wird das aufmerksame Servicepersonal dies schnell bemerken und Ihr Couvert vor dem nächsten Gang ergänzen. So diskret wie möglich hoffentlich – allerdings kann das Fehlen in der Hitze des Services einmal übersehen werden, und dann tun Sie gut daran, darauf hinzuweisen.

Gläserstellung:
Reihe oder Block

Alles am richtigen Platz?

Wenn Sie für Gäste zu Hause eindecken, beginnen Sie in der Mitte des Couverts und platzieren dort eine Serviette oder einen Platzteller. Wenn Sie nachher Tellerservice anbieten, kann es auch ein normaler Teller sein; er wird nur zum Ausrichten verwendet und wieder entfernt. Die Mitte des Couverts befindet sich in der Mitte des davorstehenden Stuhles. Danach fügen Sie auf jeder Seite das passende Besteck für Ihre Menüreihenfolge an, innen beginnend. Die Unterkante der Bestecke befindet sich etwa eine Daumenbreite von der Tischkante entfernt; bei mehreren Gabeln links wird die äussere oder mittlere meist etwas nach oben geschoben. Die Anzahl der Bestecke richtet sich immer nach der Zahl der Gänge.

Das Dessertbesteck kommt wie im Restaurant oben hin. Die Gabel wird immer unten platziert, Griff nach links – Kurzformel: Sie (die Gabel) liegt immer unten … Entweder liegt darüber das Messer (für einen Kuchen oder einen Käsegang) oder der Löffel, Griff jeweils nach rechts. Oder es genügt sogar nur ein Löffel, bei Glaces beispielsweise (eine Zusammenstellung des richtigen «Werkzeugs» für die häufigsten Speisen finden Sie auf Seite 94).

Der Abstand zwischen zwei Couverts – von Mitte zu Mitte gemessen – beträgt 60 bis 80 Zentimeter. Falls weniger Platz vorhanden ist, müssen Sie für eine andere Tischordnung sorgen, weils zu eng würde.

Zuletzt werden die Gläser in Position gebracht. Als Fixpunkt dient das Messer des Hauptgangs (also das am nächsten beim Teller liegende), in dessen vertikaler Verlängerung das Weinglas des Hauptgangs zu stehen kommt – meist ein Rotweinglas. Das (zumeist Weisswein-)Glas für das Getränk der Vorspeise steht rechts unterhalb dieses Richtglases. Ein drittes Glas, beispielsweise ein Wasserglas oder eines für das Dessert, steht links oberhalb der beiden anderen Gläser, sodass sie alle eine Reihe bilden. Wenn sehr wenig Platz vorhanden ist, kommt das dritte Glas rechts oberhalb zu stehen. Mehr als drei Gläser von Anfang an einzudecken, ist nicht üblich. Ist neben dem Rot- und dem Weissweinglas auch ein Wasserglas platziert, folgt das Glas für den Dessertwein später.

Die Form der Gläser gibt nicht immer einen Hinweis darauf, ob es sich um ein Rot- oder Weissweinglas handelt, aber das innen liegende Messer gibt den Fingerzeig, welches Glas zum Hauptgang gedacht ist. So weit alles im Griff?

In guten Händen: das Besteck und die Serviette

Die wichtigste Regel im Umgang mit Messer und Gabel lautet, dass das Besteck möglichst diskret zu verwenden ist – visuell wie akustisch. Aus ästhetischen Gründen sind die Griffe keinesfalls in der Mitte zu halten, sondern jeweils möglichst weit hinten. Das sieht einfach besser aus.

Weiter: Machen Sie eine Pause und benützen Sie das Besteck eine Zeit lang nicht, kommen Messer und Gabel (mit den Zinken nach unten) in einer 20-nach-8-Stellung auf den Teller in Warteposition – ohne dass die Griffe den Tisch berühren. Der Grund: Der Tellerrand soll stets sauber bleiben. Besteck also, das einmal das Tischtuch verlassen hat, berührt die Unterlage nicht mehr. Nach dem Gang werden die Besteckteile parallel bei 4 Uhr auf den Teller gelegt – das Messer oben, die Gabel unten.

Der Suppenlöffel kommt jeweils nicht in der leeren Suppentasse und der Glacelöffel nicht im Coupebecher zu ruhen. Beide werden auf dem Unterteller parkiert.

Ich mache eine Pause.

Ich bin fertig mit dem Essen.

Das Messer

Das Schneidewerkzeug wird normalerweise in der rechten Hand gehalten. Und zwar nicht so, wie man einen Bleistift hält, sondern von oben her. Und: Das Messer wird niemals zum Mund geführt (wussten schon die Eltern)!

Kleine Randbemerkung: Das Buttermesser auf dem Brotteller dient lediglich zum Aufstreichen der Butter und nicht zum Aufschneiden eines Brötchens – dieses wird immer von Hand gebrochen. Andernfalls: Fauxpas! Das kleine Messer bleibt während des ganzen Essens auf diesem Spezialteller.

Die Gabel

Erlauben Sie bitte eine kurze Ausführung: Man trifft in letzter Zeit immer exotischere Handhabungen beim Gabelgebrauch. Das ist unschön! Halten Sie die Gabel immer so, dass sich das Griffende in Ihrem Handinnern befindet. Nie, wirklich nie ist der allseits berüchtigte, aus dem Schwingsport bekannte «Wyberhaagge» zu verwenden, bei dem die Gabel zwischen Daumen und zwei oder drei Fingern eingeklemmt wird. Das ist keine Bitte, sondern eine Aufforderung, vielen Dank! Auch faustähnliche Haltegriffe lassen Spekulationen über eine Kindheit in einer Steinzeithöhle aufkommen, denn der Zeigefinger sollte ja immer ausgestreckt auf der Oberkante der Gabel liegen.

Die Gabel geht jeweils waagrecht zum Mund (Stichwort Erbsen). Dient sie als Schaufel, zum Beispiel für Reis oder Gemüse, kann der Griff auch in der Beuge zwischen Daumen und Zeigefinger zu liegen kommen.

Der Löffel

Die Löffelspitze erreicht zuerst den Mund. Der Griff liegt zwischen Daumen und Zeigefinger, möglichst weit hinten beim Daumenansatz. Damit

---

GEHEIME BESTECKSPRACHE?

Nur unkreative, bildungsferne Menschen begnügen sich mit der «Ich mache eine Pause»-Position von Messer und Gabel oder bezeugen mit parallel hingelegtem Besteck, dass sie das Essen beendet haben. Zwecks angeregter Tischdiskussion haben sich inzwischen mehrere vielsagende Besteckanordnungen eingebürgert: Blocher-Anhänger beispielsweise wählen (direkt natürlich) die 20:03-Position – nach dem Jahr seiner Ernennung zum Bundesrat. Blocher-Müde dagegen schieben das Messer auf 7 Uhr, um an das Jahr seiner Abwahl zu erinnern. Und als wäre das nicht schon genug: Porsche-Fahrern bietet sich Gelegenheit, ihren rasanten Lebensstil mit der 9:11-Anordnung einem grösseren Kreis mitzuteilen, während Che-Guevara-Sympathisanten mit 19:28 an sein Geburtsjahr erinnernd Zeugnis ihrer Verehrung ablegen. Gewichtsmässig Herausgeforderte jedoch verwenden mit der 5-vor-12-Stellung ein allseits verstandenes Signal, dass sie nach dem Hauptgang kein Dessert wünschen und die Küche sich daher eine Rauchpause gönnen soll.

Natürlich ist das Mumpitz. Vergessen Sie gekreuzte Gabel und Messer, die dokumentieren sollen, dass ein Supplement erwartet wird. Oder andere Positionen, die angeblich andeuten, wie das Essen geschmeckt hat. Ist alles Käse von gestern. ■

es nicht zu Spritzern kommt, wird der Löffel selbstverständlich jeweils nicht bis zum Rand gefüllt. Eine Unsitte wäre es überdies, die Suppe durch Blasen auf mundgerechte Temperaturen bringen zu wollen – Stichworte: Flugeigenschaften, Akustik, Ästhetik.

BUSINESS CLASS
HÄTTE ES DIESES BUCH SCHON FRÜHER GEGEBEN
Es sind Bankerkarrieren bekannt, die nicht in einem Büro mit Blick auf den Paradeplatz, sondern in der Filiale von Hinterbünzliken geendet haben. Und dies nur, weil die Gabel nicht richtig gehalten wurde beim ans Vorstellungsgespräch anschliessenden Essen. Offensichtlich lässt dieses ästhetische Schlamassel Rückschlüsse zu, der Bewerber könnte auch Wichtigeres nicht richtig im Griff haben.

ROYAL CLASS
KÖNIGLICHE HÄNDE
Vom «Sonnenkönig» Louis XIV. (1638–1715) – bekannt für seine Bemerkung: «L'état c'est moi» – heisst es, dass er es immer noch bevorzugte, mit der Hand zu essen. Obwohl in den adligen Häusern Frankreichs bereits um 1600 die Gabel in Mode gekommen war.

Die Serviette
Ob aus Papier oder aus Stoff, die Behandlung ist die gleiche. Beim Eindecken wird die Serviette auf der linken Seite des Tellers platziert – oder sie nimmt dessen Stelle ein. Während des Essens ist der richtige Ort für sie auf Ihrem Schoss. Mit ihr wischen Sie nicht etwa den Mund ab, sondern tupfen zur Reinigung lediglich die Lippen, indem Sie die Innenseite und die obere Hälfte benützen.

Nach dem Gebrauch liegt die Serviette wie zuvor auf Ihrem Schoss. Und natürlich kommt sie stets zum Einsatz, bevor getrunken wird. Denn das verhindert unschöne Fettflecken auf dem Glas.

Bei Einladungen wartet man mit dem Auseinanderfalten am besten, bis dies der Gastgeber tut. Denn so signalisiert er, dass mit dem Essen begonnen werden kann. Am Schluss wird die Serviette links vom Couvert deponiert, locker hingelegt und nicht zusammengefaltet. Dort kommt sie auch zu ruhen, wenn Sie beispielsweise zum Buffet schreiten – der Stuhl wäre der falsche Ort.

KORREKT EINGEDECKT – FÜR JEDES MAHL

	Was?	Ergänzung
KALTE VORSPEISEN		
Salat	Kleines Messer, kleine Gabel	
Halbe Melone	Grosser Löffel	Fingerbowle
Melone mit Rohschinken	Kleines Messer, kleine Gabel	Pfeffermühle
Terrine	Kleine Gabel	
Bündnerfleisch, Rohschinken	Kleines Messer, kleine Gabel	Pfeffermühle
Gänseleber	Kleines Messer, kleine Gabel	Toast und Butter
Geräucherter Lachs	Kleines Messer, kleine Gabel oder Fischbesteck	Toast, Butter, Zitrone
Andere geräucherte Fische	Fischbesteck	Zitrone
Krustentier-Cocktail	Kleine Gabel, Kaffeelöffel	
Rohe Austern	Austerngabel	Fingerbowle, Zitrone, gebuttertes Schwarzbrot
Sorbet als Zwischengang	Der Löffel dafür wird nicht eingedeckt, sondern direkt auf dem Unterteller serviert.	
WARME VORSPEISEN		
Bouillabaisse	Fischbesteck, grosser Löffel	Evtl. Resteteller
Schnecken im Häuschen	Kleiner Löffel, Schneckenzange und -gabel	Evtl. Resteteller
Schnecken im Pfännchen	Kleiner Löffel, Schneckengabel	
Muscheln	Kleiner Löffel, Fischbesteck	Fingerbowle und Resteteller

	Was?	Ergänzung
Omelette, Rührei, Teigwaren, Reis	Grosse Gabel	
Käsesoufflé	grosser Löffel	
Spargeln	Grosse Gabel rechts (evtl. grosses Messer)	Fingerbowle und evtl. Resteteller
Spargeln mit Rohschinken	Kleines Messer, kleine Gabel	Fingerbowle
Ganze Artischocke	Grosse Gabel, grosses Messer	Fingerbowle, Resteteller
Krustentiere (Scampi etc.)	Kleines Messer, kleine Gabel	Fingerbowle, Resteteller
HAUPTSPEISEN		
Fleisch (inkl. Gans, Huhn, Ente etc.)	Grosses Messer, grosse Gabel	Kein zusätzlicher Teller für Geflügelknochen
Fisch	Fischbesteck	Evtl. Gräteteller
Hummer (nicht ausgelöst)	Hummergabel und -zange, kleines Messer, kleine Gabel	Fingerbowle, Teller für Schalen
Fondue	Fonduegabel	Pfeffermühle
Fleischfondue	Fonduegabel, grosses Messer, grosse Gabel (damit werden die Stücke in den Mund geführt!)	Salz und Pfeffer
DESSERT		
Generell	Kleine Gabel, kleiner Löffel	
Cremes, Glace, Halbgefrorenes	Kleiner Löffel	
Crêpe Suzette	Kleines Messer, kleine Gabel	
Frische Früchte (gross)	Kleines Messer, kleine Gabel	Fingerbowle
Frische Früchte (klein)	Kleiner Löffel	
Früchtekuchen	Kleiner Löffel, kleine Gabel	
Käse	Kleines Messer, kleine Gabel	

Wohl bekomms – die Gläser

Modernes Glasdesign kennt einen recht freizügigen Umgang mit Formen, und es ist deshalb gar nicht immer so einfach, ein Weissweinglas von einem für Rotwein zu unterscheiden. So lassen sie sich am besten charakterisieren: Birnenförmige, schlanke Gläser mit einer kleinen Öffnung sind für Weissen eher geeignet als für Rotweine, deren üppige Bouquets eine bauchige Form mit grossem Durchmesser oben für die Sauerstoffzufuhr benötigen.

Dass ein Weinglas am Stiel und nicht am Bauch gehalten wird, hat zwei Gründe: einen ästhetischen und einen praktischen. Letzterer ist darin zu suchen, dass sich durch die Temperatur der Finger der Wein im Glas unnötig aufwärmen könnte. Was man vermeiden will, ist doch die perfekte Ausschanktemperatur eine wichtige Voraussetzung, um seine Qualitäten optimal zur Geltung zu bringen. Dazu können Sie relativ einfach einen Test machen: Gleicher Rotwein, einmal länger gekühlt, einmal kurz im Frigo und einmal bei Zimmertemperatur – Sie werden drei verschiedene

NEUGIER FÜRS HIER

Wir Schweizer lieben Wein. So sehr, dass lediglich ein bis zwei Prozent der hier erzeugten Menge in den Export gelangen. Der Rest landet in hiesigen Gläsern. Neben den bekannten Weisswein- (vor allem Chasselas) und Rotweinsorten (in erster Linie Blauburgunder Pinot noir) werden eine ganze Reihe von autochthonen Sorten mit ausgeprägtem Eigencharakter angebaut – Sorten also, die nur in der Schweiz zu finden sind. Zu ihnen gehören Heida, Humagne blanche, Petite Arvine, Cornalin und Humagne rouge, die zu degustieren sich wirklich lohnt. Und während der Chasselas beispielsweise im übrigen Europa lediglich als Tafeltraube bekannt ist, entwickelt er auf den Berghängen des Wallis und auf den Hügelformationen der Waadt eine subtile Mineralität, die immer wieder begeistert.

In einem guten Restaurant bietet sich Gelegenheit, Neues kennenzulernen. Werfen Sie, statt automatisch die Seiten mit den ausländischen Erzeugnissen aufzuschlagen (und so die eigene Weitläufigkeit zu demonstrieren?), einen Blick in den vorderen Teil der Weinkarte mit hiesigen Spezialitäten. Das wird fast immer mit einem guten Tropfen belohnt. Denn die Schweiz hat eine Elite von Weinproduzenten, die mit ihren Spitzenerzeugnissen bestens auf internationalem Parkett mithalten kann (siehe auch Seite 109). Etwas mehr Nationalstolz bitte, schlägt der Schweizer Knigge vor. ∎

Weine degustieren! Und der ästhetische Grund: Es sieht einfach schöner aus. Gläser ohne Stiel hält man immer im unteren Drittel.

In der Schweiz kennen wir auch das Goblet für Walliser oder Waadt-länder Weissweine. Wegen der Grössenverhältnisse passt es optisch nicht ins Grand Couvert, sondern bleibt besser dem Apéro vorbehalten. Noch etwas Letztes: Für Champagner, Sekt oder Prosecco sind schmale, hohe Gläser den breiten Schalen vorzuziehen. Das anmutige Perlenspiel verpufft sonst allzu schnell.

Anstossen und Zuprosten

Beginnen Sie in Gesellschaft nie allein zu trinken, sondern warten Sie damit am besten, bis der Gastgeber die Initiative dazu ergreift. Beim Wein jedenfalls, denn es ist völlig in Ordnung, schon vorher einen Schluck aus dem Wasserglas zu nehmen.

In einer Runde von vier bis sechs Personen ist es fast überall üblich, mit den Gläsern anzustossen. Da will der Schweizer Knigge sich nicht als Spielverderber zeigen. Darüber hinaus allerdings wird es problematisch, weil das Sich-über-den-Tisch-Beugen, Ausweichen, Niemanden-Vergessen immer etwas Bemühtes hat. Hoffen Sie also darauf, dass der Gastgeber sein Glas erhebt, etwas Passendes sagt, in die Runde blickt und einen Schluck nimmt. Zusammen nehmen danach alle anderen einen Schluck. Ohne dass es dabei zum Gläserkontakt kommt oder man aufstehen muss. Wie gesagt, das gilt für eine Tischrunde ab einem halben Duzend Perso-nen. Nett ist es, danach nochmals einen Blick in die Runde zu werfen. Blickkontakte sind bei diesem Ritual sehr wichtig und legen Zeugnis von Verbundenheit ab.

Angestossen wird übrigens nur mit Weiss- und Rotwein. Gläser, die mit Champagner, Bier, Hochprozentigem oder Wasser gefüllt sind, werden im gepflegten Rahmen lediglich angehoben.

Die Spezialfälle

**Was Sie beim Essen zu Hause ohne Vorbehalt und mit Genuss tun
– zum Beispiel das Güggelibein in die Hand nehmen –, kann in
fremder Umgebung doch schnell einmal zu Irritationen führen. Die
Frage des Finger- oder des richtigen Messereinsatzes beispielsweise
stellt sich auswärts ganz anders als in den eigenen vier Wänden.**

Sie werden bald merken: Bei diesem Thema fährt der Schweizer Knigge
eine konservative Schiene – anders als an anderen Stellen, wo er für typisch
schweizerische Gelassenheit plädiert. Darum: Angetreten zur Befehlsaus-
gabe – jetzt kommen die grossen Kanonen aus der Garage!

Haltung bei Tisch

Nehmen Sie beim Essen eine aufrechte Haltung ein. Die Arme befinden
sich in Körpernähe, die Ellbogen werden während der ganzen Prozedur
nicht auf die Tischfläche gelegt! Das Essen wird zum Mund geführt, und
nicht etwa umgekehrt wie beim viel gefürchteten «Buur» im Schwingsport,
wo der Körper zum Gegner geht.

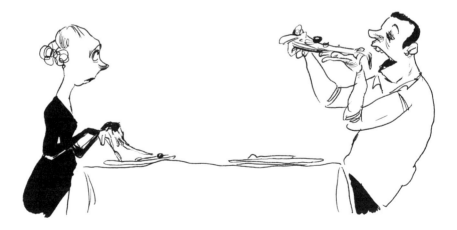

Das mit den Armen in Körpernähe wurde früher übrigens geübt, indem man unter jeden Ellbogen ein Buch klemmte: Fielen sie zu Boden, war das ein Zeichen für mangelnde Körperbeherrschung. Sind da etwa Einwände zu hören – gar mit vollem Mund? Es gibt an dieser Stelle kein Pardon, Sie wurden gewarnt.

Verhalten am Tisch

Und wenn wir beim Thema sind: Renovationsarbeiten an den Zähnen sind ebenfalls zu unterlassen – obwohl ein geeignetes Angebot von Stochern auf dem Tisch steht. Ein WC-Besuch löst das Problem viel eleganter (dasselbe gilt fürs Nachziehen der Lippen nach genossenem Mahl). Sie benötigen Salz, Pfeffer oder die Wasserflasche? Dann fragen Sie Ihren Tischnachbarn danach und vermeiden Sie den Körpereinsatz über den ganzen Tisch hinweg!

 ROYAL CLASS
DARAUF STEHT DER GENTLEMAN
Selbstverständlich stehen Sie als Mann kurz auf, wenn Ihre Tischnachbarin die Tafel verlässt oder wieder zurückkehrt. Das ist eine schöne Pflicht, deren Ausübung dem Ritterschlag in den Adelsstand gleichkommt.

Für Männer am formellen Diner: Erinnern Sie sich noch an die Regel «links schützt rechts» aus dem Kapitel über die modernen Spielarten der Galanterie (Seite 47)? Jetzt dürfen Sie Ihr Können voll ausspielen. Als Mann von Welt schenken Sie der Tischdame zu Ihrer Rechten Ihre volle Aufmerksamkeit: sind dafür besorgt, dass ihr Glas stets gefüllt ist (wenn das nicht das Servicepersonal erledigt), und führen mit ihr interessante Gespräche (mit vielen Fragen und wenig Dozieren Ihrerseits). Denn Sie dürfen davon ausgehen, dass alle Herren am Tisch sich ebenfalls aufmerksam um ihre Tischdamen kümmern.

Guten Appetit wünschen

«Än Guete» wird wohl in der Praxis etwas allzu oft gebraucht, es kann auch lästig werden. Bei offiziellen Essen, beim Bankett, bei der Inangriffnahme des nächsten Gangs oder am Frühstückstisch ist dieser Wunsch wahrscheinlich eher unangebracht. Ein Nicken kanns auch tun, was meinen Sie?

Vom Umgang mit Brot

Das Beilagenbrot wird, wie bereits erwähnt, nicht geschnitten, sondern in mundgerechte Stücke gebrochen – und erst danach mit Butter bestrichen und zum Mund geführt. Wird hingegen Toastbrot zu Tartar, Gänseleber oder geräuchertem Lachs gereicht, müssen Sie das Stück nicht teilen, sondern bestreichen es zuerst ganz mit Butter, häufen eine Portion Tartar & Co. darauf und beissen nach und nach ab. Auch beim Frühstück im Hotel dürfen Sie eine Scheibe Brot ruhig intakt lassen und portionenweise abbeissen. Das ist üblich so.

Sauce und Brot

Ja, Sie dürfen – die Sauce mit etwas Brot auftunken. Jedenfalls aus der Gamelle im WK in der besten Armee der Welt. Und jetzt lässt der diensthabende Kommandant die Zügel doch etwas schleifen: Sogar im Dreisternerestaurant ist das durchaus machbar. Vielleicht werfen Sie einen kurzen Blick in die Runde, um sich zu vergewissern, dass Sie nicht die einzige Person mit diesem Vorhaben sind? Bleiben Sie pragmatisch – manchmal ist es einfach zu viel verlangt, aufs Aufgetunkte zu verzichten. Was aber nicht heisst, dass Sie den Teller mit dem Brot vollständig aufwischen, sodass das Porzellan gleich anderswo wieder eingesetzt werden könnte! Etwas Zurückhaltung, bitte.

Die Gastronomie hat sich übrigens des Problems auch angenommen und stellt sogenannte Gourmetlöffel zur Verfügung. Sie erkennen dieses Besteck an einer Kerbe im vorderen Teil; eigentlich handelt es sich um eine Art Messer (ohne scharfe Schneide) mit Löffelfunktion. Damit lässt sich etwa Fisch zerteilen, und Sie können ihn dafür verwenden, Sauce aufzunehmen. Eigentlich ein praktisches Ding, aber ganz durchgesetzt hat sich der Gourmetlöffel nicht.

Finger, Messer, Gabel oder was?

Es gibt Speisen, die Sie absolut etikettekonform mit den Fingern essen dürfen. Ist bei Ihrem Couvert eine Fingerbowle (oder ein Zitronentuch) platziert, wird das sogar erwartet. Fehlt eine solche Bowle allerdings – zum Beispiel wenn Sie auswärts Spargeln essen –, sollten Sie davon aus-

gehen, dass Besteck zu verwenden ist. Unter der Fingerbowle finden Sie
übrigens meist eine Stoffserviette: Trocknen Sie die Finger damit ab und
benützen Sie nicht die herkömmliche Serviette. Und jetzt ein paar der
kniffligeren Speisen samt dem korrekten Werkzeugeinsatz.

Artischocke

Sie isst sich zu Beginn mit den Fingern, denn ihre Beschaffenheit lässt
kein anderes Vorgehen zu. So wird es gemacht: Zupfen Sie die Blätter
einzeln ab und tunken Sie sie in die Sauce. Danach ziehen Sie den unteren, fleischigen Blattteil durch die Zähne. Nach rund drei Vierteln des
Gemüses kommt statt kleiner Blätter das sogenannte Heu zum Vorschein,
das Sie jetzt mit Messer und Gabel entfernen. Am Schluss bleibt der Boden übrig: Sie zerschneiden und essen ihn ebenfalls mit Besteck und haben auf diese Weise das Fuder nie überladen.

Spargeln

Auch sie werden mit der Hand gegessen! Wurden sie über den idealen
Garpunkt hinaus gekocht, dürfte das
allerdings schwierig sein. Dann nehmen Sie die Gabel in die rechte Hand und
stützen damit die Stange auf dem Weg
zum Mund. Weder Fingerbowle noch
Zitronentuch zum Fingerreinigen vorhanden?
Dann nehmen Sie Messer und Gabel und beginnen
beim Spargelkopf – anders ist der Sache nicht beizukommen.
Messer und Gabel kommen selbstverständlich auch zum Einsatz,
wenn die Spargeln als Beilage gereicht werden.

Geflügel und Koteletts

Geflügel wird nicht von Hand, sondern mit Messer und Gabel gegessen.
Die aufgetischte Fingerbowle bei einem Gang mit Wachteln wäre allerdings ein Indiz dafür, dass die Finger einsatzberechtigt sind.

An einem formellen Essen sollten Sie bei (Lamm-)Koteletts und Poulet-
schenkeln mit Messer und Gabel hantieren; im privaten Kreis ist ein
Fingergriff zum Abnagen am Schluss aber völlig in Ordnung – elegant
und einhändig, bitte.

Messerfrage 1: Salat und Kartoffeln

Laut alter Schule wird zum Verzehr von Salat nur die Gabel verwendet. In der Hoffnung, dass die Salatblätter bereits in der Küche klein genug geschnitten wurden und ohne grosse Falt- und Akrobatikübungen in den Mund zu transportieren sind. Doch mittlerweile ist es erlaubt, Salat wenn nötig mit dem Messer zu teilen. Das ist auch gut so – Sie riskieren aber, von älteren Herrschaften mit einem seltsamen Blick belegt zu werden. Erahnen Sie solche Zeichen der Irritation im Voraus, zeigen Sie sich bestimmt von der flexiblen Seite und üben sich in der Kunst des Origami. Auch hier sagt Ihnen Ihre Stilsicherheit: Die Situation bestimmt das Benehmen.

Sogar die Regel, dass Kartoffeln nicht mit dem Messer geschnitten werden dürfen, ist veraltet. Mit der Gabel zerteilt, vermögen sie allerdings die Sauce viel besser aufzunehmen – das macht also durchaus Sinn.

Messerfrage 2: Pasteten und Blätterteiggerichte

Blätterteiggerichte und Pasteten werden ausschliesslich mit der Gabel und ohne Messer gegessen (Ausnahme: Filet im Teig). Ist so, Punkt. Keine weiteren Diskussionen. Der Hinweis soll genügen, dass Sie eventuelle Mitbewerber – um den Job, um das Herz der Erwählten – dank diesem Savoirfaire mit Leichtigkeit aus dem Feld schlagen. Voilà, ein Ereignis, bei dem Sie souverän punkten können!

ALTE REGELN AUF MESSERS SCHNEIDE

Früher war das Benützen des Messers bei säure-, stärke- und schwefelhaltigen Speisen zu unterlassen, weil die Klingen sich dabei verfärben konnten. Oder weil der Geschmack der Gerichte verfälscht wurde. Heutige Messer bestehen aus anderen Legierungen oder sind anlaufgeschützt, es bestände also kein Grund, dieses Esswerkzeug nicht überall dort einzusetzen, wo das opportun scheint.

Sie haben richtig gelesen: bestände. Der Schweizer Knigge empfiehlt, sich bei diesen Gelegenheiten situationsgerecht zu verhalten und das Wissen, dass die Tradition es verbietet, ein Pastetchen mit Messer zu zerteilen, sehr bewusst einzusetzen: Unter Kollegen am Mittag fürs Menü 1 nehmen Sie eventuell das Schneidewerkzeug zur Hand; beim Essen mit der reichen Erbtante nicht, das lässt Sie in der Beliebtheitsskala schnell nach oben schnellen. Eine Abgrenzungshandlung gereicht einem manchmal zum Vorteil, sagt der (allzu konservative?) Schweizer Knigge. ◾

Eierspeisen

Noch so ein Tummelfeld für Kuriositäten: Während Sie Spiegeleier selbstverständlich mit Messer und Gabel essen, werden Sie sich hoffentlich hüten, dies auch bei einer Omelette oder Rühreiern zu tun. Einverstanden? Die Gabel genügt. Schwierig wirds beim pochierten Ei. Weil es jedoch selten allein, sondern meist in Begleitung von Salat oder Ähnlichem kommt, kann man Messer und Gabel verwenden – die Betonung liegt auf kann. Ein Drei-Minuten-Ei dürfen Sie mit dem Messer köpfen oder Sie entfernen oben die Schale, beides ist inzwischen möglich.

Und (die süssen) Crêpes Suzette? Seltsamerweise auch mit Messer und Gabel, obwohl omlettenähnlich – normale (salzige) Crêpes hingegen nur mit Gabel!

Löffeln? Suppe und Spaghetti

Früher hiess es noch, dass es unkorrekt sei, den Suppenteller zu kippen, um so auch die letzten Reste der köstlichen Brühe zu erreichen. Das ist heute passé. Wenn Sie den Teller dazu nach rechts hinten neigen, ist das gang und gäbe. Ist der Suppenteller eine Tasse und befindet sich darin eine klare Suppe (Bouillon) ohne Einlagen, dürfen Sie ihn sogar mit der Hand zum Mund führen und austrinken. Während Pausen wird der Löffel übrigens auf dem Unterteller zwischengelagert und nicht in der Tasse. Am Schluss auch.

Ob Sie Spaghetti mit der Gabel allein (moderner) oder mit der zusätzlichen Hilfe eines Löffels (veraltet) aufwickeln, ist (e'quasi) einerlei. Die Italienerin, der Italiener kommt natürlich ohne Löffel aus. Hauptsache, es entsteht ein mundgerechter Knäuel. Auf keinen Fall dürfen die Spaghetti mit dem Messer (oder gar mit den Zähnen) zerschnitten werden!

BUSINESS CLASS
DIE HÖHEREN STUFEN DER KARRIERELEITER

Wer ein Unternehmen nach aussen repräsentiert, wird es mit der Fachkompetenz allein nicht ganz nach oben bringen. Eine Einladung zum Mittagessen als Teil des Bewerbungsgesprächs ist deshalb nicht nur als nette Geste zu verstehen, sondern auch als Test anzusehen, wie er früher in besseren Kreisen zum Ausloten der Kinderstube verwendet wurde.

Machen Sie sich keine Illusionen: Perfekte Tischmanieren sind heute ein absolutes Muss fürs Karrieremachen.

SÖHNE UND TÖCHTER IN SPE

Bei Antrittsbesuchen von potenziellen Schwiegertöchtern und -söhnen soll es früher in vornehmen Häusern zu eigentlichen Hindernisrennen am Tisch gekommen sein. Den Heiratswilligen wurden bestimmte Speisen aufgetischt, bei deren Verzehr man argwöhnisch auf die Manieren schaute. Um so dem Stallgeruch auf die Spur zu kommen beispielsweise: Schneidet sie die Rinde grosszügig vom Käse weg, hat sie bestimmt auch sonst einen sorglosen Umgang mit Materiellem. Lässt er fast nichts übrig, wird sichs wohl um einen Geizkragen handeln.

Fisch und Meeresgetier

Fisch wird stilgerecht nur mit dem speziellen Fischbesteck gegessen. Fehlt ein solches, kommt lediglich die Gabel zum Einsatz. Auch bei frittiertem Fisch übrigens. Einzig geräucherter Lachs wird mit Gabel und normalem Messer gegessen.

Haben Sie eine Gräte im Mund, isolieren Sie das Teil mit der Zunge und befördern es danach per Gabel auf den Teller zurück. Die Finger kommen dabei nicht zum Einsatz. Die Finger gebrauchen dürfen Sie dagegen bei Crustaceen, Muscheln und Austern. Und so wirds korrekt gemacht:

- **Austern:** Geräuschvolles Schlürfen erlaubt! Normalerweise kommen sie im Restaurant geöffnet auf den Tisch. Mit der Austerngabel (rechts des Tellers!) lösen Sie das Fleisch von der Schale, würzen das Ganze mit Zitronensaft und Pfeffer und schlürfen es zusammen mit dem Meerwasser aus der Schale. Bon appétit!
- **Moules marinières:** Zu Beginn befreien Sie das Fleisch der ersten Muschel mit einer Gabel aus der Schale. Danach gebrauchen Sie die frei gewordene Muschelschale als Zange und kneifen auf diese Weise die Stücke aus allen anderen Exemplaren heraus. Die Brühe löffeln Sie mit einem Suppenlöffel aus.
- **Shrimps & Co.:** Garnelen, Langostinos, Königskrabben, Gambas, Crevetten rücken Sie zu Leibe, indem Sie mit der linken Hand den Kopf fassen und mit der rechten das Schwanzende durch Brechen und Drehen abtrennen. Damit Sie das Fleisch aus dem Panzer herausziehen

können, brechen Sie auch diesen mit den Fingern und entfernen eventuell zusätzlich den schwarzen Faden oben – es handelt sich dabei um den Darm. Das so ausgelöste Fleisch essen Sie mit den Fingern oder mit dem Besteck, je nachdem, ob eine Fingerbowle gereicht wurde oder nicht. Ist dies nicht der Fall, werden Sie wohl auch vorher Messer und Gabel beim Auslösen verwenden – das sagt Ihnen Ihr Fingerspitzengefühl.

FISCH FILETIEREN

1. Mit dem Fischbesteck alle Flossen abtrennen. Bei gewissen Meeresfischen (Seezunge, Steinbutt) entfernen Sie jetzt auch die Gräte oben.

2. Wenn Sie die Haut nicht mitessen wollen – zum Beispiel bei Forelle blau –, entfernen Sie sie mit dem Fischbesteck: Messer darunterschieben und abheben. Ebenfalls bei der Forelle werden die Bäckchen unterhalb der Augen ausgelöst.

3. Schneiden Sie den Kopf nach den Kiemen ein.

4. Schieben Sie die Filets nach oben und unten weg.

5. Heben Sie die vollständige Gräte mit Kopf und Schwanz an und legen Sie alles auf die Seite oder auf den dafür vorgesehenen Grätenteller.

6. Mit Messer und Gabel schieben Sie die Filets weg und transportieren die zurückgebliebene Haut ebenfalls auf den Grätenteller. Danach ordnen Sie alles ein wenig, damit der Teller nicht wie ein Schlachtfeld aussieht!

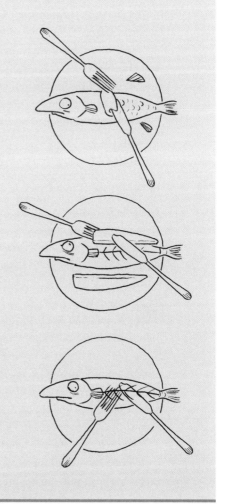

105

■ **Hummer** ist heute so teuer, dass man ihm nur noch selten auf einem Teller begegnet. Korrekt essen? Zum Glück gibt es die Segnungen der Technik – gehen Sie auf Youtube und schauen Sie sich ein Filmchen an, das zeigt, wie das Schalentier von den «happy few» korrekt ausgelöst und verzehrt wird (einfach «Hummer auslösen» eingeben).

BUSINESS CLASS
SPE(I)SENRITTER

Laden Sie Gesellschaften von mehr als zehn Personen ins Restaurant ein, treffen Sie mit Vorteil eine Menüwahl im Vorfeld (gilt nicht nur für Geschäftsessen). Das ermöglicht einen reibungslosen Service, und die Diskretion bleibt ebenfalls gewahrt, weil die Preise auf dem speziell für den Anlass hergestellten Menükärtchen gar nicht erscheinen. Wichtig ist jedoch, dass Sie die Vorlieben der Gäste ein wenig kennen und das Ganze sich nicht in einem Sushi-Restaurant abspielt, wenn mehrheitlich Steak-Liebhaber am Tisch sitzen.

Im geschäftsmässigen Rahmen spielt das Geschlecht der eingeladenen Gäste eine untergeordnete Rolle bei der Tischordnung. Vielmehr ist es der Rang, der die Platzierung bestimmt: möglichst nahe beim Hauptgastgeber als oberste Priorität. Je nach Tischform ist der Ehrenplatz rechts vom Gastgeber oder aber vis-à-vis (mehr zur Sitzordnung lesen Sie auf Seite 174). Sind die Gäste auf mehrere Tische verteilt, sitzt an jedem ein Kogastgeber und koordiniert das Geschehen; Blickkontakt zum Hauptgastgeber hält den Ablauf synchron und vereinfacht den Job.

ROYAL CLASS
WASSER MIT ZITRONE

Am spanischen Königshof war ein ausländischer Gast geladen, zu dessen Ehren ein Galadiner stattfand. Zum Gang von Hummer und Wachteln wurden Fingerbowlen gereicht. Der Ehrengast leerte seine Schale während des Essens in einem Zug. Um ihn nicht blosszustellen, tat es ihm der spanische König gleich. Der Abend war gerettet.

SO HALTEN SIE DIE ESSSTÄBCHEN RICHTIG

1. Ein Stäbchen kommt mit dem dickeren Ende in die Beuge zwischen Daumen und Zeigefinger, während der mittlere Teil auf der Spitze des Ringfingers liegt.
2. Das zweite Stäbchen wird mit den Spitzen von Daumen, Zeige- und Mittelfinger gehalten und übernimmt so eine Zangenfunktion zum Festhalten der Essensstücke.

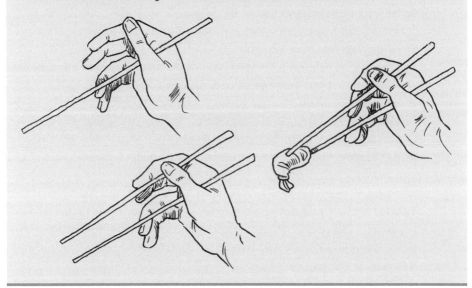

Immer lächeln – mit Stäbchen essen

Wussten Sie, dass die Essstäbchen in China deutlich länger sind als in Japan? Die chinesische Küche verwendet viel heisses Fett, daher ist ein grösserer Abstand schon bei der Zubereitung des Essens sinnvoll. Dort wie auch in anderen Ländern Asiens wird das Essen so zugeschnitten, dass kein Messer benötigt wird.

Tischsitten bei asiatischem Essen

Sie dürfen davon ausgehen, dass das, was in unseren Breitengraden unschicklich ist, auch bei Mahlzeiten am asiatischen Tisch unangebracht wäre. Der Schweizer Knigge weist auf die wichtigsten sonstigen Fettnäpfchen hin, die einem dort im Weg stehen könnten.

- Essstäbchen nicht in die Reisschale stecken, das ist in Japan ein Symbol für Trauer.
- Nicht mit den Essstäbchen auf andere Leute zeigen – tut man ja auch nicht mit dem Besteck hierzulande.
- Kein Weiterreichen von Essen mit Stäbchen. Man benützt dafür einen Extrateller und dreht die dickere Seite der Stäbchen nach vorn (jene, die noch nicht im Mund war!).
- In China und Japan können die Stäbchen zum «Schaufeln» verwendet werden, indem die Schüssel zum Mund geführt wird. In Korea jedoch ist das ein absolutes «no-go».
- Niemals die Stäbchen kreuzen, das ist ein weitverbreitetes Symbol für den Tod (bei uns heisst das Pendant: den Löffel abgeben!).
- Schauen Sie zuerst zu, wie Leute vorgehen, die sich auskennen in der Materie. Das gibt Ihnen Hinweise für Ihr eigenes Verhalten. Eine Regel, die selbstverständlich universell gilt.
- Am Schluss legt man die Stäbchen quer über die Schüssel.

Nur Mut, Asiaten sind äusserst tolerant im Umgang mit Ausländern und würden niemals und niemandem zu verstehen geben, dass dies oder jenes nicht ihrer Etikette entspricht. Wenn Sie unsicher sind, fragen Sie gezielt nach, denn Höflichkeit und Respekt geniessen hohes Ansehen in diesen Ländern.

Wein-Lese: vom Glück im Glas

Wein ist zweifellos ein symbolträchtiges Getränk. Um ihn ranken sich Legenden. Er ist Teil der hiesigen Kultur, und inzwischen wird auch ein rechter Kult um ihn gemacht. Er ist Statussymbol, liefert Stoff für Debatten und Diskussionen, ist ebenso Objekt für romantische Verklärung, wie er auch Menschen in Abhängigkeit und Tod schickt. Kein Genussmittel beschäftigt die Menschen in der westlichen Welt mehr als der Wein. Der Schweizer Knigge schnuppert sich ans Thema heran und versucht, einen eventuellen Wissensdurst zu löschen. Nüchtern, wie sich das gehört, wenn reiner Wein eingeschenkt wird.

Vor noch nicht langer Zeit erschöpfte sich das Angebot der Weinkarte einer hiesigen Durchschnittsbeiz in ein paar Weissen (Fendant, Waadtländer, Riesling×Sylvaner) und einigen Rotweinen (Dôle, regionaler Blauburgunder), die mit wenigen ausländischen Erzeugnissen ergänzt wurden (Beaujolais, Chianti, Côte du Rhône). Die Welt war einfach – doch das hat sich inzwischen gründlich geändert. Heute trumpft der Beizer schwer auf und überreicht einem oft eine Karte mit Kilogewicht.

Genuss statt Verdruss

Es gibt natürlich Menschen, die schauen beim Blick in die Weinkarte nur auf den Preis und machen sich so das Leben etwas einfacher. Das ist durchaus legitim. Doch keinesfalls ist ein hoher Betrag, den man berappen muss, eine Garantie dafür, dass der Wein einem auch schmeckt. Das sollte er aber immer tun. Denn Wein ist kein Durstlöscher, sondern ein Genussmittel. Und: Der eigene Geschmack entscheidet.

Lassen Sie sich vom ganzen Brimborium, das um den Wein gemacht wird, nicht von der Erkenntnis abhalten, dass die Natur und viele Menschen, die sich um ihn gekümmert haben, bis er im Glas vor Ihnen steht, nur diese eine Absicht hatten: Er soll Freude bereiten! Und das dürfen Sie dann auch verkünden, wenn in einer Runde hartgesottener Aficionados das Getrunkene mit verquerem Vokabular kommentiert wird. Sollen die anderen von «zerklüftetem Bouquet», von «zartem Körper», von «anschmiegsamem Abgang» erzählen. Sagen Sie: «Mir schmeckt er!» Und ergänzen Sie vielleicht: «Mir schmeckt er, sehr sogar. Wie heisst das Château noch mal?» Dann wird sich meist schnell zeigen, ob das Französisch der Kenner ebenso zerklüftet ist wie ihre Weinsprache.

Grundsätzlich gibt es zwei Arten, sich mit Wein zu beschäftigen: Entweder man trinkt und geniesst, oder man verkostet und analysiert. Für Ersteres braucht es meist eine zusätzliche Person oder einen ganzen Kreis von Leuten, mit denen man es sich gut gehen lässt. Wein spielt fast immer eine Rolle, sei es beim Hochzeitsapéro oder beim Abendessen mit Freunden. Dem Anlass haben sich allerdings sowohl der Wein wie auch die beteiligten Personen unterzuordnen. Wer es bei solchen Gelegenheiten nicht lassen kann, ernsthaft von Abgängen (an einer Hochzeit!) oder von sonst wie ausgestalteten Körpern zu sprechen, macht sich lächerlich.

Weinkenner oder solche, die sich dafür halten, können zuweilen ziemlich nerven, und wenn dann auch noch nicht stimmt, was sie behaupten, wirds ärgerlich. Deshalb ruft der Schweizer Knigge das G von «Triple A plus G» in Erinnerung: die Grosszügigkeit. Trinken und geniessen – dafür wurde der Wein gemacht. Selbst wenn das eine Exemplar Ihnen dann nicht übermässig mundet, das braucht niemand zu wissen.

Mit allen Sinnen

Mit obiger Feststellung könnte das Kapitel abgeschlossen werden. Doch der Wein hat auch eine andere Seite. Diese erzählt von Rebsorten, vom Boden und von Landschaften, vom Wetter und von Menschen. Aber auch von Handwerk und Techniken. Es gibt Geschichten hinter der Geschichte. Und davon ist der Wein, nicht allein aufgrund seines Alkoholgehalts, ein beredter Erzähler. Er soll also hier auch verkostet und analysiert werden. Zum Wohl allerseits!

Augen, Ohren, Nase, Zunge und Gaumen – sie alle sind beim Probieren beteiligt. Das Gehör auch? Denken Sie ans Ploppen des Korkens, ans Klingen der Gläser beim Anstossen! Bei der eigentlichen Beurteilung geht es allerdings um drei Elemente: das Aussehen, den Geruch und den Geschmack.

Die Farbe des Weins

Erste Feststellung: Weisswein ist bekanntlich nicht wirklich weiss. Und Rot ist auch ein weitgefasster Begriff. Beim Prüfen des Weins hält man das Glas am besten schräg gegen eine helle Oberfläche. Wirkt er milchig oder flockig, ist ein Fehler vorhanden. Von oben betrachtet sollte bei roten Exemplaren die Mitte des Weins undurchdringlich, am Rand jedoch ein Farbverlauf zu sehen sein. Ist keiner vorhanden, wird es sich wohl um einen (zu?) jungen Wein handeln, zeigt er sich wässrig, eher um einen (zu?) alten. Eine rostbraune Farbe hingegen weist auf Trinkreife hin.

Generell: Cabernet Sauvignon ist dunkler und violetter als ein Pinot Noir, der eher ins Braune neigt. Rotweine werden mit den Jahren heller, die Farbe von Weissweinen mit der Zeit intensiver. Für Weiss- und Rotwein gilt, dass sie in ihrer Jugend eher glänzen, während sie im Alter tendenziell matt werden. Grüne Schattierungen bei Weissweinen deuten auf einen Sauvignon Blanc hin, Gelb oder gar Gold meist auf ein vollmundiges Exemplar (Chardonnay?). Wirklich tief golden sind Süssweine aus dem Barsac oder Sauternes (Bordeaux).

Der Geruch des Weins

Jetzt immer der Nase nach. Sie schwenken das Glas auf einer glatten Oberfläche im Kreis. Dadurch werden die Aromen des Weins mit Sauerstoff vermischt. Und dann taucht die Nase ins Glas und nimmt ein ganzes Spektrum von Düften wahr. Entdecken Sie sehr viele, verschiedene Aromen, wird es ein guter bis sehr guter Wein sein, dominiert lediglich eine Komponente, dürfte es sich eher um einen einfacheren Vertreter der Spezies handeln. Komplexität und Aromenvielfalt sind denn auch gesuchte Zeichen für eine hohe Qualität.

Um das soeben Empfundene zu beschreiben und weil Düfte auch im gewöhnlichen Alltag starke Erinnerungen hervorrufen, versucht der Mensch zu analysieren. Während die Zunge nur zwischen fünf Geschmacksrichtungen unterscheiden kann (süss, sauer, salzig, bitter und umami), sind die Rezeptoren der Nasenschleimhaut fähig, über zehntausend verschiedene Aromen zu identifizieren. Die Pflanzen- und Blumenwelt, aber auch andere Objekte bieten sich an, das Erlebte in Worte zu fassen. Der Kopf vergleicht, sucht Dinge, die ihm bekannt vorkommen und an denen er sich orientieren kann. So tauchen Begriffe wie Rose, Veilchen, Himbeere, Johannisbeere, Pflaume, Leder, Tabak, Vanille immer wieder auf bei der

DIE DÜFTE DES WEINS

Die folgende Zusammenstellung von Aromen, die typisch sind für einzelne Traubensorten, kann nur eine Annäherung sein. Jeder Wein hat aufgrund des Terroirs, des Wetters und des Ausbaus seine eigenen Charakteristiken.

Weissweine

- Arneis: Mandeln
- Chardonnay: Pfirsich, tropische Früchte, Haselnuss, Vanille, Eiche, Butter
- Chasselas: Birnen, Apfel, Nuss- und Mandeltöne
- Riesling×Sylvaner: Apfel, Zitrone, Muskat
- Petite Arvine: Grapefruit, Ananas, Mango
- Riesling: Apfel, Grapefruit, Lindenblüten, Honig, Kräuter
- Sauvignon Blanc: frisch geschnittenes Gras, Lychees, Zitrone, Mineralstoffe

Rotweine

- Barbera: Sauerkirsche, Teer, Rauch
- Cabernet Sauvignon: Himbeere, Pfeffer, Peperoni, «Bäredräck» (Lakritze), Vanille, Zimt, Schokolade
- Merlot: Kirsche, Pflaume, Pilz, Caramel, Leder
- Nebbiolo: Rose, Veilchen, Trüffel, Kakao, Teer
- Pinot Noir: Johannisbeere, Kirsche, Bittermandeln, Laub, Gewürznelke, Kaffee, Rauch, Leder
- Sangiovese: Veilchen, Brombeere, Preiselbeere, Holunder
- Syrah: verschiedene Beeren, Veilchen, Zedernholz, Pfeffer, «Bäredräck» (Lakritze), Süssholz, Leder, Teer

Beschreibung von Aromen in Rotweinen. Im Kasten finden Sie ein paar Düfte, die charakteristisch für die jeweilige Traubensorte sind.

Der Geschmack des Weins

Jetzt kommt eine Prozedur ins Spiel, deretwegen die Verkostung auf Aussenstehende etwas bemüht bis unanständig wirkt: Nach einem ersten Schluck wird durch die Lippen Luft eingesogen und der Wein mit kauenden Bewegungen im Mund verwirbelt. Bei einem Diner zu zweit oder in einer formellen Runde sollten Sie bitte auf diese Gesten verzichten – das wirkt schnell trottelig, warnt der Schweizer Knigge. Bei angebrachteren Gelegenheiten jedoch bringt diese Technik weitere Erkenntnisse über die Qualitäten des Weins: Die Aromaverbreitung in die Nase wird unterstützt und es lässt sich sagen, ob der Rebensaft weich, hart, samtig, seidig, wuchtig oder herb ist.

Grundsätzlich lässt sich nicht umschreiben, wie ein Wein schmecken sollte. Eine Vielschichtigkeit der Aromen spricht jedoch eloquent für einen Spitzenwein. Bei Noten von Holz und Vanille kann man davon ausgehen, dass der Winzer beim Ausbau Eichenfässer verwendet hat. Das ruft eine gesuchte Eigenschaft des Weins hervor. Ein adstringierender Charakter – «pelzig» – deutet auf einen Wein hin, der seine Gerbstoffe in der Flaschenalterung noch nicht abgebaut hat und daher noch Lagerzeit braucht.

Nach dem Hinunterschlucken manifestiert sich der Eindruck, der zurückbleibt: der berühmte Abgang. Ist dieser harmonisch und lang anhaltend, ist das positiv zu bewerten und wird einem kurzen, eintönigen vorgezogen.

Oft gefragt

Im Folgenden die häufigsten Fragen, die in Weinkursen immer wieder gestellt werden – samt den Antworten dazu. Weitere Fragen finden Sie im Weinwisser-ABC auf Seite 224 beantwortet.

Wie soll man Wein lagern?

Da Wein relativ robust ist, bieten sich verschiedene Lagermöglichkeiten an. Was er allerdings nicht mag, sind Temperaturschwankungen. Optimal ist ein Keller, da es dort meist auch dunkel ist. Denn Licht mag der gute Tropfen ebenfalls nicht. Ist es im Lagerraum zudem sehr trocken, besteht die Gefahr, dass der Korken austrocknet, was den Wein schneller altern oder «kippen» lässt.

Welcher Wein passt zu welchem Essen?

Bei dieser Frage hat sich in letzter Zeit sehr viel bewegt, man geht nicht mehr so dogmatisch an sie heran. Rotwein zu Fisch? Warum nicht, wenn er nicht zu viele Gerbstoffe enthält. Im Lauf eines Menüs bewährt sich folgendes Vorgehen: von leichten zu schweren Weinen, von jungen zu alten, von weissen zu roten. Zu Suppe und Salat wird kein Wein gereicht.

Was ist die richtige Trinktemperatur?

Die Regel, dass Weisswein kalt und Rotwein bei Zimmertemperatur aus-zuschenken ist, stimmt. Doch es gilt, zu unterscheiden:

- Leichte Weissweine (inklusive Prosecco und Champagner ohne Jahr-gang) sind optimal bei 6 bis 8 Grad. Aufenthaltsdauer im Kühlschrank: vier bis sechs Stunden, im Gefrierfach pro Grad eine Minute (was auch im Kübel mit Eis gilt).
- Rosé und gehaltvollere Weissweine: 10 Grad. Kälter, und bei holzge-reiften Weinen drängt sich der Holzton zu sehr auf!
- Edelsüsse Weine und Jahrgangchampagner: höchstens 12 Grad.
- Rotweine mit wenig Gerbstoffen (Gamay, Dôle, leichtere Pinot Noir): 12 bis 14 Grad
- Cabernet Sauvignon und schwere Weine: 16 Grad
- Generell gilt: Lieber etwas zu stark kühlen als zu wenig.

Wie viel Wein schenkt man ein?

Das Glas nie höher als bis zu einem Drittel füllen. Das ist meist an jener Stelle erreicht, an der das Glas am breitesten ist. So erhält der Wein optimal Sauerstoff. Ausnahme von der Regel: das hohe Champagnerglas, das zu zwei Dritteln gefüllt wird. Die Flasche jeweils so halten, dass sich die Etikette unter der einschenkenden Hand befindet.

Woran erkennt man einen Korkfehler?

In der Nase oder spätestens im Mund riecht der Wein nach Kork. Oder nach Moder. Oder nach nassem Hund. Wenn Sie nicht sicher sind, reichen Sie das Glas fragend an die Begleitung oder den Weinkellner weiter.

Ein Tipp: Wenn Sie in Gesellschaft sind, liegt es nicht an Ihnen, etwas zu beanstanden. Tapfer werden Sie Wein mit «Zapfen» trinken, wenn das von der probierenden Person übersehen wurde. Ausser die Situation erlaubt es wirklich, darauf hinzuweisen.

BUSINESS CLASS
OH SCHRECK, EIN FLECK!

Beim Businesslunch ein Rotweinfleck auf dem weissen Hemd? Etwas Zitronensaft drauf, danach Mineralwasser und eventuell (allerdings schwer vorstellbar, dass das ohne Aufsehen geschieht) mit Salz bestreuen. Cool bleiben. Ein Reservehemd liegt im Büro bereit.

ROYAL CLASS
DER WEINSNOB

Bei einer Weinverkostung auf Château Lafite Rothschild zu Beginn der 1980er-Jahre wurden Weine mit Jahrgängen bis 1945 zurück degustiert. Einer der Teilnehmer fragte Baron Eric de Rothschild, welcher Wein ihm denn besonders munde. Dessen Antwort: «1959, wenn Sie ebenfalls jungen Wein mögen.»

do

- Verhalten der Situation anpassen
- Besteck chronologisch verwenden
- Korrekte Haltegriffe fürs Besteck
- Aufrecht sitzen
- Angepasstes Esstempo
- Vorzugsbehandlung für die Tischdame rechts
- Blickkontakte beim Zuprosten und bei der Konversation
- Entweder trinken und geniessen oder verkosten und analysieren
- Wein eher zu kühl als zu warm servieren
- Glas bis zur breitesten Stelle auffüllen

no-go

- Abgespreizter Finger
- Mund abwischen statt abtupfen
- Beilagebrot schneiden
- Fingereinsatz, wenn keine Fingerbowle gereicht wurde
- Den Kopf zum Essbesteck senken
- Gläser am Bauch und nicht am Stiel halten
- Gläser anstossen bei mehr als sechs Personen
- Mit Weinwissen prahlen
- Flasche beim Einschenken aufs Glas abstützen
- Beim formellen Essen den Wein «kauen» und Luft einsaugen

5 Tannigi Hose – trotzdem gut angezogen

Dem Thema Kleiderwahl kann sich niemand entziehen, es gehört zur Grunderfahrung des Menschen und stellt sich vor dem Kleiderschrank jeden Morgen von Neuem. Natürlich macht es einen Unterschied, ob Sie in einer Kreativbude oder in einer Bank arbeiten. Was am einen Ort absolut in Ordnung ist, würde am anderen Arbeitsplatz bereits deplatziert wirken. Doch wie lauten die Regeln und wo öffnet sich Gestaltungsraum für individuelle Vorlieben? Der Schweizer Knigge schmeisst sich in Schale und freut sich auf interessanten Stoff, der da im Anzug ist.

Tuchfühlung aufgenommen

Zuerst die schlechte Nachricht: Es gibt keine allgemein gültigen Kleidervorschriften für die Businesswelt. Welche Dresscodes gelten, definieren die Unternehmen selber – dazu kommen das Geschäftsfeld und die Grösse der Firma oder die eigene Position in der Hierarchie. Backoffice oder Kundentermin? Auch dafür werden die Kleiderregeln im gleichen Unternehmen unterschiedlich formuliert.

Der erste Hinweis zu diesem Thema muss deshalb lauten: Passen Sie sich Ihrer Umgebung an! So dürfte fürs erste Bewerbungsgespräch die Kleiderwahl eher eine konservative sein (mehr dazu lesen Sie auf Seite 144), in den paar Wochen nach der Anstellung beobachten Sie, was üblich ist, und nachher dürfen Sie durchaus versuchen, hier und dort eine persönliche Note in die Kleidung einfliessen zu lassen. Kommt Ihnen das bekannt vor? Die Situation bestimmt die Kleidung.

Und, das werden Sie wohl inzwischen bemerkt haben, hier werden vornehmlich Praktiken in der Geschäftswelt verhandelt. Die Diskussion jedenfalls, ob Dreiviertelhosen am Mann generell oder nur in Kombination mit blassen, untrainierten Waden unsexy seien, wird bereitwillig der Deutungshoheit der Presse überlassen. Auch dem Thema Hotpants liessen sich zwar ein paar interessante Betrachtungen abringen, doch im kompetitiven Umfeld an den Weltmärkten der Wirtschaft spielen sie nur eine marginale Rolle. Real jedenfalls.

In diesem Kapitel finden Sie deshalb auch weniger Hinweise zur Business Class, denn von kapitalismustauglicher Kleidung ist im Folgenden hauptsächlich die Rede. Erst gegen Schluss werden Dresscodes für Gesellschaftsanlässe näher durchleuchtet. Die können dann durchaus Freizeitcharakter haben und werden dort als «smart casual» und «casual» näher erläutert. Kurzantwort für alle jene, die dem Problem der Dreiviertelhose während des Wochenendes immer noch nachhängen: Nein, nie und nimmer, nicht einmal Roger Federer würde darin gut aussehen – und das will etwas heissen.

BUSINESS CLASS
AUF DER KARRIERELEITER?

Auf dem Weg nach oben sollten Sie einen Kleiderstil wählen, der nah an jenem der nächsten Position ist. Natürlich ohne dass Sie dabei versuchen, die Person auf dieser Position mit Ihrem Auftritt markant in den Schatten zu stellen! Ausserdem: Je höher in der Hierarchie, desto strenger der Dresscode.

Muss es denn immer Anzug oder Kostüm sein?

Eine streng ausgelegte Interpretation der Businessetikette kennt nur eine Spielart der Kleidung für den Geschäftsmann: den zweiteiligen Anzug, bestehend aus Veston und Hose in gleichfarbigem Stoff. Und selbst der Dresscode «business casual» weist lediglich auf eine gewisse Tenue-Erleichterung hin: Die Krawatte darf weggelassen werden, sonst bleibt alles beim Gleichen. Obschon Frauen bei diesem Thema einen grösseren modischen Spielraum besitzen, werden auch sie sich mit Vorteil daran halten: unifarbener Hosenanzug oder Kostüm.

Der Alltag in Schweizer KMU und in Büros mit wenig Kundenkontakt sieht freilich anders aus. Dort wird munter mit den Möglichkeiten gespielt, hier eine adrette Jeans oder ein Rock mit einem Blazer kombiniert, da ein Tweedveston mit einer wollenen Hose getragen; meist fehlt eine Krawatte überhaupt und die Hemden werden gern in der Kurzarmversion getragen. Dagegen (ausser gegen Letzteres natürlich) ist selbstverständlich nichts

---

PRIVATSACHE!

Freizeitkleidung beschäftigt den Schweizer Knigge nur am Rand. Zu unterschiedlich die Situationen, zu gross der Interpretationsspielraum, der sich auftun kann. Zudem: Sie wissen selber, was Ihnen gut steht, ob Sie sich locker oder formell gekleidet besser fühlen, ein Jeans- oder Bundfaltentyp sind. Klar, die Mode diktiert auch Ihre Kleiderwahl – jedenfalls soweit das gerade Angesagte zu Ihnen passt. Sie haben Ihren Stil entwickelt (oder experimentieren noch?), passen ihn aber selbstverständlich den äusseren Gegebenheiten an. Ob Elternabend, Frauentreffen oder Public Viewing – Sie wählen die Kleidung, die anziehend wirkt. ■

einzuwenden. Das ist auch ein Teil der Schweizer Erfolgsgeschichte, bestimmt von Pragmatik und einer gewissen Skepsis gegenüber Schubladendenken. Man sieht die Dinge nicht so eng – und im Schrank der Bude liegt eine Krawatte oder ein schickes Paar Schuhe für den Fall, dass es zu unangemeldeten Feindkontakten kommen sollte.

Der Schweizer Knigge beschreibt in diesem Kapitel denn auch die Gepflogenheiten, wie sie vorzugsweise ab der mittleren Führungsetage und in den Abteilungen mit starker Kundenorientierung gern gesehen sind. Ausgehend von diesem Niveau, haben Sie dann schnell einen Gang zurückgeschaltet: die Vestonwahl etwas abenteuerlicher, die Hose lässiger, die Schuhe mit etwas mehr Freizeitcharakter. Hauptsache, die Kleiderwahl ist der Situation angemessen und erfüllt die Erwartungen, die Kunden und Arbeitgeber an Sie stellen.

Nur eine vermeintliche Liebesaffäre: Männer und Jeans

Am 20. Mai 1873 liessen die Herren Levis und Davis in San Francisco eine Hose patentieren, eine Hose aus robustem Segeltuch und mit Nieten zur Verstärkung der Taschen. Sie kam als «501 Double X blue denim waist overall» in die Bücher. Und ist damit zur Legende geworden, denn die Jeans hat alles überlebt: Goldgräber- und Cowboy-Alltag, Discofieber, Designerlabels und Stonewashing-Prozeduren. Als Highlight gilt der 23. April 1971, als die Rolling Stones ihre LP «Sticky Fingers» mit einem von Andy Warhol gestalteten Cover vorstellten, das den Ausschnitt einer knallengen Männerjeans von vorne und von hinten zeigte, die mit einem funktionstüchtigen Reissverschluss versehen war.

Jeans als Symbol des Protestes, des Rock 'n' Roll und der sexuellen Revolution? Gewiss, aber auch ein landesweites Ärgernis der ästhetischen Art, wenn der Schweizer jeweils samstags durch die Innenstadt bummelt – zu hoch im Bund, zu weit, zu lang, zu undefinierbar die Farbe. Hier ist Abhilfe:

- ■ Keine Schlabberjeans und ausgebeulte Knie: Spätestens nach 40-mal waschen sollten sie im Altkleidersack landen.
- ■ Berühmte Designernamen sind keine Garantie dafür, dass die Jeans gut sitzt – ein hoher Preis ebenfalls nicht: Tatsache ist, es kommt auf die Farbe und den Schnitt an, nicht auf den Namen hinten rechts.
- ■ Trendy ist etwas für Berufsjugendliche. So irgendwann nach Ü33 sollte kein Mann mehr Jeans mit Schlitzen, Löchern, unnatürlichen Verfärbungen oder anders als im klassischen Zuschnitt tragen. Ausser er ist Profifussballer im TV oder heisst Jon Bon Jovi.
- ■ Höhe: Am besten sehen Jeans aus, die etwa eine Handbreit unter dem Bauchnabel enden. Alles andere ist entweder lächerlich (wenn tiefer) oder gehört in die Abteilung Rheumawäsche (wenn höher).
- ■ Farbe: von Mittelblau bis Nachtblau. Oder Schwarz.

Nehmen Sie Ihre Partnerin mit zum Jeanskauf, sie weiss es (wie so vieles) besser. Und nun zurück zum Ernst des Geschäftslebens. Wie Sie hoffentlich nicht anders vermutet haben, gehört der Frau der erste Auftritt.

Im Geschäftsalltag – ganz (Business-)Frau

Frauen haben es besser. Zumindest was das Thema «gepflegtes Erscheinungsbild im beruflichen Kontext» anbelangt. Denn sie haben einen grösseren Spielraum. Und meist verfügen sie auch über ein geschickteres Händchen für Farben, Formen, Materialien und Schnitte. Das macht die Ausgangslage etwas einfacher.

Vor zu viel Enthusiasmus bezüglich der Freiheiten sei jedoch gewarnt. Es gibt Unternehmen, die sehr strikte sind bei dem, was sie als zulässig oder als verpönt ansehen. Hinsichtlich der Grundfarben des Kostüms oder Hosenanzugs ist die Wahl jedoch eine grössere als für den Mann: Zu Grau, Dunkelblau und Anthrazit gesellen sich auch Schwarz und Braun. Wenigstens in dieser Hinsicht darf es also ein bisschen bunter zu- und hergehen als bei den Arbeitskollegen.

Zusätzliche Lichtblicke: Bei der Frisur, bei den Schuhen, bei Schmuck und Accessoires und dem gezielten Akzente-Setzen – vom Make-up selbstverständlich nicht gesprochen – wird Ihnen als Frau ein grösserer Interpretationsspielraum zugestanden als Ihren Kollegen. Wie überhaupt erwartet wird, dass eine Frau sich fraulich präsentiert, aber bitte nicht mit allzu viel Leidenschaft dafür … Denn die Regeln (wie die Löhne natürlich auch) machen vielerorts immer noch die Männer. Die Wahl der Waffen wird der Frau denn auch nur bei Details überlassen; greift sie zum Pfeilbogen, werden schon Amors Pfeile im Köcher vermutet. Mit James Browns Song «It's a man's world» in den Ohren gehts auf Spurensuche.

Das Kostüm und der Hosenanzug

Vorausgesetzt, in Ihrem Unternehmen gibt es keine Vorschriften, haben Sie die Wahl zwischen Jackett mit Hose oder mit Rock. Was Ihnen besser steht, wissen Sie selber, und danach suchen Sie sich auch den Zuschnitt

Ihrer Geschäftsuniform aus. Selbstredend ist die Kombination mit Rock die femininere Version.

Bei den Farben erwägen Sie mit Vorteil gedeckte Töne – die erwähnten Blau-, Grau- oder Anthrazitvarianten, Beige ebenfalls und auch Schwarz, das in gewissen Branchen (Werbung oder Wirtschaftsberatung) sehr beliebt ist. Jackett und Hose oder Rock sind meist in der gleichen Farbe gehalten, ein kontrastierender Blazer stellt aber immer eine interessante Alternative dar. Zum Rock getragen, darf er sogar in kurzer Form daherkommen. Jacken werden beim Stehen jeweils zugeknöpft – wie beim Mann. Und sollten sie Taschen haben, bleiben diese am besten ungefüllt, sonst gibt es Probleme mit der Silhouette.

Einfach, dezent und zeitlos sollte das Outfit sein. Ein figuradaptierter Schnitt und eine gute Passform sind wichtig, Sie müssen sich wohlfühlen in Ihren Kleidern. Stretchstoffe und allzu dominante Schulterpolster sind out, wie sich auch auffallende Schlitze oder Stoffgeräusche beim Gehen nicht sonderlich gut in Szene setzen.

Wie lang ist zu kurz?

Bei der Rocklänge ist die Antwort auf diese Frage sehr einfach: Alles, was mehr als eine Handbreite über dem Knie endet – Pianistinnenhände und nicht jene des Schwingerkönigs! Eleganter wirkt sowieso der knielange oder knapp unter dem Knie endende, schmale Rock.

 BUSINESS CLASS
COCO CHANEL

Sie ist die wichtigste Wegbereiterin funktioneller Damenmode fern von Korsetts und Rüschchen, denn sie hat mit ihren Kreationen den Frauen die für ein selbstbestimmtes Leben nötige Bewegungsfreiheit eröffnet. Sie gilt als einflussreichste Modemacherin des 20. Jahrhunderts und erfand beispielsweise den wadenlangen Rock (ein Skandal damals), Hosen für Frauen (ein noch grösserer Skandal) und in den 1920er-Jahren auch das «kleine Schwarze». Das berühmte Chanelkostüm aus Tweedstoff in aparter Farbwahl, mit offenem, meist bordiertem Jäckchen und Goldknöpfen sowie ausgestelltem Rock ist zum Paradestück für wohlbetuchte Geschäftsfrauen weltweit geworden und stellt heute das vielleicht berühmteste Vermächtnis der Modepionierin dar. Oder aber ihr Parfum Chanel No. 5, das immer noch als Duft der Düfte gilt.

Die Bluse und das Shirt

Auch hier sind Sie als Frau etwas freier als ihre männlichen Kollegen. Sie dürfen mit Formen und Farben, Ärmellänge und Dessins für Abwechslung in Ihrer Garderobe sorgen. Hauptsache, Sie kleiden sich anlassgerecht – je mehr Haut Sie zeigen, desto elektrisierender allerdings die Wirkung auf die Umgebung. Schulterfrei wird das Teil deshalb nie sein.

Ein schönes, unifarbenes Shirt unter der Jacke ist die legerere Alternative zur manchmal etwas gar streng wirkenden Bluse. Auch Feinstrickpullover oder Twinsets wirken dem Rottenmeier-Effekt entgegen. Weiss, Rosé und Hellblau sind die Blusenfarben, die heute im Geschäftsleben an Frauen am häufigsten anzutreffen sind; das darf sich in Zukunft ruhig etwas ändern. Selbstverständlich signalisieren diese Farben aber wie bei den männlichen Berufsgenossen Kompetenz und Seriosität. Da müssen Sie abwägen, was Ihnen wichtiger erscheint. Violett, Pink oder Petrol können die geeigneten Farbalternativen heissen. Zu hoffen ist ferner, dass sich Dessins mit feinen, raffiniert anmutenden Mustern etwas mehr durchsetzen, als das in der so von Herrenregeln durchsetzten Geschäftswelt bis jetzt üblich ist.

Auf Details kommt es an
Die Bluse wird in der Hose bzw. im Rock oder darüber getragen. Steckt sie im Bund, sollte sie so lang ausgelegt sein, dass sie bis zum Ende des Arbeitstags dort verharrt. Beim Anprobieren im Kleidergeschäft wird ein kurzes Hinsetzen Sie darin bestätigen, dass die Knopfleiste keine Ein-

blicke gewährt, die so von Ihnen nicht beabsichtigt sind. Ähnliches lässt sich auch vom Dekolleté sagen; das gute Stück sieht am Körper getragen meist anders aus als am Verkaufsständer.

Der Blusenkragen kommt fast immer über dem Jackettkragen zu ruhen. Darunter gelegt, verfeinert er allerdings die Silhouette etwas – das ist Geschmackssache, und der Blick in den Spiegel wird Ihnen von Fall zu Fall eine schlüssige Antwort geben.

Schuhe und Strümpfe

Die Schuhe sind wahrscheinlich das Ahh und Ohh des weiblichen Modeverständnisses. Sie dürfen sich von Herrenschuhen ruhig etwas abheben – wörtlich genommen. Das Ende der Fahnenstange? Bei fünf bis acht Zentimetern Absatzhöhe wohl. Denken Sie in diesem Zusammenhang an den Wohlfühlfaktor: Zu hoch ist auf die Länge unbequem, zu flach der Eleganz abträglich. Silikoneinlagen vom Typ «party feet» können die eine Eigenschaft gegenüber der anderen etwas erhöhen.

Vorne ist der Pumps prinzipiell geschlossen zu kaufen, allenfalls mit einer kleinen Öffnung (Peeptoe). Wenn er hinten offen ist, kommt es hoffentlich nicht zu langen Diskussionen mit dem Vorgesetzten.

Ist die Anzugsfarbe eine konservative, ist es auch die Schuhfarbe – zur Wahl stehen demnach Dunkelbraun oder Schwarz. Ein Look mit italienischem Flair lässt also braune Töne zu und gibt der ganzen Erscheinung etwas Frische. Sie entscheiden, was möglich ist und was eventuell bereits zu viel wäre. Auf eines steht die Geschäftswelt allerdings immer: auf Sohlen aus Leder.

Selbstredend sind Damenschuhe stets sauber geputzt und weisen an Absatz und Zehenkappe keine Gebrauchsspuren auf. Übrigens: Wenn Schuhe doppelt so lange ruhen, wie sie getragen wurden, erholen sie sich optimal und fühlen sich bequemer an.

Stets Strümpfe?

Strümpfe sind hautfarben oder Ton in Ton auf die Kleidung abgestimmt. Ein Reservepaar in der Büroschublade ist nicht von Nachteil. Das Stück mit Laufmasche übergeben Sie jeweils am besten Ihrem Partner fürs abschliessende Schuhepolieren: Ihrer und seiner Fussbekleidung!

Ist da der Einwand zu hören, dass es bei schlanken, überaus schönen und enthaarten Beinexemplaren doch auch möglich wäre, keine Strümpfe zu tragen? Doch ja, das ist durchaus denkbar, neidische Blicke der Kolleginnen inklusive.

Schmuck und Accessoires

Natürlich lässt sich mithilfe von Foulards die Erscheinung aufwerten, das hat sich herumgesprochen. Allerdings so sehr, dass man bei der «Arena» im Schweizer Fernsehen selbst ohne Einblendung der Parteizugehörigkeit in Sekundenschnelle sagen kann, welcher Couleur die Politikerin angehört: Ist das gute Tuch eines von Hermes & Co., wird sie wohl aus dem bürgerlichen Lager kommen; stammt es von einem progressiven Schweizer Modelabel, sind von ihr linke oder alternative Voten zu erwarten. Aufgabe eines Foulards ist es jedoch, das Herkömmliche und Konventionelle etwas zu verändern und einen stimmungsvollen (Gegen-)Akzent zu setzen.

OFFEN FÜR VERSCHLOSSENES?

Mit der Submariner (Rolex), einer Schweizer Uhr, von «Q» mit Kreissäge und Magnetfunktion ergänzt, gelang es James Bond in «Live And Let Die», von fern Miss Carusos Kleid zu öffnen – das ebenfalls mit einer Schweizer Erfindung ausgestattet war: dem Reissverschluss. Als Erfinder gilt der Sankt Galler Martin Othmar Winterhalter (1889–1961), weil er ältere Versionen mit *Ri*ppen und *Ri*llen versah und damit ein einwandfreies Funktionieren erst möglich machte. Winterhalter liess seinen Reissverschluss 1923 patentieren und gab seiner Firma den Namen *Riri*. Es gibt das Unternehmen heute noch in Mendrisio.

Aber auch eine andere Kleidersperre geht auf einen Schweizer zurück: der Klettverschluss. Dem Waadtländer Ingenieur Georges de Mestral (1907–1990) fiel auf, dass er nach Spaziergängen in der Natur immer wieder die Früchte der Grossen Klette im Fell seiner Hunde vorfand, die unterwegs mit der Pflanze in Kontakt gekommen waren. Er legte die Früchte unters Mikroskop und entdeckte daran winzige, elastische Häkchen. 1951 liess er seine Erfindung unter dem Namen Velcro – abgeleitet von «velours» (Samt) und «crochet» (Haken) – patentieren und brachte acht Jahre später den ersten Klettverschluss auf den Markt. Die Firma hat ihren Hauptsitz mittlerweile in den USA und ist immer noch Marktleader im Segment. ■

Verstärken, unterstreichen, aufwerten oder aber durchbrechen, so möchte die Devise beim Thema Accessoires lauten. Hier öffnen sich die Felder für einen stilsicheren Auftritt: Schals oder Foulards, die gekonnt geknöpft sind, eine schöne Halskette – die mit Perlen lassen Sie für einmal zu Hause –, ein aparter Ohrschmuck, eine Handtasche aus der Reference Collection von Freitag, eine Herrenarmbanduhr am Handgelenk, das sind die geeigneten Mittel. Das alles ist eine Frage des Augenmasses und der geschickten Platzierung. Mehr ist nicht mehr, so viel ist klar. Aber statt Echt- darf es auch einmal Modeschmuck sein; der Gürtel kann etwas markanter wirken, statt möglichst brav zu den Schuhen zu passen: Nutzen Sie die Freiräume, die nicht von vornherein von Regeln und Knigge-Ratgebern besetzt sind! Hier tut sich eine Möglichkeit auf, Persönlichkeit und Selbstbewusstsein zu markieren.

Das Make-up und die Frisur

Je mutiger Sie mit Accessoires brillieren, desto zurückhaltender werden Sie bei der Frisur, der Nägeldeko und beim Make-up vorgehen. Sonst wird Ihre Erscheinung schnell als billig oder unpassend taxiert. Die Faustregel heisst: Grund-Make-up plus ein Farbtupfer (entweder starker Lippenstift oder Augen-Make-up oder Wangenfarbe). Varianten mit mehr Temperamentspotenzial bleiben der Zeit nach Feierabend vorbehalten.

Langes Haar binden Sie hinter dem Kopf zusammen oder stecken es hoch, wenn es in die Quere kommt. Gut schneiden Sie ab, wenn Sie Kamm, Schere oder Färbemittel regelmässig, am besten beim Termin bei der Fachperson Ihres Vertrauens, zum Einsatz kommen lassen.

Im Geschäftsalltag –
die Herren der (Geld-)Schöpfung

Die Sprache der Businessgarderobe wird universell verstanden.
Ihre Bestandteile sind: Anzug, langärmliges Hemd, Krawatte, Gürtel,
Socken und Lederschuhe. Eine Anzahl also, die recht überschaubar
erscheint und so gesehen nicht sehr viele Variablen enthält.
Trotzdem gibt die intelligente Zusammenstellung Stoff für viele
Fragen her. Der Schweizer Knigge stürzt sich ins spätkapitalistische
Schlachtengetümmel und sorgt dafür, dass am Schluss die Weste
weiss bleibt.

Der Anzug

Nichts kleidet einen Mann besser als ein Anzug – wenn Sie Zweifel haben,
fragen Sie Ihre Frau. Der Anzug ist denn auch wie ein Haus: Man wohnt
in ihm. Er ist Rüstung und Uniform zugleich. Individualität wird eher
codiert als augenfällig zum Ausdruck gebracht. Die Farben sind konservativ: Blau, Grau und Anthrazit. Bei Brauntönen geht die Tendenz wohl
noch immer zu «no brown in town». Weil Erdtöne als Farben der britischen Landbevölkerung gelten und die Hauptstadt London bezüglich
Business-Herrenmode immer noch den Ton angibt. Es gibt jedoch sehr
viele Männer, die diese Regel ignorieren – Ronald Reagan gehörte zu
ihnen. Der Schweizer Knigge sagt: Wer die Regeln kennt, kann sie auch
gekonnt brechen.

Farbpalette

Grünliche Farben (ausser vielleicht Oliv) sowie (Bordeaux-!)Rot gehen
nicht. Beigetöne oder ein hellblauer Anzug sind jedoch eine stilsichere Wahl
für einen warmen Sommertag. Selbstverständlich sind Nadelstreifen,
äusserst dezente Fil-à-fil- oder Fischgratmuster gern gesehene Eyecatcher,
und auch Schwarz als Anzugsfarbe wird immer öfter in Betracht gezogen:
Sogenannt kreative Branchen (Werbung, Architektur, Consulting) tragen

diese Farbe, die eigentlich gar keine ist, sogar ausgesprochen gern, und selbst verwegene Banker sollen darin schon gesehen worden sein.

Schwarz ist aber doch auch die Farbe für Trauerkleidung, und es gilt deshalb der Grundsatz, dass Schwarz an Beerdigungen und sonst erst am Abend getragen wird. Das hat sich so eingebürgert, und an dieser Regel ist nur schwer vorbeizukommen. Es dürfte die Teppichetage sein, die diesbezüglich die Richtlinien in Ihrer Firma vorlebt oder schriftlich festhält: Halten Sie sich daran! Trägt der CEO Schwarz, heisst das allerdings nicht automatisch, dass dies auch das Fussvolk darf – achten Sie auf Ihr Umfeld, auf das, was in Ihrem Unternehmen auf ähnlicher Hierarchiestufe getragen wird. Mit einer mutig gewählten Anzugsfarbe jedenfalls lässt sich das Profil nicht schärfen, dafür gibt es andere Möglichkeiten.

ROYAL CLASS
DIE GEBURTSSTUNDE DES ANZUGS

Englische Herrenausstatter «erfanden» Mitte des 19. Jahrhunderts den Anzug, als sie anstelle des knielangen, farbenfrohen und reich verzierten Gehrocks für festliche Anlässe den (mit Weste) dreiteiligen, einfarbigen, dunklen Anzug, wie wir ihn heute kennen, zum weltweiten Standard erhoben. Später sind die Italiener dazugestossen und haben mit leichteren Stoffen und schlankeren Linien das Erscheinungsbild des Mannes nachhaltig modernisiert. Da die Geschäftswelt zu konservativen Ansichten neigt, ist sie von der englischen Schneiderkunst stärker geprägt als von der unserer südlichen Nachbarn, die immer wieder auch Stilbrüche suchen und lässiger mit dem Thema umgehen. Welcher Philosophie Sie eher zuneigen, hängt von Ihren Vorlieben und den vorherrschenden Gebräuchen in Ihrer Branche ab.

Öfter mal was Neues – der Schnitt

Bezüglich des Schnitts sollten Sie sich keinen Illusionen hingeben. Die Modeindustrie weiss zwar sehr wohl, dass sie die Geschäftswelt mit den bekannten Anzugsfarben zu bedienen hat. Da liegt nicht viel Spielraum drin, auch wenn sie es immer wieder versucht und den farbigen Look propagiert. Die Auffassung davon, wie der perfekte Schnitt eines Anzugs aussieht, ändert sich jedoch schnell. Hier sind die Modehersteller sehr geschickt darin, immer Neues vorzuschlagen. Plötzlich kommt der Zweiknöpfer wieder, ist das Jackett auffallend kürzer geschnitten, die Silhouette

KNACKPUNKTE BEIM ANZUGKAUF

■ **Schultern:** Die Schulterpartie sollte natürlich geformt sein und eine gerade Linie bilden, wobei die Naht leicht über die Schulter fällt. Sichtbare Polster oder erhöhte Schulterenden sind passé. Darauf achten, dass eine gewisse Bewegungsfreiheit vorhanden ist, jedoch nicht erwarten, dass man darin Turnübungen machen kann.

■ **Form:** Am Rücken bilden sich keine Quer- oder Längsfalten. Die Knöpfe lassen sich leicht schliessen – ohne Baucheinziehen.

■ **Revers:** Die beiden Reverslinien sollen locker, aber anliegend auf den geschlossenen Knopf zulaufen. Spitzkragen sind passé oder aber sehr, sehr modisch – Sie entscheiden! Im Nacken sollte das Revers nicht abstehen, sondern eine Einheit mit dem Hemd bilden. Sonst wäre das Jackett zu gross gewählt oder nicht passend geschnitten.

■ **Ärmel:** Sie reichen bis knapp oberhalb des Daumenansatzes und lassen ungefähr zwei Zentimeter der Hemdmanschette zum Vorschein kommen. Eher etwas kürzer als zu lang wählen!

■ **Taille:** Die wird heute wieder stärker betont als auch schon – macht sich dynamischer und moderner. Zu eng sieht aber auch nicht vorteilhaft aus: Das erkennt man daran, dass sich beim zugeknöpften Jackett dort eine horizontale Falte bildet.

■ **Länge:** Bis gestern hätte man gesagt: über die Hüfte fallend. Und jetzt sieht man kürzere Versionen und muss einräumen: Das sieht todschick aus. Also, wenn es die Figur erlaubt: irgendwo zwischen Taille und Hinterteil (gilt bis auf Weiteres, bis den Designern ein neuer Look einfällt!).

■ **Stoff:** Leichte Wollstoffe lassen häufiges Tragen am besten zu und besitzen viele Vorteile gegenüber Synthetikgeweben. Eine leichte Struktur, zum Beispiel mit nur wenigen sichtbaren Fäden, verleiht eine dezente Tiefe. Auch im Winter ist eher leichteres Material zu bevorzugen. Ob Leinen-, Seiden-, Manchester- oder Seersucker-Stoffe noch businesstauglich sind, bleibt Ihnen überlassen. Bei strenger Auslegung wohl eher nicht. ■

von Jackett oder Hose eine schlankere als erst gestern. Revolutionen geschehen im Bereich der Passform zuweilen schneller als vermutet.

Ein kurzer Bummel durch die Männerabteilung bei Trendsettern wie Zara, PKZ oder H&M sagt Ihnen schnell, was Sache ist und welche Stücke im Kleiderschrank von einem Schneider eventuell geändert werden können oder definitiv entsorgt werden müssen. Machen Sie sich diese Mühe, es sind die Details, die über einen korrekten Auftritt entscheiden.

Sitzt perfekt
Je nachdem, wie grosszügig das Budget für Ihre Berufsuniform ausgelegt ist, haben Sie Anzüge in unterschiedlichen Stoffen, Strukturen und Farben im Kleiderschrank hängen. Die flexibelste Allzweckwaffe bildet dabei der dunkelblaue Anzug. Das Jackett lässt sich bei entsprechender Gelegenheit mit verschiedenen Hosen kombinieren und kann auch einmal mit einem Rolli oder einer gewagteren Hemdvariante getragen werden.

Aber immer in perfekter Passform, am besten in der Version mit zwei Knöpfen. Ein riesiges Ärgernis: Mindestens drei von vier Männern tragen ihren Anzug eine Konfektionsgrösse zu gross! Das kann sehr schnell jungenhaft und trottelig aussehen. Weiter ist zu beachten: Je unauffälliger die Details, desto länger die modische Lebenserwartung des Stücks.

Ein- oder zweireihiger Anzug? Bei fast allen Figurtypen ist dem Jackett mit einer Knopfreihe der Vorzug zu geben. Sehr schmale Oberkörper erhalten jedoch mit einem Doppelreiher mehr Volumen – dann können Sie zu einem solchen Stück greifen. In der Wirkung kommt es aber sehr schnell etwas antiquiert rüber. Doch halt: Erst neulich wurden wieder Exemplare in einer modernen Interpretation gesehen – kürzer und enger anliegend, jedenfalls sehr chic. Steht der alte Klassiker also vor einer Renaissance? Warten wirs ab und begnügen wir uns vorerst mit dem Hinweis, dass Zweireiher immer geschlossen getragen werden.

 ROYAL CLASS
STILBEWUSST ZUGEKNÖPFT
Idealerweise hat das Gegenüber den Eindruck, dass man gut angezogen ist, kann aber nicht genau sagen, weshalb. Es sind die Details, die einen guten Anzug von einem aussergewöhnlichen unterscheiden: Nichts ist geklebt, alles mit Nähten und von Hand gestochen beispielsweise. Oder die perfekte Passform. Oder die stimmigen Details, die es so von der

Stange nicht gibt. Doch wenn der Träger eines Massanzugs das edle Stück mit dem Nichtschliessen des vordersten Ärmelknopfs signalisiert, mutet das befremdlich an. Der Kenner merkts auch, ohne dass es ihm unter die Nase gehalten wird.

PS: Monogramme haben auf Hemden nichts zu suchen. Muss der Träger sein Umfeld denn daran erinnern, wie er heisst? Stil bedient sich der Disziplinen mit Gespür und dem Wissen um die Feinheiten.

Zwei oder drei Knöpfe?

Heute wird fast ausschliesslich wieder die Version mit zwei Knöpfen getragen. Ein Dreiknöpfer geht aber auch in Ordnung, sofern er körpernah geschnitten ist. Beim Stehen oder Gehen sollte der Anzug übrigens immer geschlossen sein; nur der unterste Knopf bleibt offen. Bei der dreiknöpfigen Variante haben Sie die Wahl: zwei Knöpfe geschlossen oder nur der mittlere, das entscheidet das bessere Bild des Reversverlaufs. Nur beim Sitzen wird das Jackett jeweils ganz geöffnet.

Ein, zwei oder kein Schlitz hinten?

Die Frage ist schnell beantwortet: Schlitze ermöglichen den leichteren Einschub der Hand in die Hosentasche, und welcher Mann möchte darauf schon verzichten? Wie viele also? Das entscheiden Sie, die Engländer tragen zwei, die Amerikaner einen, die Italiener hingegen meist keinen. Das bessere Aussehen im Spiegel gibt wohl den Ausschlag. Bei der Version mit zwei Schlitzen kann der «Deckel» allerdings ein eher gross geratenes Hinterteil unnötig betonen; das ist eventuell noch in Erwägung zu ziehen.

Gehört auch noch dazu: die Hose

Sie ist in Farbe und Material gleich beschaffen wie das (Anzugs-)Jackett. Ob die Hose einen konservativen Schnitt hat, mit Bundfalte also, oder einen modernen, ohne Bundfalte und etwas schmaler geschnitten, das bleibt Ihnen überlassen. Auch ob mit Umschlag oder ohne – das wäre die etwas zeitgemässere Variante –, wählen Sie selber aus. Der letzte Schrei ist übrigens eine Beinlänge, die sich nur mit «Hochwasser» näher umschreiben lässt: sehr modisch und sehr, sehr frech. Der Halbzeitwert dieses Stückes dürfte aber ebenfalls eher kurzer Art sein.

Zur Länge gilt in den anderen Fällen, dass die Hose höchstens eine Falte vorne wirft und hinten sauber in den Schuhabsatz überläuft.

Das Hemd

Kommen wir zum Hemd. Und halten wir gleich zu Beginn fest, dass eigentlich nur zwei Farben infrage kommen: Weiss und Hellblau. Früher war Weiss den Chefs vorbehalten, während den Angestellten Blau zugedacht war. Das weisse Hemd signalisiert denn auch Autorität, Kompetenz und Frische, was natürlich gesuchte Attribute in der Geschäftswelt sind. Doch das hellblaue Hemd kann heutzutage ebenso gut getragen werden und steht besonders Männern mit dunklem Teint gut.

Andere Hemdfarben sind zum Businessanzug nur schwer vorstellbar. Vielleicht noch Rosa, oder ein blau-weisses Karomuster. Ganz verzichten sollten Sie auf dunkle Farben, auch wenn ein Blick in die Freitagsrunde der «Arena» etwas anderes suggeriert. Sie wirken einfach unbeholfen und hinterwäldlerisch. Deshalb lautet die Regel auch: Das Hemd ist immer das hellste Element des ganzen Outfits.

Kein Durchblick

Ein gutes Hemd ist aus blickdichter Baumwolle gefertigt und hat keine Brusttaschen. Es ist mit langen Ärmeln ausgestattet, Punkt. Exemplare der kurzärmligen Sorte tragen Sie bitte nur nach der Arbeit, denn auch der Stil kommt bei dieser Vatiante zu kurz. Wenn es die Situation erlaubt, lassen sich lange Ärmel umschlagen, das kann zuweilen sogar ziemlich sexy wirken!

Wahlfreiheit dagegen herrscht bei der Frage, ob mit (Doppel-)Manschetten oder ohne. Ersteres sieht natürlich sehr elegant aus und verleiht eine gewisse Aura des Savoir-faire.

Übrigens: Leicht taillierte Passformen sehen ungleich besser aus als gerade Hemden in Sackform. Was in dieser Hinsicht den besten optischen Eindruck hinterlässt, wird nur das Anprobieren im Kleidergeschäft schlüssig zeigen. Tun Sie das bei jedem Hemdenkauf, das ist gut investierte Zeit!

Kragenformen

Spitze Kragen, die Kent-Kragen, haben ein universelles Einsatzgebiet, während Button-down-Varianten nur ohne Krawatte getragen werden. Haifischkragen wiederum wirken sehr modern und modisch, à vous de faire le choix! Die richtige Grösse haben Sie gewählt, wenn zwischen Kragen und Hals noch knappe zwei Finger Platz finden.

LOGOS? LOGO!

Die Marke Boss zahlt Ihnen die Garderobe, damit Sie mit dem Zurschaustellen des Logos etwas Werbung fürs Haus machen? Glückwunsch! Sie profitieren doppelt: Die Spesen sind gedeckt und das mit der Position in der Unternehmenshierarchie ist auch gleich geklärt. Sollte nächstens Calvin Klein Ihr Unterhosen-Sponsoring übernehmen wollen, pochen Sie auf eine grosse Stückzahl. Denn wer möchte sein Gemächt schon mit dessen Nachnamen übertitelt sehen?

Normalsterbliche und von der Natur nicht so grosszügig mit Schönheitsattributen ausgestattete Menschen allerdings mögen doch etwas Zurückhaltung beim Präsentieren von Modelabels ausüben: Bekanntlich zeigt ein Logo nicht das, was man ist, sondern das, was man gern wäre. Und schafft damit Raum für Spekulationen, die so eigentlich niemandem willkommen sein können.

Ja, Logos sind von Freizeitkleidern nicht mehr wegzudenken und dort in Form eines kleinen Krokodils auch durchaus okay (grösser, eine ganze Frontpartie einnehmend dann schon wieder fragwürdig). Im Geschäftsumfeld haben sie gar nichts zu suchen – insbesondere nicht auf Gürtelschnallen, Socken und am Ärmel des Vestons. ■

Die Krawatte

Krawatten sind zurzeit eher schmal, etwa drei Finger breit, und das ist auch gut so. Die etwas älteren, sehr breiten Auffangträger für Tomatensauce sollten vorerst im Kleiderschrank bleiben. Sehr en vogue sind unifarbene und strukturierte Krawattenstoffe. Exemplare mit lustigen Tierchen drauf funktionieren dagegen in der kapitalistischen Wettbewerbsgesellschaft eher wenig gewinnmaximierend.

Das Krawattenbinden haben Sie wahrscheinlich spätestens in der Rekrutenschule gelernt. Möchten Sie Ihr Repertoire etwas erweitern, dann schauen Sie bei Youtube nach, wie Knoten gebunden werden. Dort wird alles anschaulich und leicht nachvollziehbar erklärt. Die drei Klassiker heissen «Four-in-hand», «Windsor», und «Half Windsor» – geben Sie die Begriffe auf der Plattform ein. Noch ein Tipp: Ist die Krawatte aus dickerem Material, bieten sich einfache Knoten an, bei feineren Stoffen oder in Kombination mit einem Haifischkragen kann es aber dann ein voluminöserer sein.

Die Krawatte sollte so lang gebunden sein, dass sie in der Mitte der Gürtelschnalle endet. Ein letzter Hinweis: Die Farbe Rot bei der Krawatte signalisiert unterschwellig: Hier bin ich der Chef. Sehr schön ist das jeweils bei Fernsehdebatten von Präsidentschaftskandidaten im Ausland zu sehen, wo mit diesem Fingerzeig sehr offenkundig um Autorität gebuhlt wird. Der Schweizer Knigge findet, dieses Spiel sei etwas gar durchschaubar, und mag es lieber etwas subtiler. N'est-ce pas, Monsieur?

Socken, Gürtel, Uhr – die Accessoires

Socken sind schwarz oder aber Ton in Ton zum Anzug oder zu den Schuhen passend und stets in langer Version zu tragen. Denn niemand will einen Blick auf ein bleiches Bein mit Stoppelbeharung erhaschen müssen! Knöchelkurze Socken sind eine schweizerische Unart, die in den Altkleidersack gehört. Da kennt der Schweizer Knigge kein Pardon!

Dass der Gürtel zu den Schuhen passen soll, ist eine Binsenwahrheit. Er muss aber nicht im präzis gleichen Ton oder Material sein. Wohl eher sollte es heissen: Braun geht mit Braun zusammen und zu schwarzen Schuhen gehört ein schwarzer Gürtel. Das mit den Logos auf der Gürtelschnalle wurde schon an anderer Stelle geklärt.

Fast Gleiches lässt sich über die Uhr (Achtung, Statussymbol!) für den Geschäftsmann sagen: dass nämlich das Exemplar für Tiefseetauchgänge nicht automatisch signalisiert, dass die Aktionärsversammlung oder die Sitzungsführung ebenfalls wasserdicht ist. Hinsichtlich Grösse und Sportlichkeit geht der Trend wieder zu feineren Botschaftern der Schweizer Uhrmacherkunst. Das ist zu begrüssen, denn der diesbezüglichen Exzesse ist man mittlerweile etwas müde.

Die Schuhe

Zuerst zur drängendsten Frage überhaupt: Natürlich dürfen braune Schuhe auch im Berufsumfeld getragen werden. Und trotz «no brown after six» auch nach Büroschluss – diese Regel ist von gestern! Gerade in Kombination mit blauen Anzugsstoffen sehen braune Schuhe sehr elegant aus – je heller das Braun, desto unorthodoxer natürlich.

Schwarz ist freilich die klassische Schuhfarbe. An dieser Variante kommt niemand vorbei, es sollte sich deshalb um ein Exemplar mit Ledersohle handeln, das von möglichst hoher Qualität ist (rahmengenäht). Rund doppelt so teuer wie herkömmliche Schuhe, ist das rahmengenähte Paar, in zeitloser Machart gewählt, eine Investition, die sich auszahlt. Sie können es über mehrere Dutzend Jahre tragen und sparen so letztlich viel Geld! Und: Ein gutes Paar Schuhe ist die Visitenkarte des Geschäftsmanns und legt beredtes Zeugnis ab von seinem Qualitätsverständnis. Wie hiess es doch früher bei PKZ? Die Nuance vom Mann zum Gentleman – voilà, ein Werbespruch, der heute noch aktuell ist, wenn er sich auf die Qualität der Schuhe bezieht!

Die Schuhform
Zum Anzug passt ein Derby – mit offener Schnürung, aus zwei verschiedenen Teilen gefertigt und deshalb mit einer Seitennaht versehen. Oder der etwas elegantere Oxford mit geschlossener Schnürung und aus nur einem Lederstück hergestellt, ohne Seitennaht. Loafers oder Slippers bleiben der Freizeit (und Amerika) vorbehalten.

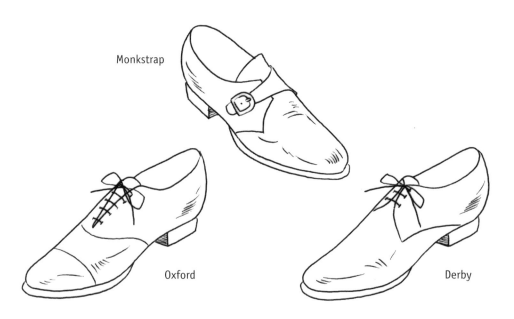

Monkstrap

Oxford

Derby

Haariges und Anrüchiges

Ausser Sie sind Berufshippie, gelten das Ergebnis seltener Coiffeurbesuche sowie Haare, die aus Hör- und Riechorganen ragen, als Zeichen unsorgfältiger Körperpflege. Und auch eine nachlässige Rasur hinterlässt, richtig, einen nachlässigen Eindruck. Und wie stehts mit Vollbart, Schnauzbart, Dreitagebart gar? Das ist ganz eine Sache Ihres Geschmacks und Ihrer Gesichtsform – einzige Bedingung: Gepflegt muss sie sein, die haarige Zier.

Von Frauenseite heisst es, dass die Männer mit dem Applizieren von Rasierwasser, Parfum & Co. oft etwas übertreiben. Das kann auch daran liegen, dass nur ein Duft verwendet wird und Mann die Sensibilität und das richtige Mass verliert. Zwei verschiedene Bouquets, abwechslungsweise benützt, werden diesen Beschwerdepunkt wohl zum Verduften bringen.

Ich kann dich nicht riechen

Dass jemand nicht vorteilhaft duftet, soll ja immer wieder vorkommen. Als Vorgesetzter ist es wohl Ihre Pflicht, darauf hinzuweisen. Auch Kollegen werden Abhilfe schaffen wollen, wenn die Sache allzu anrüchig wird. Doch wie vorgehen? Der Schweizer Knigge meint: Sprechen Sie das (Tabu-)Thema eher beiläufig an, unter vier Augen. Beginnen Sie in der Ich-Form: «Letzthin, an der Messe in Basel, ist mir aufgefallen, dass…» In jedem Fall soll die angesprochene Person das Gesicht wahren können. Am Schluss steuern Sie wieder andere Themen an, sodass das Ganze nicht allzu viel Wichtigkeit bekommt.

Am Arbeitsplatz ein Deo hinzustellen, verbietet übrigens das höfliche Herz. Das schürt nur Misstrauen und vergiftet das Arbeitsklima.

Stichwort Hygiene: Bevor Sie einen Anzug ein zweites Mal tragen, lassen Sie ihn am besten 24 Stunden lang an der frischen Luft auslüften; nach drei- bis fünfmaligem Gebrauch kommt er in die Reinigung. Der «casual friday» hatte übrigens seinen Ursprung darin, dass an diesem Tag die Uniform in die Reinigung kam, auf dass sich am Montagmorgen die Dinge wieder proper präsentierten.

Sie und er am grossen Anlass – festliche Kleidung

Unvermittelt ist sie da – die Einladung zum Ball oder zu einem sehr formellen Anlass. Eventuell ist auf dem Schreiben vermerkt, welcher Dresscode erwartet wird – eine Übersichtstabelle mit den verschiedenen Begriffen und ihrer Bedeutung finden Sie im Anhang. Meist heisst das für die Frau: Abendkleid, Cocktailkleid oder das kleine Schwarze. Und für den Partner, dass er zum Smoking greifen soll. Das kann der eigene sein, oder aber Sie mieten einen (das Internet lässt Sie schnell fündig werden).

Die Frau

Ihr stehen beim festlichen Anlass die drei erwähnten Spielarten offen: das lange Abendkleid (oder Ballkleid), das Cocktailkleid oder das kleine Schwarze. Beim langen Abendkleid sagt der Name schon, dass es sich um ein bodenlanges Kleid handelt. Dabei ist es vollkommen gleichgültig, welche Farbe, welchen Stoff und welchen Schnitt das edle Stück hat. Es herrscht absolute Wahlfreiheit – auch bezüglich der Prominenz des Dekolletés. Bei einem schulterfreien Kleid würden konservative Geister jedoch dazu raten, die obere Partie während des Essens mit etwas Passendem zu bedecken.

Wenn Sie kein langes Kleid tragen möchten, greifen Sie auf ein Cocktailkleid zurück, wadenlang und mit einem Jackett. An Hochzeiten, die tagsüber beginnen und bei denen es keine Möglichkeit zum Garderobenwechsel gibt, wird dies wohl Ihre erste Wahl sein.

Immer gut macht sich selbstverständlich auch das kleine Schwarze. Es ist von eher schlichter, aber eleganter Machart und wird meist nur von sehr diskretem (oder keinem) Schmuck begleitet.

Als Tasche für den Anlass drängt sich ein sogenanntes Clutch auf, eine kleine, elegante Abendtasche also – die stilbewusste Frau hält das Ding wenn möglich immer an einer Ecke.

Höhe und Machart der Schuhe bestimmt der Anlass: Soll auch das Tanzbein geschwungen werden, ist dies bei der Wahl zu berücksichtigen. Mit Fug und Recht werden Sie jetzt wahrscheinlich argumentieren, dass man Ihnen bezüglich Schuhen nichts mehr beibringen muss – umso besser, Sie sind die Expertin!

Der Mann

Für ihn ist es also der Smoking. Dieser ist schwarz, einreihig geknöpft, mit einem Revers aus Seide, das entweder traditionell rund oder wie beim Anzug geformt ist. Die Hose ist ebenfalls schwarz, ohne Aufschlag unten und seitlich mit einem Seidenstreifen (Galon) versehen.

Getragen wird das elegante Stück mit einem speziellen, weissen Smokinghemd, das folgende Eigenschaften hat: ohne Stehkragen oder sogenannten Vatermörder (sieht einfach provinziell aus), sondern mit Kentkragen. Und mit Doppelmanschetten, mit einer verdeckten Knopfleiste oder mit speziellen Knöpfen, die das Smokinghemd gegenüber einem normalen Alltagshemd aufwerten. Eventuell sind zusätzliche Längsfalten eingearbeitet, das geht ohne Weiteres.

Sie tragen in jedem Fall eine schwarze Fliege dazu (im Englischen heisst der Dresscode entsprechend «black tie»), eine andere Farbe ist nicht in Erwägung zu ziehen! Hingegen sehr, sehr gern ein Stück, das von Hand geknöpft wurde (Youtube hilft weiter unter dem Stichwort «Fliege binden»).

Manschettenknöpfe (in Edelmetall?), ein weisses, meist gerade gefaltetes Pochettentuch (wie bei James Bond) sowie ein Kummerbund (ersetzt den Hosengürtel und wird mit den Falten nach oben getragen) ergänzen das festliche Erscheinungsbild. Keine Armbanduhr oder höchstens eine mit schwarzem Lederband.

Und welche Art Schuhe? Früher hätte es geheissen: geschnürter Lackschuh, keine Frage! Ein eleganter schwarzer Oxford tut es aber auch, da ist der Schweizer Knigge nicht ganz so pingelig wie bei Kragen und Fliege.

CUT UND FRACK

Auf Erläuterungen zu den Dresscodes Cut und Frack wird an dieser Stelle verzichtet. Pflegt die geneigte Leserschaft gelegentlich in höchsten akademischen und diplomatischen Kreisen zu verkehren, findet sie entsprechende Hinweise in der umfassenden Auflistung der Dresscodes im Anhang. ■

Was darf man sich trauen, wenn getraut wird?

Hoffentlich steht auf der Hochzeitseinladung schon, welche Garderobe erwartet wird. Das beseitigt von vornherein gröbere Peinlichkeiten, die dann beim späteren Dankesschreiben mit Gruppenfoto grell ans Tageslicht kämen (Onkel Max darf jedoch tragen, was er will – das ist eine eherne Regel und gilt immer!). Lang oder kurz, festlich oder für die Waldhütte? Fehlt in der Einladung ein Hinweis und sind Sie nicht sicher, was angemessen wäre, fragen Sie das Paar am besten danach. Haben Sie doch immer den Grundsatz präsent, dass niemand die Braut an Eleganz und Schönheit in den Schatten stellen sollte. Eine weitere Regel lautet: Die Eltern tragen tagsüber auf keinen Fall Schwarz, das würde nur für Diskussionen in der Hochzeitsgesellschaft sorgen.

Sie heiraten selber?

Herzliche Gratulation, die besten Wünsche begleiten Sie! Sicher haben Sie sich schon viele Gedanken gemacht, dies erwogen und das bereits verworfen. Bezüglich der Kleiderwahl sei Ihnen ein Hinweis auf den gemeinsamen Lebensweg mitgegeben: dass der zukünftige Gatte doch um die einschlägigen Hochzeitsfachgeschäfte einen grossen Bogen machen möge. Solls für die Braut ein klassisches weisses Hochzeitskleid sein, dann wird kein Weg an einem solchen Fachgeschäft vorbeiführen. Ihre Wünsche für diesen Tag sind selbstverständlich heilig und die soll man sich erfüllen! Aber der Bräutigam halte sich doch bitte fern von solchen Etablissements und gehe in ein normales Modegeschäft, wo er sich einen schönen, sehr dunklen, etwa nachtblauen (nicht schwarzen) Anzug erstehe! Keine affigen Halsbinden, schimmernden oder sonst wie verzierten Jacketts oder Grässlichkeiten ähnlichen Zuschnitts! Versprochen?

Ihren Gästen und dem schönen Gesamtbild zuliebe vermerken Sie auf Ihrer Hochzeitseinladung am besten den gewünschten Dresscode. Eine erste Anmerkung dazu: Ein Termin in der Kirche am Nachmittag schliesst Smoking und Abendkleid aus – ausser es gibt eine Möglichkeit, sich umzuziehen –, denn diese trägt man nur abends nach dem Eindunkeln. Und: In der Kirche ist es üblich, dass die Schultern bedeckt sind (allenfalls Stola oder Kurzjäckchen tragen, das gilt zumindest für die Braut). Die Dresscodes, denen die schönsten Ergebnisse zugetraut werden, finden Sie gleich anschliessend.

Die gängigen Dresscodes

Dresscodes sollen einen Hinweis darauf geben, was bezüglich der Kleidung von einem erwartet wird. Das ist gut so. Schwieriger wird es dann, wenn die Dinge immer wieder mit anderen Namen bezeichnet, Begriffe ausgetauscht oder miteinander verbunden werden, sodass am Schluss niemand mehr weiss, was tatsächlich gemeint ist. Es konnte auch schon beobachtet werden, dass Männer sich höchst resistent gegenüber Dresscodes zeigen, während Frauen dazu neigen, die Dinge zu übertreiben. Ersteres zeugt übrigens von mangelndem Einfühlungsvermögen, Letzteres von fehlendem Sachverstand bezüglich Mode.

Das heillose Durcheinander sei also etwas geklärt, verbunden mit der Bitte, man möge sich doch an die Empfehlungen halten. Sie haben zum Ziel, die Dinge einfacher, nicht etwa komplizierter zu gestalten. Hier vorerst ein paar der häufig geäusserten Wünsche zur Bekleidung von Gästen – sei es bei einem Hochzeitsfest oder einem anderen speziellen Anlass. Eine Tabelle mit genaueren Angaben zu noch mehr Dresscodes finden Sie im Anhang.

- **Black tie:** Der Gast kommt im Smoking, die Frau in einem eleganten, bodenlangen Abendkleid (weder schwarz noch weiss, ivory- oder crème-farben). *Vermerk* auf der Einladung: «Dresscode: black tie», «Dresscode: Smoking» oder «Tenue: cravatte noire». Vermeiden Sie die Variante «black tie optional» – also Smoking/dunkler Anzug –, weil darunter auch «ohne Fliege/Krawatte» verstanden werden kann. Dann bitten Sie lieber um «festliche Abendkleidung».
- **Festliche Abendkleidung:** Der Mann kann einen Smoking (mit schwarzer Fliege) tragen oder einen schwarzen, dunkelblauen oder dunkelgrauen Anzug (mit festlicher Krawatte). Seine Begleiterin erscheint im langen Abendkleid, in einem schicken Kostüm oder einem sehr eleganten Hosenanzug. *Vermerk:* «Wir bitten um festliche Abendkleidung.»

143

- **Cocktail:** Dieser Stil erlaubt mehr Freiheiten. Der Mann kann im dunklen Anzug erscheinen, aber auch eine Kombination von heller Hose und dunklem Veston ist möglich. Die Krawatte darf eventuell zu Hause bleiben. Die Frau trägt ein farbiges Cocktailkleid mit knielangem Rock. *Vermerk:* «Es soll ein fröhliches und buntes Fest werden. Die Frauen werden gerne im farbigen Cocktailkleid gesehen, die Herren im gepflegten Anzug oder in einer schicken Kombination.» Oder: «Dresscode: Cocktail» oder «Dresscode: Cocktail, Krawatte nicht zwingend».

- **Casual** bedeutet hochwertige Alltagskleidung, mit dem Zusatz «smart» versehen, in einer etwas schickeren Variante, gepflegt allerdings in jedem Fall. Keine Jeans! Bei «smart casual» trägt der Mann eine Krawatte, bei «casual» eventuell sogar statt Hemd nur ein Poloshirt und keine Krawatte, immer aber ein Jackett. Als Schuhe sind Loafers angezeigt. Kostüm, Hosenanzug oder das kleine Farbige – das sogenannte Etuikleid, mit dem kleinen Schwarzen verwandt, ohne dessen Farbe zu haben – dürfte die Wahl der Begleitung sein. *Vermerk:* «Dresscode: casual» oder «Legere, bequeme Kleidung». Oder für die etwas formalere Variante: «Dresscode: smart casual».

Dresscodes fürs Bewerbungsgespräch

Einem Josef Ackermann muss man wahrscheinlich nicht erklären, was beim Bewerbungsgespräch für den nächsten Schritt nach seiner Karriere bei der Deutschen Bank zu tragen opportun wäre. Denn bei Banken und Versicherungen verlangt die Etikette den formalen Businessanzug, wie er vorne in diesem Kapitel vorgestellt wurde. Doch für Stellen in KMU und für Positionen im mittleren Kader gelten etwas andere Richtlinien. Im Kasten sehen Sie, wie ein bekanntes Unternehmen für Personalvermittlung (Randstad) die Dresscodes fürs Bewerbungsgespräch formuliert.

 BUSINESS CLASS
DER ERSTE ARBEITSTAG
- *Die Kleiderfrage im Vorfeld abklären und sich entsprechend anziehen.*
- *Einen Ansprechpartner ermitteln, an den Sie sich wenden können.*
- *Pünktlich erscheinen (fünf Minuten vor der vereinbarten Zeit).*

KORREKT AM BEWERBUNGSGESPRÄCH

Der Mann	Die Frau	Bemerkungen
KAUFMÄNNISCHE BERUFE		
■ Eher dunkle, lange Hose in hoher Schurwollequalität oder gleichwertigen Materialien ■ Helles, einfarbiges oder dezent gemustertes Hemd ■ Zur Hose passendes Jackett ■ Dunkle Socken, dunkle, geschlossene Schuhe, passender Gürtel ■ Keine Krawattenpflicht. Ausnahme: Stelle bei Bank und Versicherung (abklären bei der Direktionsassistentin)	■ Eher dunkle, lange Hose oder Rock in hoher Schurwollequalität oder gleichwertigen Materialien ■ Helle, einfarbige oder dezent gemusterte Bluse oder hochwertiges Shirt ■ Geschlossene, elegante Schuhe, passender Gürtel ■ Keine Blazerpflicht. Ausnahme: Stelle bei Bank und Versicherung (abklären bei der Direktionsassistentin)	■ Unten dunkel, oben hell ■ Dezentes Muster
INFORMATIK UND COMPUTERTECHNIK		
■ Lange Hose, in qualitativ hochwertigen Materialien ■ Unifarbenes oder dezent gemustertes Hemd ■ Zur Hose passendes Jackett ■ Dunkle Socken, dunkle geschlossene Schuhe, passender Gürtel ■ Keine Krawattenpflicht	■ Lange Hose oder Rock in hoher Schurwollequalität oder gleichwertigen Materialien ■ Unifarbene oder dezent gemusterte Bluse, hochwertiges Shirt oder Polopulli ■ Geschlossene, elegante Schuhe, passender Gürtel	■ Unten dunkel (zumindest die Schuhe), oben hell ■ Dezentes Muster ■ Dreiteiliges Outfit
SOZIALE, PFLEGE- UND MEDIZINISCHE BERUFE		
■ Sportliche Hose (Chino, feine Cordhose oder gleichwertige Materialien)	■ Hose, Rock oder sportliches Kostüm, Hosenanzug ■ Uni oder dezent gemusterte Bluse, hochwertiges Shirt	■ Unten dunkel (zumindest die Schuhe), oben hell ■ Dezentes Muster
...	...	...

145

Der Mann	Die Frau	Bemerkungen
...	...	...
■ Sportliches Kurz- oder Langarmhemd oder Poloshirt	■ Evtl. sportliche Jacke oder Blazer	■ Dreiteiliges Outfit
■ Evtl. sportliches Jackett	■ Geschlossene elegante Schuhe, passender Gürtel	
■ Dunkle Socken, geschlossene dunkle Schuhe, passender Gürtel		
■ Keine Krawattenpflicht		

INDUSTRIELLE UND GEWERBLICHE BERUFE

Der Mann	Die Frau	Bemerkungen
■ Sportliche Hose (Chino, feine Cordhose etc.)	■ Sportliche Hose oder Rock	■ Unten dunkel (zumindest die Schuhe), oben hell
■ Sportliches Kurz- oder Langarmhemd oder Poloshirt	■ Bluse, T-Shirt oder Rollkragenpulli	■ Dezentes Muster
■ Dunkle Socken, geschlossene dunkle Schuhe, passender Gürtel	■ Evtl. sportliche Jacke oder Blazer	
■ Keine Krawatten- und Vestonpflicht	■ Strümpfe, geschlossene elegante Schuhe, passender Gürtel	
	■ Keine Blazerpflicht	

■ *Alle Personen grüssen, denen man begegnet, und sich allenfalls vorstellen. Die Namen, Positionen oder Funktionen schreiben Sie bei Gelegenheit nachher auf. Fragen Sie nach, wenn Sie einen Namen nicht verstanden haben.*

■ *Kein privates E-Mail- oder Facebook-Abchecken am Arbeitsplatz. Erkundigen Sie sich nach einigen Tagen bei Arbeitskollegen nach den geltenden Vorschriften.*

■ *Sich offen und interessiert zeigen und in einer ersten Phase mit dem eigenen Fachwissen eher zurückhalten. Ihre Zeit wird schon noch kommen!*

do für sie

- Kostüm oder Hosenanzug, Blazer oder Jackett
- Körpernaher, jedoch bequemer Schnitt
- Eleganter Body, T-Shirt, eher schlichte Bluse, Twinset
- Diskretes Make-up, dezent lackierte Fingernägel
- Strümpfe tagsüber nicht glänzend und ohne Muster
- Handtasche in Stil und Grösse zum Look passend

no-go für sie

- Üppige Glitzerstoffe, zu viele Rüschen, auffällige Muster
- Rocklänge mehr als eine Handbreit über dem Knie
- Leggins, Schlabberlook, Mini, Kniestrümpfe
- Spaghettiträger, trägerlos, schulter- oder rückenfrei
- Tiefes Dekolleté, lange Fingernägel
- High Heels, Sandalen, Stiefel, Plateauschuhe, Kreppsohlen
- Wahllos zusammengestellte Accessoires, zu viel Schmuck
- Laufmaschen

do für ihn

- Saubere und gepflegte Kleidung
- Anzug: gedeckte Farben und dezente Muster
- Gute Passform von Hemd und Anzug (nicht zu gross!)
- Beim Stehen und Gehen nur den untersten Knopf öffnen
- Hemd weiss oder hellblau (evtl. mit Karomuster), taillierte Form
- Die Manschette schaut ca. zwei Zentimeter hervor.
- Eher schmale, auch unifarbene Krawatte. Sie endet in der Gürtelmitte.
- Lange, schwarze Socken

no-go für ihn

- Überfüllte Taschen in Jackett und Hose
- Kurzarmhemden im Business-bereich
- Dunkle, farbige Hemden
- Einstecktuch im gleichen Stoff wie Krawatte
- Fliege im Geschäftsalltag
- Pullover oder Pullunder unter dem Anzug
- Oberster Hemdknopf unter der Krawatte geöffnet
- Ungepflegt wirkende Schuhe mit Gummisohlen

147

6 U.A.w.g. – eingeladen

Eine Einladung ins Restaurant oder zu jemandem nach Hause ist eigentlich ein Grund zur Freude. Die Geselligkeit steht im Mittelpunkt, bei einem guten Glas Wein und einem feinen Essen werden anregende Gespräche geführt, es eröffnet sich die Möglichkeit, neue Menschen kennenzulernen, Kontakte zu knüpfen. So weit alles gut. Doch gibt es mögliche Fauxpas auf fremdem Terrain, Dinge, die es im Vorfeld abzuwägen gilt? Der Schweizer Knigge setzt das Sonntagsgesicht auf und nähert sich der Materie mit viel Appetit – und der nötigen Portion Gelassenheit.

Höflich im Vorfeld

Da schneit sie also herein, die Einladung. Vielleicht ist «U. A. w. g.» darauf vermerkt – was bedeutet: «um Antwort wird gebeten». Das französische Pendant heisst «r. s. v. p.» (répondez s'il vous plaît). Eventuell ist auch erwähnt, bis zu welchem Datum man sich bitte melden soll.

Das oberste Gebot heisst dann, so schnell wie möglich eine Zu- oder Absage verfassen. Ist auf der Einladung eine Telefonnummer aufgeführt, kann dies fernmündlich geschehen; entschieden schöner allerdings ist es, auf eine schriftliche Einladung ebenfalls mit ein paar handschriftlichen Worten zu reagieren. Unhöflich ist es dagegen, auf eine Einladung gar nicht oder erst im letzten Augenblick zu antworten: Das hindert die Gastgeber daran, die Runde allenfalls in anderer Zusammensetzung zu organisieren.

Ebenfalls in die Rubrik Fauxpas gehört die Unart, für ein fixes Datum (Silvester beispielsweise) mehrere Zusagen zu erteilen, um dann abzuwarten, welches «Angebot» das attraktivste ist, und den anderen im letzten Augenblick wieder abzusagen. Solches Gebaren spricht sich schneller herum – und ruiniert den Ruf nachhaltiger –, als einem lieb sein kann.

BAD-TASTE-PARTY

Das Motto eines solchen Festes bezieht sich auf die Kleidung, nicht auf die Manieren! ▪

Sagen Sie ab, ist es nicht unbedingt erforderlich, einen Grund anzugeben. Doch die Gastgeber verschmerzen Ihr Fernbleiben besser, wenn Sie eine plausible Begründung dafür nennen. Bei Notlügen darauf achten, dass sie nicht irgendwann auffliegen.

(Über-)Pünktlichkeit

Die Gastgeber erwarten von Ihnen, dass Sie pünktlich erscheinen. Zeichnet sich ab, dass Sie den Zeitpunkt nicht einhalten können, empfiehlt sich ein kurzer Anruf – mit einer hoffentlich guten Begründung. Dies ab einer

Verspätung von etwa 15 Minuten. Vorher ist es nicht nötig, wie auch nicht von Ihnen erwartet wird, dass Sie wie beim Businesstermin fünf Minuten vor der vereinbarten Zeit erscheinen. Im Gegenteil: Die Gastgeber werden wahrscheinlich froh sein, wenn die Gäste etwas später ihre Aufwartung machen und so etwas Zeit bleibt, letzte Vorbereitungen zu treffen.

Zehn bis 15 Minuten allerhöchstens lautet die landesübliche Toleranzgrenze. Der Vermerk «ab 19 Uhr» erlaubt ein bis zu 15-minütiges Späterkommen. Bei einem grossen Fest, bei dem die Gastgeber nicht jeden Gast ausführlich begrüssen können, ist strengste Pünktlichkeit ebenfalls nicht unbedingt erforderlich.

Gastgeschenke

Es ist auch heute immer noch eine sympathische Geste, den Gastgebern ein kleines Präsent mitzubringen. Das kann die – hierzulande fast unvermeidliche, ist man versucht zu sagen – Weinflasche sein, ein Blumenstrauss oder etwas Ähnliches. Allerdings wirkt bei Wein ein willkürlich ausgelesenes Erzeugnis doch etwas unverbindlich. Vielleicht berücksichtigen Sie die Vorlieben der Gastgeber oder überreichen die Flasche mit der Bemerkung: «Das ist einer meiner Lieblingsweine, hoffentlich schmeckt er dir auch.» Stellen Sie wenn immer möglich einen Bezug her zum Beschenkten: zu einer kürzlichen Ferienreise oder zu seiner Vorliebe für Schokolade, mit einem passenden Süsswein beispielsweise. Auf keinen Fall sollten Sie erwarten, dass der mitgebrachte Wein später zum Essen gereicht wird, denn die Gastgeber werden ihre Wahl bereits getroffen und auf das Essen abgestimmt haben.

Zu Recht gilt ein Blumenstrauss als das klassische Mitbringsel. Gemeint sind Schnittblumen – und nicht Topfpflanzen, die einen Wartungsaufwand nach sich ziehen, der nicht allseits willkommen ist. Auch Kakteen haben (Geschenk-)Eigenschaften, die nicht sehr einnehmend wirken. Ein frischer Blumenstrauss ists also. Ist er in Cellophan eingehüllt, übergeben Sie ihn telquel der Gastgeberin; eine Papierverpackung entfernen Sie bitte vorher und ohne das zusammengeknüllte Papier ebenfalls zu überreichen – das haben Sie vor dem Klingeln an der Haustür entsorgt.

Das Nonplusultra bezüglich Blumen ist jedoch das Vorbeibringen ein paar Stunden vor der eigentlichen Einladung: Die Gastgeber haben dann alle Zeit, eine passende Vase auszuwählen und den Strauss an einem schönen Ort zu platzieren. Das wird in der Schweiz nur selten gemacht, schade eigentlich. Ein Blumenkurier kann ebenfalls dazu beitragen, dass die Gastgeber bei Ihrem Eintreffen nicht umständlich ein adäquates Gebinde suchen müssen und freie Hand haben, Sie und die nächsten Gäste gebührend zu empfangen. Visitenkarte oder kleines Briefchen beilegen: «Als Dank für die Einladung – wir freuen uns!» Blumen können übrigens auch in Männerhaushalte verschenkt werden; eine Regel, die dies untersagte, wäre von anno Tobak.

Persönliches besticht
Ein Buch, eine CD, etwas Selbstgemachtes (Essig, Konfekt, Eingemachtes) darf es selbstverständlich auch sein. Je persönlicher auf den Gastgeber zugeschnitten, desto besser. Bei grösseren Einladungen sollten Sie dem Geschenk ein Kärtchen mit dem Namen und einigen anlassgerechten Worten beifügen: So weiss der Beschenkte später, wem Dank gebührt. Sollten Ihre Gastgeber Kinder haben, würden sich diese bestimmt ebenfalls über ein Mitbringsel freuen: ein altersgerechtes Bilderbuch, einen Comic, ein «Wendy», ein Autoheft – es darf ruhig etwas sein, was die Kinder im Alltag sonst so nicht erhalten. Allenfalls fragen Sie die Eltern vorher.

Lasst Blumen sprechen?

Unsere Grosseltern wussten noch, dass mit dem Verschenken von Blumen und den richtig gewählten Farben unterschwellige Botschaften übermittelt werden konnten. So hiess es früher, dass mit rosafarbenen Rosen zärtliche Hoffnungen verbunden seien. Sonnenblumen signalisierten: «Ich bete dich an.» Doch die Codes der Blumensprache wissen heute nur noch die wenigsten zu interpretieren – rote Rosen einmal ausgenommen. Gehalten hat sich aber die Tradition, dass eine ungerade Zahl von Blumen im Strauss verschenkt wird, und dagegen ist nichts einzuwenden.

Etwas durch die Blume sagen ist heute kein Zeichensystem mehr, das allerorts verstanden wird. Denn auf die Idee, dass Tulpen bekennen: «Ich liebe dich leidenschaftlich», käme kaum jemand. Einzig die Farbe Gelb besitzt immer noch einen leichten Anruch von Neid und Eifersucht. Und es ist nicht üblich, einer verheirateten Frau rote Rosen zu schenken! Folglich: Einen mehrfarbigen Blumenstrauss überreichen heisst auf der sicheren Seite bleiben.

Etwas Letztes noch zum Thema: Hortensien, Chrysanthemen und Lilien gelten mancherorts als Friedhofsblumen. Beim Spitalbesuch bei der Erbtante oder dem reichen Onkel könnte ein solcher Strauss eventuell zu Missverständnissen führen und ein Signal setzen, das dem späteren Gütertransfer Hindernisse in den Weg stellt. Ganz unbekümmert ist das florale Thema also doch nicht anzugehen.

BLUMIGES

Wikipedia hat ein ganzes «Lexikon» der Blumensprache aufgelistet.
Mehr zum Amüsement an dieser Art der nonverbalen Kommunikation denn
als Aufforderung, die entsprechenden Schlüsse zu ziehen, seien erwähnt:

- Akelei: Du bist ein Schwächling.
- Aster: Du bist mir nicht treu.
- Blaue Rosen: Es ist unmöglich.
- Brennnessel (!): Ich habe dich durchschaut.
- Dahlie: Ich bin schon vergeben.
- Distel: Die Sache ist mir zu gefährlich.
- Eibe: Ich liebe dich ewig.
- Gerbera: Durch dich wird alles schöner.
- Gladiole: Sei nicht so stolz.
- Hortensie: Du bildest dir zu viel auf dich ein.
- Iris: Ich werde um dich kämpfen.
- Kapuzinerkresse: Du verbirgst etwas vor mir.
- Kornblume: Ich gebe die Hoffnung nicht auf.
- Malve: Ich schätze dich als beste Freundin.
- Narzisse: Du bist ziemlich eitel.
- Nelke gelb: Ich verachte dich.
- Nelke weiss: Ich bin noch zu haben.
- Pfefferminze: Verzeih mir.
- Salbei: Ich denk an dich.
- Schilf: Entscheide dich bitte endlich.
- Vergissmeinnicht: Vergiss mich nicht.
- Weisse Rosenknospen: Ich bin unfähig zu lieben.

Small Talk – der Eisbrecher

Small Talk ist bekanntlich die Kunst, eine Konversation im Fluss zu halten. Eine Kulturtechnik, die hierzulande nicht richtig gewürdigt wird. Denn damit werden Attribute wie Oberflächlichkeit und Geschliffenheit verknüpft, die entweder negativ besetzt sind oder eine Gewandtheit signalisieren, die uns Schweizern im Kontakt mit Ausländern oft etwas abgeht.

Viele Leute sind der irrigen Meinung, sie müssten witzig oder tiefsinnig plaudern, und wenn ihnen dann nichts einfällt, schweigen sie. Zu Unrecht – Sie brauchen gar nicht geistreich zu sein, seien Sie einfach nur freundlich. Die Kurzformel ist simpel: Small Talk = Zuhören + Lächeln. Wenn Sie interessiert zuhören (eigener Redeanteil höchstens 40 Prozent), denkt der andere, Sie seien ein glänzender Unterhalter – so einfach ist das.

Themen und Techniken

Aber worüber soll man sich denn unterhalten, wenn man die andere Person nicht kennt? Da brauchen Sie gar nicht weit zu suchen. Verschiedene Themen bieten sich an, mit denen Sie die ersten Hürden locker bewältigen. Anschliessend läuft das Gespräch meist von allein und mit Nachfragen können Sie den Dingen etwas auf den Grund gehen.

- Wetter – dazu ist es ja da!
- Familie – Kinder, Haustiere
- Beruf oder Ausbildung
- Hobbys
- Sport – Grossanlässe, eigene Sportart
- Reisen – vergangene oder geplante
- Kunst, Kultur, Musik
- Tagesaktualität
- Aufrichtig gemeinte Komplimente – aber keine der plumpen Art

Off Limits

Unsere Grossmütter würden sagen, dass die Sujets Sex, Religion und Politik tunlichst zu vermeiden seien. Sie haben recht mit den beiden ersten Themen, beim dritten sieht man die Dinge heute nicht mehr so eng. Seien Sie sich aber bewusst, dass ein dezidiertes politisches Statement nicht in den Eröffnungssatz einer Konversation gehört: «Was halten Sie von der Bundesrätin, die jetzt schon wieder …?» Für Irritation sorgen Sie auch, wenn Sie den Urologen in ein Fachgespräch über eigene Indispositionen zu verwickeln versuchen. An der Party ist er «off duty».

Welche Themen sind sonst noch eher zu vermeiden? Krankheiten und private Katastrophen (Scheidung etc.), Lästern über Anwesende, Geld («Wie viel wohl allein der Champagner gekostet hat?»), Prahlerei, Einschmeicheleien, Kritik am Gastgeber oder am Essen beispielsweise.

So plaudern Sie gewandt

Ist der Einstieg einmal geschafft, ergibt sich der Rest von allein. Fragenstellen ist eine Erfolg versprechende Technik; vermeiden Sie dabei allerdings, dass sich das Gegenüber ausspioniert fühlt. Geben auch Sie nicht allzu viel von sich selbst preis. Denn Ziel des Small Talks ist das gegenseitige Kennenlernen und das Kontaktknüpfen. Es kann mehr daraus entstehen, muss aber nicht. Und so gehts: Blickkontakt halten, Positives und Gemeinsamkeiten herausschälen, Interesse zeigen, keine langen Monologe oder Einschätzungen der Weltlage von sich geben, geschlossene Fragen, die sich mit Ja oder Nein beantworten lassen, vermeiden und einen Abstand von etwa einem Meter zur anderen Person halten.

Apropos: Bei Nachrichtensprechern im Fernsehen lässt sich gut beobachten, wie man elegant von einem Thema zum nächsten überleitet. Auch Sven Epiney im Schweizer Radio und Fernsehen ist sehr gewandt darin – er benützt meist ein Stichwort des letzten Satzes, um es überleitend beim nächsten wieder zu verwenden.

Über Körpersignale

Achten Sie auf eine gerade Körperhaltung. Lächeln Sie, es kann Wunder bewirken. Positiv kommen Gesten über der Taillenhöhe an, sie unterstreichen etwas bejahend. Negative Signale hingegen sind:

■ Hände in den Hosentaschen oder hinter dem Rücken
■ Ausgestreckte Zeigefinger (man zeigt nicht mit nacktem Finger auf angezogene Leute)
■ Gekreuzte Arme (Abwehr)
■ Hände reiben (Schadenfreude)
■ Hände am Kinn (Selbstgefälligkeit)
■ Hände im Nacken verschränken (Arroganz)
■ Verächtlich wirkende Mimik

Elegant aussteigen

How long dauert der Small Talk? Kommt ganz auf die Situation an. Beim Apéro ist es üblich, mit einer Person, nachdem man ihr vorgestellt wurde, eine Weile zu plaudern, fünf bis maximal 15 Minuten. Danach ist es aber auch legitim, zu einer anderen Gruppe oder zu Bekannten vorzustossen. Wie aber gestaltet man den Ausstieg aus der Unterhaltung? Ein Dreiphasenmodell bietet sich an:

1. Rückblick aufs Gespräch: «Wirklich interessant, Ihre Ausführungen ...»
2. Angebot einer Gesprächsvertiefung bei nächster Gelegenheit: «Hoffentlich sehen wir uns bald wieder!»
3. Danke sagen: «Danke für das anregende Gespräch! Bis später.»

WÜRMER IN DER NASE

«Grüezi.»

«Grüezi.»

«...»

«...»

«Kennen Sie auch niemanden hier?»

«Nein.»

«Sind Sie mit den Gastgebern
befreundet?»

«Ja.»

«Golf?»

«Nein.»

Man will sich die Fortsetzung gar nicht erst vorstellen. Die Konversation wird ungefähr die gleiche Temperatur entwickeln, wie sie der Fendant im Wein-Cooler hat.

Je mehr Informationen Sie beim Small Talk dem Gegenüber zur Verfügung stellen, desto leichter eröffnen sich neue Themenfelder; Sie dürfen ruhig auch etwas von sich selbst preisgeben. Indem Sie nach Gemeinsamkeiten suchen, werden Sie sehr schnell die seichten Gewässer des eigentlichen Small Talks verlassen und interessante Gespräche führen können. Es geht dabei nicht um viel Reden-Müssen, sondern darum, die andere Person in «Zugzwang» zu bringen und vor allem sie zu Wort kommen zu lassen. ■

Als Notlösung: ein Gang zum Buffet oder auf die Toilette oder der Hinweis auf eine andere Person, mit der man noch sprechen möchte (vorher ankündigen und den Abgang begründen). Eine Alternative dazu: Man stellt den Gesprächspartner einer Drittperson vor. Doch Sie merken schon: Ein eleganter Abgang ist schwieriger zu gestalten als der Gesprächseinstieg. Wichtig ist, dass Sie selbstbewusst an die Sache herangehen. Und das erreicht man nur mit Übung.

Plaudern in der Tischrunde

Am Kegelabend, beim Essen anlässlich des Vereinsausflugs: Da gibt es keine starren Regeln bezüglich der Pflichten bei Tisch. Sie werden sich so verhalten, wie es Ihnen wohl ist, und mit den Personen plaudern, die Sie interessieren. Bei formellen Anlässen mit Tischordnung bilden sich jedoch automatisch Paare: Als Tischherr sind Sie verantwortlich für die Frau, die rechts neben Ihnen sitzt (siehe auch Seite 99) – für die Dauer des Essens sorgen Sie deshalb für einen anregenden Gesprächsfluss! Dabei sollten Sie Ihrer Tischdame auf keinen Fall unterschwellig zu verstehen geben, dass Sie viel lieber mit der Person links von Ihnen sprechen würden. Besinnen Sie sich auf Ihre Manieren und zeigen Sie sich von einer zuvorkommenden Seite. Selbst dann, wenn die Tischdame eher über Lieschen-Müller-Eigenschaften als über Glamour verfügen sollte. Ihre Höflichkeit wird bestimmt mit einer nächsten Einladung verdankt, bei der Sie mehr Glück in der Tischordnung zugesprochen erhalten! Dass Michelle Hunziker keinen Thomas Gottschalk als Tischherrn hatte, soll jedoch auch schon vorgekommen sein.

Zumindest zu Beginn des Essens sollten Sie die Regel Tischherr/Tischdame bei gehobenen Anlässen befolgen, dafür plädiert der Schweizer Knigge hier sehr stark. Im Verlauf des Abends werden die Dinge sich dann schon lockern und Sie dürfen und sollen auch mit anderen Gästen sprechen. Das erklärt sich von selbst.

BUSINESS CLASS
TALKING HEADS

Informelle Gespräche im Geschäftsumfeld haben grundsätzlich keinen anderen Charakter als im Privatleben. Sie dienen dazu, sich näher kennenzulernen, und sollen gegenseitige Sympathien wecken. Das Wohlbefinden des Kunden steht im Vordergrund. Deshalb führen Hotels der gehobenen Klasse Karteien, in denen sie die Vorlieben der Kunden punkto Zeitungen, Kissen, Wein, Essen etc. aufführen. Etwas Ähnliches lässt sich auch für Geschäftskunden machen: die Vornamen der Kinder,

ihre Schulen oder Berufe, Hobbys (Golf-Handicap), gemeinsame
Bekannte – so bieten sich gleich zu Beginn zuvorkommende Gesprächs-
einstiege an. Andere Themen für die Konversation mit Kunden:

- *die Anfahrt – «Haben Sie diesen Ort ohne Probleme gefunden?»*
- *die letzten Ferien, die nächsten Ferien*
- *die letzte Zusammenkunft*
- *sowie die auf Seite 155 erwähnten*

ROYAL CLASS
DIE QUEEN

Die Königin von England ist die Weltmeisterin des Small Talks. Aus
verständlichen Gründen. Denn über das, was alle Welt mit ihr reden
möchte: «Wie lebt es sich denn so mit der Neuen im Schloss?», will sie
partout nicht sprechen. Sie hat sich daher eine Einstiegsfrage zurecht-
gelegt, die sie immer dann vorbringt, wenn sie mit jemand Unbekanntem
Konversation macht: «Sind Sie von weither gereist, um mich zu besuchen?»
Ein bestechender Satz – höflich, weil interessiert klingend, passend,
weil der Ball weitergereicht wird, absolut belanglos, weil die Antwort
in jedem Fall irrelevant ist. Die Queen wird somit nicht in ein anstren-
gendes Gespräch verwickelt und kann zum nächsten Gast übergehen.
Gleichwohl fühlt man sich wichtig genommen.

Als Gast bei Tisch

Nachdem Sie Kapitel 4 gelesen haben, kann man Ihnen bezüglich Tischmanieren selbstverständlich nichts mehr vormachen. Das ist schön so. Und die Gepflogenheiten des Tischherrn gegenüber seiner Tischdame haben Sie jetzt auch verinnerlicht.

Bei einer Einladung ist zusätzlich zu beachten, dass es der Tradition zufolge der Gastgeberin obliegt, das Essen zu eröffnen (und dann auch zu beenden). Sie tut das, indem sie als Erste die Serviette auseinanderfaltet, sie auf dem Schoss deponiert und das Besteck ergreift. Der Gastgeber wiederum erhebt als Erster das Weinglas und spricht eventuell einen Toast aus, sagt «Prost» oder «Zum Wohl». Schon vorher zu trinken, ist nur möglich, wenn ein bereits gefülltes Wasserglas vorhanden ist – zu diesem dürfen Sie jederzeit greifen.

THEMEN FÜRS TISCHGESPRÄCH?

Die Essgabel: Das Messer ist seit 1,5 Millionen Jahren in Gebrauch, der Löffel auch schon seit der Steinzeit, aber die Gabel erst seit Kürzerem: Sie kam im 11. Jahrhundert in Italien in Gebrauch. Damals war sie noch zweizackig und sie wurde von der Kirche verdammt. Nicht nur wegen der Ähnlichkeit mit Teufelshörnern; die Kirche war der Meinung, dass nur Gottes Gliedmassen, sprich die Finger, berechtigt seien, Gottes Gaben, das Essen, zu halten. Noch Martin Luther verurteilte dieses Esswerkzeug, was seinen Siegeszug jedoch nicht aufhalten konnte. Das Gedeck, wie wir es heute kennen, kam allerdings erst Mitte des 19. Jahrhunderts auf.

Der 1. April: Im Frankreich des frühen 16. Jahrhunderts feierte man den Jahresanfang am 1. April mit dem Beginn des Frühlings. Erst König Charles IX. (1550–1574) verlegte den Jahreswechsel wieder auf den 1. Januar. Mit Aprilscherzen machte man sich über jene Leute lustig, die mit der Umstellung ihre Mühe hatten und sich erwischen liessen.

Einen Toast aussprechen: In Griechenland setzte sich etwa 600 v. Chr. der Brauch durch, dass der Gastgeber das Glas erhob und den anderen zuprostete – und mit dieser Geste gleichzeitig bekundete, dass der Wein nicht vergiftet war. ■

Bei Buffets fordert der Gastgeber zur Selbstbedienung auf und schreitet selber als Letzter dorthin. Sitzen mehr als sechs Personen am gleichen Tisch, muss man jeweils nicht auf alle warten, bis mit dem Essen begonnen werden kann. Angezeigt ist jedoch, dass der Tischherr auf seine Tischdame wartet. Man geht auch besser öfters hin, als die Teller zu überfüllen. Und auch das grösste Schleckmaul fängt nicht mit dem Dessert an: Halten Sie die Reihenfolge ein – Vorspeise, Hauptgang, Nachspeise.

Noch etwas Letztes: Ist eine Tischordnung vorhanden, müssen Sie sich daran halten – erst nach dem Dessert ist es legitim, sich zu jemand anderem zu setzen. Darüber hinaus gibt es eigentlich keine besonderen Regeln zu beachten: Geniessen Sie den Abend – à votre santé!

Ups! – Missgeschicke gekonnt umschiffen

Natürlich läuft nicht immer alles nach Drehbuch, ein Malheur ist schnell geschehen und dann stellt sich die Frage, wie man am elegantesten aus der Situation herausfindet. Am ehesten wohl so: ruhig Blut bewahren und handeln. Ist schliesslich jedem schon mal passiert.

- Eine Gräte, einen Obstkern im Mund? Lassen Sie das Stück aus dem Mund auf die Gabel (oder den Löffel) gleiten und setzen Sie es mit dem Besteckteil auf dem Teller ab. Jedoch nicht am Tellerrand, denn der sollte immer unbekleckert bleiben.
- Ist kein Besteck vorhanden, weil der Fremdkörper per Hand in den Mund kam, beispielsweise ein Olivenstein beim Apéro? Eine Papierserviette nimmt das Teil auf und wird danach entsorgt.
- Ein Essensrest zwischen den Zähnen? Auf der Toilette wird das Ärgernis mittels eines Zahnstochers herausgefischt.
- Verschluckt, Husten- oder Niesanfall? Verlassen Sie den Raum.
- Den Namen der Tischnachbarn vergessen? Werfen Sie einen kurzen Blick auf das Tischkärtchen, während Sie das WC aufsuchen. Sonst: überspielen oder höflich nachfragen.
- Die eigene Krawatte bespritzt? Ariel Pocket, ein Fleckenstift im Taschenformat, beseitigt das Missgeschick (gehört in jede Büroschublade und Damenhandtasche!). Falls nicht vorhanden: Gang aufs WC und ausspülen (hoffentlich hats dort einen Handtrockner).

- Den Inhalt eines Glases auf das Kleid der Tischdame, den Anzug des Sitznachbarn gekippt? Entschuldigen Sie sich aufrichtig, jedoch nicht überschwänglich. Aber versuchen Sie nicht, beim Abtupfen zu helfen, sondern bieten Sie an, den Ersatz oder die Reinigung zu übernehmen. Für etwas haben Sie ja die Haftpflichtversicherung.
- Ein Fleck auf dem Tischtuch? Einen kleinen dürfen Sie ignorieren, grössere werden mit einer frischen Serviette abgedeckt. Ist Servicepersonal vorhanden, bitten Sie dieses, das für Sie zu tun.
- In jedem Fall: sich entschuldigen, jedoch keine an den Haaren hergezogenen Rechtfertigungen vorbringen, sondern allenfalls etwas Selbstironisches beifügen: «Das war wohl ein Kaffee zu viel!» Souverän bleiben.

Ach, gar nicht Ihnen, sondern jemand anderem in der Tischrunde ist das Malheur passiert? Helfen Sie dieser Person, indem Sie über die Angelegenheit grosszügig hinwegsehen oder allenfalls diskret Hilfe anbieten. Man wird Ihre Zurückhaltung in dieser Sache zu schätzen wissen.

 BUSINESS CLASS
O DU FRÖHLICHES WEIHNACHTSESSEN
Zwei Gläser Prosecco auf leeren Magen – und das Verhalten von Kolleginnen und Kollegen kann irritierend werden. Damit Sie dem Kater des nächsten Tages beruhigt in die Augen schauen können, hier schon einmal die paar einschlägigsten Regeln:

- *Einladung annehmen. Ein Fernbleiben würde als Desinteresse ausgelegt.*
- *Auch wenn der Alkohol in Strömen fliesst, beim Genuss Zurückhaltung ausüben. Gespräche sollten jederzeit mit Anstand und Charme zu bewältigen sein.*
- *Nicht zu tiefe Blicke, weder ins Glas noch in Dekolletés. Sonst wird es das Niveau des Abends auch – und vielleicht sogar das der nächsten Gehaltserhöhung.*
- *Tischmanieren bleiben erhalten, selbst wenn sich ringsum nur Kampfgeniesser verlustieren.*
- *Keine Anzüglichkeiten oder Bemerkungen über Arbeitskollegen, die das Kleiderausziehen beinhalten könnten.*
- *Auch zu später Stunde sollten zwei Drittel des Körpers bedeckt sein.*

- *Weihnachtsessen sind schlechte Gelegenheiten, Themen wie Beförderungen oder Budgetvorgaben zu erörtern.*
- *Man verschwindet weder als Erster noch als Letzter.*
- *Eigenes Fehlverhalten nicht einfach übergehen, sondern sich entschuldigen, falls es erforderlich ist.*

Von Abneigungen und Allergien

Sie mögen, aus welchen Gründen auch immer, das Aufgetischte nicht? Sie sind keinesfalls verpflichtet, aus Höflichkeit alles aufzuessen. Das mit dem Anstandsrest gilt zwar für andere Kulturkreise, doch es steht Ihnen frei, nur das in den Mund zu führen, was Ihnen behagt. Die Menge wird wohl davon abhängen, welche Signale Sie setzen wollen.

Bei einer Lebensmittelunverträglichkeit, wenn Sie Veganer oder Vegetarier sind, dürfen Sie das Essen (oder Teile davon) unberührt stehen lassen, wenn es Ihnen nicht bekommt. Zu kommentieren brauchen Sie Ihr Verhalten nicht; wird allerdings nachgefragt, ist eine Erklärung am Platz. Kurz, ohne Ausschweifungen oder wissenschaftliche Abhandlungen und auf eine Weise, dass die anderen Gäste in ihren Sinnesfreuden nicht gestört werden. Mit Vorteil informieren Sie die Gastgeberin im Vorfeld der Einladung über solche Indisponiertheiten (siehe auch Seite 183). Vielleicht kann sie auch am Tag selber noch etwas improvisieren, das wäre natürlich schön.

Reste übrig lassen, wenn man sich vorher am Buffet selbst bedient hat, das hingegen ist nicht schön. Es kann zwar passieren, dass man die Qualität und das eigene Hungergefühl etwas überschätzt. Dann sollte man den Trugschluss allerdings besser eigenhändig ganz auslöffeln, meint der Schweizer Knigge.

PLATZ DA? DIE HANDTASCHE

Eine kleine Handtasche darf über die Stuhllehne gehängt, auf einen freien Nachbarstuhl oder an den Stuhlrücken gestellt werden. Sogar auf dem Schoss kann sie unter Umständen Platz finden, sie gehört jedoch nicht auf den Tisch. Grössere Exemplare stellen Sie auf den Boden – aber so, dass sie nicht zum Stolperstein werden.

BUSINESS CLASS
STEHAPÉRO

Ein Weinglas, ein Teller, eine Serviette und dann noch eine Hand frei
haben für die Begrüssung? Hört sich kompliziert an. Mit etwas Übung
lassen sich auch solche Situationen in den Griff kriegen.

Steh- und Apéropartys erlauben das Bewirten von vielen Gästen, sind
günstiger und kurzweiliger auszurichten als herkömmliche Einladungen
und ermöglichen einen ungezwungenen Umgang der Gäste untereinan-
der. Man bewegt sich von Stehtischchen zu Stehtischchen, plaudert und
isst etwas zwischendurch. Grösstes Problem dabei: das Entsorgen von
Spiesschen, Schalen von Krustentieren und Ähnlichem. Wenn Sie einen
Teller zur Hand haben oder einer auf einem Tischchen steht, werden
die Überbleibsel dort deponiert, nicht aber in einem Aschenbecher.
Oder sie werden dem Personal ausgehändigt, notfalls auch in eine
Serviette gewickelt.

Eine Tischrede halten

Sie möchten der Gastgeberin zum Geburtstag gratulieren, den Gastgeber
mit ein paar wohlgesetzten Worten ehren? Bei einem grösseren Anlass
fragen Sie die Organisatoren schon im Vorfeld nach dem geeigneten Zeitpunkt. Dann kann die Küche die Verzögerung einplanen. Findet der
Anlass im Restaurant statt, informieren Sie die dortige Leitung, wann Sie
Ihre Rede halten wollen. Üblich ist die Pause zwischen Hauptgang und
Dessert.

Ist der Zeitpunkt dann gekommen, ist es übrigens nicht nötig, sich durch das Klirren von Gläsern Gehör zu verschaffen. Aufstehen, ein kurzes Warten und ein Blick in die Runde genügen. Sorgen Sie aber dafür, dass alle Gäste Sie sehen können.

Ihre Rede haben Sie natürlich vorbereitet – kurz, farbig und mit einigen hübschen Aperçus versehen (mehr dazu lesen Sie auf Seite 214). Dann stehen Sie besonders gut da.

Abschied und Dankeschön

The party is over: Die Geschmacksknospen sind bedient, der Bauch zufrieden und der Kopf etwas müde. Bei grossen Einladungen wird es kaum Gelegenheit geben, sich persönlich von den Gastgebern zu verabschieden, das würde diese zu sehr am Feiern hindern.

Bei kleineren Veranstaltungen dagegen trennen Sie sich von den Gastgebern mit dem üblichen Ritual: Beide Seiten bedanken sich, die eine fürs Kommen und für das Gastgeschenk, die andere für die Einladung, die Bewirtung und den schönen Rahmen. Vielleicht wird allseits die Gelegenheit des nächsten Wiedersehens erwähnt. Wenn Sie Ihr Gastgeber bis dorthin begleitet, wo er Sie begrüsst hat, zeugt das von Wertschätzung.

F-erabschieden

In England heisst es «french leave», in Spanien «despedirse a la francesca», bei uns «sich französisch verabschieden». In Frankreich dagegen, Sie haben richtig vermutet, «filer à l'anglaise». Dass ein Gast vorzeitig den Anlass verlässt, wird von den meisten Gastgebern nicht gern gesehen. Es ist ein Zeichen für mangelnde Höflichkeit. Wissen Sie im Voraus, dass Sie nicht bis zum Ende bleiben können, kündigen Sie das den Gastgebern und Tischnachbarn vorher an. Und gestalten dann den Abgang sehr diskret, damit nicht plötzlich eine allgemeine Aufbruchstimmung herrscht.

Am anderen Tag

Anderntags zeugt es natürlich von perfekten Manieren, sich noch einmal zu bedanken. Mit einem kurzen Telefonanruf (oder einer E-Mail) und ein paar netten Worten. Noch perfekter: eine Karte oder ein Briefchen, von Hand geschrieben und umgehend versandt. Denn Dankeschöns sind wie Geburtstagswünsche – geschrieben sind sie doppelt so viel wert.

do

- Auf eine Einladung so schnell wie möglich antworten
- Rechtzeitig erscheinen, will heissen: nicht vor der Zeit und höchstens 15 Minuten zu spät
- Dem Präsent ein Kärtchen beilegen
- Keine Angst vor Small Talk: It makes the world go round!
- Vorhandene Tischordnung einhalten und die Regel Tischherr/Tischdame beachten
- Rede beim Gastgeber vorher ankünden
- Seien Sie smart und souverän, indem Sie gute Manieren zeigen!
- Im formellen Umfeld: Als Mann aufstehen, wenn eine Tischnachbarin den Tisch verlässt oder zurückkehrt
- Den Gastgeber höflich auf Korken im Wein hinweisen. Zum Beispiel: «Habs zuerst auch nicht gemerkt.»
- Das Essen loben
- Nach dem Anlass eine Dankeskarte senden

no-go

- Mehrfachzusagen für das gleiche Partydatum
- Dresscode nicht einhalten
- Den Blumenstrauss in der Papierhülle überreichen
- Glatteis-Themen beim Small Talk, Besserwisserei und Monologe
- Radarblick
- Apéroglas zum Esstisch mitnehmen
- Klatsch und Tratsch über Anwesende
- Überreaktionen bei Missgeschicken
- Nachfrage nach Ketchup (nach Salz und Pfeffer ist okay)
- Eingeschaltetes Mobiltelefon (ausser bei Eltern, für Notanrufe der Kinder)
- Rauchen in Innenräumen
- Verschwinden, ohne sich bei den Gastgebern zu bedanken und zu verabschieden

7 Darf ich vorstellen? Perfekte Gastgeber

Rollenwechsel: Während Sie sich im vorherigen Kapitel einigermassen entspannt zurücklehnen und als geladener Gast der Dinge harren konnten, die da auf Sie zukamen, stehen Sie jetzt auf der Kommandobrücke – Sie laden ein. Was alles ins Haus steht, wenn die grosse Runde zusammenkommt, davon erfahren Sie bald mehr. Doch vorerst einmal heisst es Kurs auf die hohe See nehmen und das Steuerrad fest in den Händen halten.

Vor dem Anlass

Wie viele Personen möchten Sie einladen? Gut, Onkel Max und seine Frau sind gesetzt. «Freunde kann man sich aussuchen, die Familie nicht» hat für die beiden keine Gültigkeit, sie sind für jede Gesellschaft eine Bereicherung. Doch die Langweilerin von nebenan auch? Sie, die sich jeweils um die Katze kümmert?

Die Grösse der Räumlichkeiten, der Anlass, das Budget und die eigenen Vorstellungen setzen den Rahmen. Neben diesen Aspekten gilt es, auch zu berücksichtigen, dass die Runde nicht allzu einheitlich zusammengesetzt sein sollte: Onkel Max wird zur Katzenpatin platziert, das mischt das Ganze wenigstens etwas auf ... Denn: Je unterschiedlicher die Gäste, desto bunter der Anlass.

Die Einladung

Bevor Sie die eigentliche Einladung verschicken, ist es ratsam, Personen, deren Erscheinen Ihnen sehr am Herzen liegt, vorher telefonisch anzufragen – bezüglich des Termins und eventuell auch mit ein paar Erklärungen zu den Umständen und zum Ablauf. Gerade bei Hochzeiten (Eltern, Trauzeugen) und Taufen (Paten) sind sie neben Ihnen doch die eigentlichen Hauptakteure des Anlasses.

Ob auf Büttenpapier, per E-Mail oder telefonisch, eine Einladung wird immer folgende Elemente enthalten:

- Art des Anlasses – zum Beispiel, ob Hochzeit oder Cocktail
- Absender mit vollständiger Adresse
- Ort der Veranstaltung
- Datum – am besten gleich mit Wochentag
- Uhrzeit – die Formulierung «ab 19 Uhr» erlaubt eine bis zu 15-minütige Verspätung
- U.A.w.g. mit Datum

Darüber hinaus ist es empfehlenswert, den Gästen folgende Eckdaten zu kommunizieren:

■ Dresscode – wählen Sie die im Anhang erläuterten, eindeutigen!
■ Hinweise zur Anreise – Anfahrtsplan, ÖV-Verbindungen; die vollständige Adresse erleichtert dem Navigationsgerät die Suche.
■ Eventuell Vorstellungen betreffs Geschenken (vielleicht möchten Sie gar keine oder es wird ein gemeinsames organisiert)
■ Falls einzelne Gäste übernachten werden: Liste von Hotels in unterschiedlichen Kategorien und mit ausgehandeltem Preis

Bemerkung zur Hotelliste: Lassen Sie keine Zweifel aufkommen, wer bezahlt. Trauzeugen beispielsweise werden in der Regel eingeladen, andere Gäste übernachten meist auf eigene Rechnung oder fahren am Abend nach Hause zurück. Das lässt sich mit folgendem Text regeln: «Die Hotels gewähren einen Vorzugspreis – es genügt der Hinweis auf den Anlass. Bitte das Zimmer direkt reservieren.»

Gewinnend formuliert

In welche Form Sie die Inhalte verpacken und wie sich das Ganze am Schluss präsentiert, das bleibt Ihnen überlassen. Achten Sie aber darauf, dass Sie nicht in der Mehrzahl schreiben – «euch» –, sondern jeden und jede der Geladenen einzeln ansprechen: Dich möchten wir dabeihaben. Selbst wenn ein Paar angesprochen ist, die Einladung lesen werden sie wohl nicht beide gleichzeitig. Auch die Anredezeile auf dem Kuvert bestimmt, wer gemeint ist.

Wird die Einladung gedruckt, ist es jeweils schön, genügend Raum für eine Anrede per Handschrift leer zu lassen: «Liebe Bettina, lieber Fred». Auch etwas Platz am Schluss ist gut für einen netten handschriftlichen Gruss.

Die Vorbereitungen

Wird zu Ihnen nach Hause eingeladen oder auswärts gefeiert? Geht es um eine Hochzeit, ein Abendessen mit ein paar Freunden oder ein Geburtstagsfest? Weil alle Eventualitäten hier aufzuführen den Rahmen des Buches sprengen würde, sind in der Planungsliste auf Seite 176 zwei

Beispiele genannt, die eine schöne Auslegeordnung ermöglichen: die Hochzeitsfeier auswärts mit allem Drum und Dran und ein Abend mit Freunden in den eigenen vier Wänden.

Ziel der Planung: Beim Eintreffen der Gäste ist alles so weit vorbereitet, dass Sie als Gastgeber entspannt auftreten können. Nicht, dass Sie bereits abgehetzt wirken, wenn das Fest erst seinen Anfang nimmt.

Die Sitzordnung

Wer wo und bei wem sitzt, ist eine Frage, der Sie mehr als nur ein paar flüchtige Gedanken widmen sollten. Und Sie können sie auch nicht erst im letzten Moment angehen. Das Gelingen des Anlasses hängt nicht nur von der Menüwahl und den Lokalitäten ab, sondern zu einem grossen Teil auch von der geschickten Platzierung der Gäste. Die Regie führen Sie!

Bei einer grösseren Einladung will das ernsthaft erwogen sein: Spielen Sie verschiedene Varianten durch und stellen Sie dabei Paare zusammen, die es bis anhin nicht waren. Denn Partner und Partnerin werden zwar zusammen eingeladen, aber der besseren Kommunikation zuliebe meist nicht nebeneinandergesetzt, jedoch protokollarisch gleich behandelt. Was heisst das? Onkel Max am Ehrentisch, während seine Ehefrau an einen weit entfernten Tisch zu sitzen kommt – das geht nicht. Die beiden sitzen an ähnlich attraktiven Plätzen, vielleicht jedoch in unterschiedlicher Entfernung zu den Gastgebern. Sie sollen sich (von Weitem) sehen, jedoch nicht miteinander reden können. Und: Je näher beim Zentrum und bei den Gastgebern, desto prestigeträchtiger die Platzierung.

Immer wichtig: Kommunikativ starke Personen setzen Sie neben solche, die sich eher zurückhaltend zeigen – das macht die Runde lebendiger! Sind auch Kinder eingeladen, sitzen sie mit Vorteil an einem speziellen Tisch. Jugendliche hingegen werden als «Füller» zwischen erwachsene Gäste gesetzt – ein Platz am Kindertisch wäre ihnen nicht zuzumuten.

Tischordnung kommunizieren

Bei einer überschaubaren Anzahl Gäste genügt es, Tischkärtchen mit den Gästenamen oben am Couvert zu platzieren. Die Anreden «Frau» und «Herr» werden nicht verwendet, auch keine akademischen Titel, sondern nur der Vor- und der Nachname. Wenn sich die Gäste gegenübersitzen und die Tischgrösse es erlaubt, auch mit dem Visavis zu sprechen, ist es eine gute Idee, den Namen auf beiden Seiten des Kärtchens anzubringen. So ist allen der Name des Gegenübers jederzeit geläufig. Die Kärtchen werden von Hand beschriftet.

Sind es mehrere Tische, erleichtert es die Orientierung, wenn beim Eingang ein Plan hängt, auf dem die Gäste alphabetisch aufgeführt sind und eine Tischnummer zugeordnet haben. Noch besser: verschiedene Tischnamen, das ergibt keine absteigenden Nummern der Tische.

VIPs und Hochzeitsgäste

Bei Ehrengästen gilt es Folgendes zu beachten: Der beste Platz ist jeweils zur Rechten. Der wichtigste weibliche Gast sitzt also rechts vom Gastgeber, der wichtigste männliche rechts neben der Gastgeberin (sie übernimmt damit den Part des Tischherrn). An rechteckigen Tischen sitzen sich Kogastgeber jeweils möglichst gegenüber. Je nach Tischform gibt es bevorzugte Platzierungen für Gastgeber und Ehrengäste:

- **Rechteck** (mit oder ohne freie Mitte): an der Längsseite in der Mitte
- **T- oder U-Form:** am Kopf
- **E-Form:** in der Mitte der Längsseite
- **Runde Tische:** mit bester Sicht – Rücken zur Wand, nicht zur Tür

An der Hochzeitstafel gelten folgende Regeln (wenn alle am gleichen Tisch sitzen, egal welcher Form):

- Das Brautpaar sitzt in der Mitte der Ehrentafel.
- Links neben der Braut sitzt der Bräutigam.
- Rechts von ihr der Bräutigamvater, anschliessend die Bräutigammutter.
- Links neben dem Bräutigam sitzt die Brautmutter, anschliessend der Brautvater.
- Dann folgen die Grosseltern und die Trauzeugen mit Partnern sowie Gotte und Götti, wiederum mit ihrem Partner, ihrer Partnerin.

Sind mehrere Tische vorgesehen, kann dieselbe Reihenfolge eingehalten werden. Oder Sie ändern die Kriterien, indem zwar die Frischvermählten und ihre Eltern am gleichen Tisch sitzen, die übrigen Gäste aber nach Gutdünken und entsprechend ihrem «Geselligkeitsfaktor» platziert werden.

PERFEKT GEPLANT

Termin	Abendessen mit Freunden zu Hause	Grosse Hochzeitsfeier auswärts
Bis zu 6 Monate vorher	–	■ Termin mit beiden Familien und Trauzeugen festlegen ■ Sind die Trauzeugen auch die Organisatoren? ■ Finanzierungsfrage klären ■ Termin mit Standesamt vereinbaren (maximal 6 Monate vorher, mindestens 2 bis 6 Wochen vorher) ■ Provisorische Gästeliste erstellen ■ Festlokal (vorheriges Probeessen) und Kirche reservieren ■ Budget erstellen ■ Am Arbeitsplatz Ferien eingeben ■ Orchester und Musiker/DJ für Kirche und Festlokal reservieren ■ Hochzeitsreise buchen ■ Reisepapiere überprüfen ■ Rahmenprogramm planen ■ Garderobe auswählen und passendes Kleid suchen (evtl. lange Lieferfristen)
Bis zu 4 Monate vorher	–	■ Einladungen gestalten, drucken und verschicken ■ Trauringe aussuchen ■ Fotograf/Videoteam bestimmen ■ Hochzeitsfahrzeug auswählen und buchen ■ Geschenkliste vorbereiten und online stellen ■ Evtl. Reiseimpfungen machen lassen

Termin	Abendessen mit Freunden zu Hause	Grosse Hochzeitsfeier auswärts
		■ Tanzkurs besuchen (!)
		■ Zimmer für Hochzeitsnacht buchen
		■ Zimmer für Gäste buchen
		■ Mit Pfarrer/Siegrist Kontakt aufnehmen
		■ Papiere für Standesamt organisieren
		■ Apéro nach der standesamtlichen Trauung organisieren
Bis zu 3 Monate vorher	■ Eventuell Ankündigung: «save the date».	■ Hochzeitsmenü degustieren
		■ Accessoires aussuchen
		■ Anprobe Hochzeitskleid
		■ Polterabend organisieren
		■ Friseur/Kosmetikerin reservieren
		■ Kleider für Blumenkinder organisieren
Bis zu 1 Monat vorher	■ Zeitpunkt und Rahmen festlegen	■ Gästeliste laufend aktualisieren (Zu- und Absagen)
	■ Gästeliste zusammenstellen	■ Hochzeitstorte auswählen
	■ Einladungen verschicken bzw. telefonisch einladen	■ Blumenschmuck aussuchen für: – Brautstrauss Standesamt/Trauung – Brautjungfern/Trauzeugin – Hochzeitsfahrzeug/Kutsche – Kirche – Tisch- und Saaldekoration – Anstecker – Streukörbe der Blumenkinder
		■ Besprechung des Ablaufs mit Musikern und Fotografen
		■ Probefrisieren und -schminken
		■ Traugespräch mit Pfarrer

Termin	Abendessen mit Freunden zu Hause	Grosse Hochzeitsfeier auswärts
Bis zu 3 Wochen vorher	■ Evtl. Termin bei Friseur vereinbaren	■ Detaillierten Ablaufplan erstellen ■ Plan mit dem Restaurant, den Organisatoren und Trauzeugen besprechen ■ Sitzordnung erstellen ■ Schuhe einlaufen und Gehen mit Schleier und Schleppe üben ■ Letzte Anprobe der Kleider
2 Wochen vorher	■ Menüplan erstellen und evtl. Wein liefern lassen ■ Betreuung der Kinder organisieren	■ Coiffeurbesuch des Bräutigams ■ Hochzeitsunterlagen abholen und kontrollieren ■ Alle Dokumente bereitlegen ■ Kontrollanrufe bei allen Lieferanten (!)
1 Woche vorher	■ Einkaufsliste erstellen ■ Evtl. Fleisch-, Fisch-, Blumen-Bestellungen bei Lieferanten ■ Getränke und haltbare Speisen einkaufen	■ Namensschilder, Menükarten, Tischplan und Tischkärtchen herstellen
1 Tag vorher	■ Frischwaren einkaufen ■ Vorkochen, was möglich ist ■ Getränke kalt stellen ■ Kleiderfrage klären ■ Tischplan und Sitzordnung erstellen	■ Bargeld für Künstlergage organisieren ■ Handtasche packen (Taschentücher) ■ Notfallset packen (Taschentücher, Reservestrümpfe, Lippenstift, Puderdose, Kamm, Nagelfeile, Nähzeug, Aspirin, Ariel-Fleckenstift) ■ Ringe, Kleider, Accessoires, Geldkuverts etc. bereitlegen ■ Tasche für Hochzeitsnacht packen ■ Koffer für Hochzeitsreise packen

Termin	Abendessen mit Freunden zu Hause	Grosse Hochzeitsfeier auswärts
Am Tag selber	■ Staubsaugen, Wohnungsreinigung, evtl. Möbel umstellen ■ Sauberkeit des WCs überprüfen ■ Tisch decken und dekorieren ■ Weisswein kühl stellen, Rotwein temperieren ■ Vasen für Gästesträusse bereitstellen ■ Kochen ■ Teller warm stellen ■ Apéro vorbereiten ■ Umziehen ■ Gäste empfangen ■ DEN ABEND GENIESSEN!	■ Brautstrauss abholen ■ Termin beim Friseur, bei der Kosmetikerin ■ Notfallset der Trauzeugin übergeben ■ Ablauf den Organisatoren und Trauzeugen überlassen ■ DEN TAG GENIESSEN!
Nachher	■ Evtl. Dankesschreiben für grössere Geschenke oder solche, die man nicht in Anwesenheit des Schenkenden öffnen konnte ■ Evtl. Dankesschreiben an Lieferanten (Catering-Unternehmen etc.)	■ Foto für Dankeskarte auswählen und evtl. in Druck geben ■ Dankeskarten schreiben und verschicken ■ Dankesschreiben an Lieferanten ■ Rechnungen bezahlen ■ Garderobe reinigen lassen ■ Zivilstandsänderung an Ämter, Banken, Versicherungen, Vermieter etc. kommunizieren

Gäste zu Hause empfangen

Alles ist angerichtet – die Kulissen stehen, die Darsteller sind ausgewählt und die Requisiten drapiert. Jetzt warten Sie auf das erste Klingelzeichen an der Tür. Und haben – hoffentlich – nicht die Absicht, die Gäste ihre Schuhe auszuziehen zu lassen. Ein beim Anziehen übersehenes Loch in der Socke könnte sonst eine Prominenz erhalten, die so nicht gewünscht war. Ebenso unangenehm wird es, wenn Sie die Besucher in Hausschuhe bitten, auch das könnte zu ästhetisch unbefriedigenden Situationen führen.

Also seien Sie nicht kleinlich und lassen Sie den Gästen ihr Schuhwerk. Schliesslich haben diese eventuell einige Mühe darauf verwendet, sich passend anzuziehen, inklusive Fussbekleidung. Bei ganz schlechtem Wetter nehmen die Besucher hoffentlich selber ein Paar Strassenschuhe mit.

In dieser Frage also von vornherein vorbereitet und vielleicht mit ein paar gefüllten Blumenvasen in der Küche, nehmen Sie Ihre Gäste in Empfang. Bei kleineren Einladungen öffnen Sie die Geschenke am besten sofort und kommentieren sie mit ein paar passenden Worten. Weinflaschen beschriften Sie eventuell mit dem Namen des Schenkenden, damit Sie sie bei späterer Gelegenheit würdigen können. Ist die Runde grösser und wäre es zu zeitaufwendig, alle Geschenke zu öffnen, steht für sie ein Platz bereit. Wird ein Geschenk ohne Kärtchen überreicht, schreiben Sie ebenfalls umgehend den Namen dazu, sodass Sie Ihre späteren Dankesworte an die richtige Adresse richten können.

Schön, seid ihr da!

Ihre Gäste begrüssen Sie in dieser Reihenfolge: Der Ihnen bekannten Person reichen Sie zuerst die Hand, erst danach der Begleitung, die Sie nicht kennen. Weiter gilt: Alter vor Jugend, die Frau vor dem Mann. Und: Schlagen Sie keinesfalls eine Hand aus, die Ihnen gereicht wird, auch wenn die korrekte Reihenfolge durchbrochen wird.

Gäste, die sich nicht kennen, machen Sie einander mit Vor- und Nachnamen bekannt: «Monika, ich möchte dir Robert Tobler vorstellen. Wir sind im selben Segelklub und bestreiten miteinander viele Regatten. Robert, Monika Meier, eine Arbeitskollegin von mir. Wir verstehen uns so gut, dass wir öfters auch in der Freizeit etwas unternehmen, ab und zu ins Kino gehen zum Beispiel.» Erwähnen Sie möglichst viele Bezugspunkte, die die beiden eventuell gemeinsam haben, oder Verbindungen zu Ihnen selbst. Damit regen Sie das Gespräch zwischen den beiden an, auch später, wenn Sie sich anderen Gästen zugewandt haben.

Ist die Gästezahl eine grössere, wird es Ihnen nicht möglich sein, alle miteinander bekannt zu machen. Doch es wird Ihr Anliegen sein, immer dort zu vermitteln, wo der Gesprächsfluss noch nicht richtig in Gang gekommen ist. Üblich ist, dass sich im privaten Rahmen alle Gäste mit Du und dem Vornamen ansprechen.

Kurzer Rede langer Sinn
Auch eine Begrüssungsrede, bei der Sie verschiedene Gästegruppen oder sogar einzelne Gäste persönlich vorstellen, ist eine Quelle für Gesprächsstoff. Sie wird ungefähr folgenden Inhalt haben:

- einige Begrüssungsworte
- einen Dank fürs Kommen
- die Vorstellung einzelner wichtiger Gäste oder Gästegruppen
- eine Anekdote, ein Motto, einen Gedanken zum Anlass
- einen Überblick über die Programmpunkte

Wichtig dabei: Blickkontakt zu den Gästen, keine Floskeln, kein Übergehen von Gästegruppen, keine langatmigen Erläuterungen. Machen Sies kurz und prägnant (wie Sie das tun, lesen Sie auf Seite 214). Mit dem Messer ans Glas klopfen, um die Aufmerksamkeit zu erhalten, ist nicht nötig. Stehen Sie auf, platzieren Sie sich hinter Ihrem Stuhl und beginnen Sie mit einem Blick in die Runde. Es wird bald Stille herrschen. Zum Schluss erheben Sie eventuell Ihr Glas und eröffnen den Anlass damit offiziell.

Es ist angerichtet – das Essen

Die klassische Menüfolge ist: kalte Vorspeise, Suppe, warme Vorspeise, Hauptspeise, Käse, Dessert. Decken Sie zu Beginn höchstens für vier Gänge inklusive Dessert auf (siehe Seite 88). Natürlich können Sie die Speisefolge auch reduzieren.

Was im Restaurant gilt, ist auch bei Ihnen zu Hause korrekt. Bedienen Sie Ihre Gäste nach folgenden Regeln:

- Getränke werden von rechts nachgeschenkt.
- Teller werden von rechts gereicht und auch von rechts wieder entfernt. Sie werden so platziert, dass der Fisch oder das Fleisch sich am nächsten beim Gast befindet und die Beilagen oben angeordnet sind.
- Speiseplatten sind von links zu reichen. Der Gast bedient sich selber (französischer Service) oder ihm wird geschöpft (Plattenservice).
- Haben Sie Linkshänder als Gäste, fragen Sie, welche Seite der Selbstbedienung ihnen lieber ist.
- Brot, Beilagenteller, Salatbeilage kommen ebenfalls von links und sind links platziert.
- Bei mehr als sechs Personen gibt es keine protokollarische Reihenfolge, sondern es wird im Uhrzeigersinn serviert. Allenfalls sind Ehrengäste zuerst zu bedienen.
- Achten Sie darauf, dass alle Gläser stets gefüllt sind.
- Traditionell eröffnet die Gastgeberin das Essen
- Der Gastgeber seinerseits erhebt zuerst das Glas.
- Lehnen Sie jede Mithilfe der Gäste ab. Nur in sehr kleinem Rahmen und unter Freunden sollten Sie auf ein solches Angebot eingehen. Sonst nicht.

Service soigné

Von amerikanisch bis Buffet – die klassischen Serviermethoden können auch bei Ihnen zu Hause zum Zug kommen. Die wichtigsten finden Sie im Kasten auf der nächsten Seite beschrieben. Unter Umständen lohnt es sich allerdings, geschultes Personal dafür einzustellen.

Neben den klassischen Methoden gibt es auch eine familiärere, den sogenannten deutschen Service. Dabei werden in der Küche die Speisen auf Platten und in Schüsseln angerichtet und auf den Tisch gestellt. Dem Gast wird von rechts ein leerer Teller eingesetzt und er bedient sich anschliessend selbst. Oder er hält den Teller hin und die Gastgeberin schöpft für ihn. So, wie das am Familientisch wohl gang und gäbe ist.

Vegetarismus, Veganismus und Unverträglichkeiten

Vegetarier lehnen den Verzehr von Fleisch und Fisch bewusst ab. Sie möchten keine Nahrung essen, für die ein Tier getötet wurde. Veganer vermeiden neben Fleisch und Fisch auch Milchprodukte, Eier, Honig, Leder, Wolle sowie Kosmetika und Medikamente mit tierischen Anteilen. Ferner bestehen sie darauf, dass ein Produkt ohne Tierversuche hergestellt wurde.

Menschen mit einer Nahrungsmittelunverträglichkeit dürfen gewisse Essensbestandteile nicht zu sich nehmen. Wer zum Beispiel an Laktoseintoleranz leidet, kann den mit der Nahrung aufgenommenen Milchzucker aufgrund der verminderten Produktion eines Enzyms nicht verdauen. Blähungen oder Durchfall sind die Folgen. Laktose ist in Milchprodukten (Quark, Käse, Joghurt, Butter, Rahm) zu finden, aber auch in Broten, Würzmischungen, Wurstwaren, mariniertem Fleisch, Fertigteigen, Bonbons, Speiseeis sowie Schokolade – eine einschneidende Einschränkung des Menüplans also.

Bittet Sie ein Gast bei der Anmeldung zum Anlass darum, auf seine Essgewohnheiten Rücksicht zu nehmen, sollten Sie ihn als Gastgeber entsprechend bedienen. Fragen Sie nach, was seine spezifischen Bedürfnisse sind und was Sie ihm auftischen können. Erfahren Sie von Spezialwünschen erst am Tag des Anlasses, wird es schwierig, diesen nachzukommen. Improvisationskunst ist gefragt: Vielleicht lassen sich Beilagen «ausbauen» oder Sie können sie mit einer Zutat aus dem Kühlschrank ergänzen. Wichtig ist, dass der Gast das Gefühl hat, er werde umsorgt. Niemand kann aber erwarten, dass Sie aus dem Nichts eine Alternativ-Menüfolge aus dem Kochtopf zaubern.

KLASSISCHE SERVIERMETHODEN

Charakteristik	Vorteile	Nachteile
AMERIKANISCHER SERVICE Tellerservice von rechts	■ Geringer Serviceaufwand ■ Zeitersparnis	■ Definierte Portionengrösse
FRANZÖSISCHER SERVICE Heisse Teller, von rechts platziert. Die Gäste bedienen sich von der von links hingehaltenen Platte. Das Vorlegebesteck ist gegen den Gast gerichtet.	■ Portionengrösse nicht vorgegeben	■ Zeitintensiv ■ Hoher Serviceaufwand ■ Nicht geeignet für ungeübte Gäste (Hemmungen, Fehler zu machen)
PLATTENSERVICE Heisse Teller, von rechts platziert. Die Platte wird von links hingehalten; das Servicepersonal schöpft.	■ Portionengrösse nicht vorgegeben	■ Zeitintensiv ■ Hoher Serviceaufwand ■ Erfordert geschultes Servicepersonal
GUÉRIDON-SERVICE Die Platten werden auf Rechauds gestellt. Danach werden die Speisen auf den Tellern angerichtet und einzeln von rechts serviert.	■ Spektakulär ■ Präsentation von grossen Stücken möglich, danach Portionenservice	■ Zeitintensiv ■ Hoher Serviceaufwand ■ Erfordert geschultes Servicepersonal ■ Für den Nachservice frische Teller nötig
BUFFET Die Gäste bedienen sich selber. Sie müssen nicht warten, bis alle am Tisch sich bedient haben, nur auf die Tischnachbarn.	■ Geringer Serviceaufwand ■ Zeitersparnis ■ Jeder isst, was er will ■ Fördert die Kommunikation unter den Gästen ■ Fröhlich und unkompliziert	■ Es herrscht eine gewisse Betriebsamkeit. ■ Es muss für alle und für jeden Hunger reichen (grössere Mengen nötig). ■ Nach dem ersten Ansturm oft eher unästhetisch ■ Grosser Bedarf an Tellern und Besteck

… und auf Wiedersehen

Das Verabschieden der Gäste gestaltet sich fast gleich wie das Begrüssen: Sie begleiten sie zur Tür, sagen ein paar Worte des Danks fürs Präsent und fürs Kommen, wünschen eine gute Heimreise. Voilà.

Ach, die wollen noch gar nicht gehen – und Sie fallen vor Müdigkeit fast unter den Tisch? Vielleicht hilft ein Hinweis aufs frühe Aufstehen am nächsten Morgen, ein Angebot, ein Taxi zu bestellen, ein ostentatives Wegräumen der Gläser … Oder Sie sagen, was Sache ist.

Wenn alle gegangen sind, folgt eventuell noch eine kleine Manöverkritik und ein Austauschen von Anekdoten bei einem letzten Glas Wein oder beim Aufräumen. Uff, es ist geschafft, das Schiff wohlbehalten in den Hafen gesteuert, die Gäste von Bord.

Wo es keine Fräuleins mehr gibt – im Restaurant

Präsentieren sich die Dinge anders, wenn Sie als Gastgeber Ihre Gäste in ein Restaurant einladen? Natürlich nicht wesentlich, nur das Inventar ändert sich. Und der Arbeits- und Kostenaufwand. Bei der Auswahl des Lokals werden Sie bestimmt darauf achten, dass die Rahmenbedingungen passen: der Anfahrtsweg, das Preisniveau, die Innenraumgestaltung, die Art der Gerichte. Und Sie werden dafür besorgt sein, dass eine gewisse Privatsphäre gegeben ist – in einem abgetrennten Teil der Gaststätte oder in einem separaten Raum.

Souveräner Auftritt

Ob Einladende für mehrere Gäste oder Gentleman, der zum Tête-à-Tête bittet – weder an der Schwelle des Restaurants noch später sind Stolpersteine vorhanden: Denn der Mann öffnet die Tür und lässt die Frau eintreten; dasselbe tut die Gastgeberin für ihre Gäste. Danach wird aus den Mänteln geholfen und der Gastgeber, die Gastgeberin nimmt Kontakt mit dem Servicepersonal auf; die Eingeladenen warten derweil. Das Personal führt dann alle zum Tisch, Frauen gehen voraus.

Zur Tischordnung werden Sie sich schon Gedanken gemacht haben – die attraktivsten Plätze bleiben den Geladenen vorbehalten. Als Gastgeber, Gastgeberin setzen Sie sich zuletzt hin, nachdem Sie dem Gast rechts neben Ihnen geholfen haben, den Stuhl nachzurücken.

Nach dem Überreichen der Menükarte herrscht eventuell beredtes Schweigen. Nicht nur, weil alle am Lesen sind, sondern weil sie sich auch fragen, ob es der flambierte Hummer sein darf oder doch eher die Forelle blau aus einer anderen (Preis-)Region. Der aufgeklärte Gastgeber weiss um diesen Konflikt und löst ihn ganz einfach, indem er sagt: «Die Meeresfische hier sind sehr zu empfehlen.» Oder erwähnt, dass die Anwesenden seine Gäste sind und bitte das auswählen sollen, was ihnen zusagt. Dann wissen die Geladenen, dass sie freie Wahl haben, und werden sich doch hüten, das Teuerste zu bestellen. Ist einmal zu hoffen.

Beim Aufnehmen der Bestellung ist der Gastgeber, die Gastgeberin zuletzt an der Reihe. Dann gibt er oder sie auch die Weinwahl bekannt: Wer bezahlt, bestimmt. Befindet sich allerdings ein ausgewiesener Weinkenner unter den Gästen, ist es natürlich schön, ihm die Wahl zu überlassen. Oder Sie diskutieren das Thema oder lassen sich vom Weinkellner beraten. Dieser allerdings wäre froh um einen Fingerzeig bezüglich des Preises – den geben Sie ihm, indem Sie auf einen bestimmten Wein hinweisen und fragen, ob der Kellner noch eine andere Empfehlung kenne. Das löst sein Dilemma und er wird etwas vorschlagen, was mit dem Essen und Ihrer Preisvorstellung harmoniert.

Beim Auftragen der Speisen ist zu hoffen, dass alles gleichzeitig serviert wird. Ist dies nicht der Fall, bittet die Gastgeberin die anderen, mit dem Essen zu beginnen. Hat sie als Erste ihr Essen erhalten, lässt sie es kalt werden, ohne mit der Wimper zu zucken.

Herr Ober?

Ein delikates Thema: die Ansprache des Servicepersonals. Das «Fräulein, bitte!» ist mittlerweile vom Tisch. Auch: «Bedienung, bitte!», «Service!» oder ähnlicher Kasernenhof-Jargon gelten heute als sozial auffällig. Dagegen hat den Test der Zeit bestanden: ein diskretes Handzeichen oder die Suche nach Blickkontakt. Hat die Serviceperson ein Namensschild, dürfen Sie sie selbstverständlich mit Namen ansprechen: «Frau Weiss, bitte?» – «Herr Schwarz.» Alles andere bleibt ausser Betracht und wäre eines aufgeklärten Zeitgenossen unwürdig. Sehen Sie das auch so?

Richtig reklamieren

Das Haar in der berühmten Suppe – das kommt eben immer wieder vor. Wichtig ist dann, angemessen zu reagieren. Man vermeide also die Bemerkung: «Servieren Sie Fische immer roh?», und verpacke die Reklamation in eine Ich-Botschaft: «Entschuldigen Sie bitte, der Fisch ist für mich etwas zu wenig durchgebraten. Könnten Sie ihn nochmals in die Küche bringen?» Das klingt doch schon um einiges freundlicher. Angebracht ist auch, sofort zu reagieren, wenn sich die Sache noch korrigieren lässt, und nicht zu warten, bis die Rechnung kommt. Dann ist die Sache bereits in jeder Beziehung gegessen.

Korkengeschmack des Weins dürfen Sie beim Verkosten beanstanden. Wenn Sie nicht sicher sind, fragen Sie das Personal um eine Zweitmeinung. Passt Ihnen der Wein hingegen aus geschmacklichen Gründen nicht, müssen Sie das Bestellte schlucken. Den Wirt trifft jedenfalls keine Schuld – er wird jedoch vielleicht die Adjektive in der Weinkarte, die den Wein näher beschreiben, anpassen wollen. In einem solchen Fall kann ein Hinweis durchaus opportun sein. Ebenso, wenn sich herausstellt, dass die Empfehlung des Weinkellners nicht mit Ihrer Einschätzung harmoniert.

Allgemein: Reklamationen sind für alle Seiten ein Ärgernis und können in Gesellschaft, beim ersten Tête-à-Tête oder beim Geschäftsessen schnell einmal für schlechte Stimmung sorgen. Manchmal ist eine «Abstimmung mit den Füssen» der bessere Weg, besonders dann, wenn das Personal nicht viel Konfliktkompetenz erahnen lässt. Will heissen: beim nächsten Mal eine andere Restaurantwahl treffen.

Die Rechnung, bitte!

Die Zeche mit nachgereichter Rechnung später zu bezahlen, ist natürlich die noble Variante, ausser Sichtweite der Gäste oder mit Kreditkarte, die zweitbeste. Ein Notenberg dagegen wirkt etwas vulgär.

Trinkgeld gibt es auch: grosszügiges Aufrunden, wenn es ein Zweiertisch war, 20 Franken mindestens bei einer grösseren Runde, bei mehr als einer Handvoll Gäste auch mehr.

«Und, hats geschmeckt?» Wie reagieren Sie auf diese Frage, besonders wenn Ihnen nicht alles gemundet hat? Ungünstig ist, sich in eine Diskussion verwickeln zu lassen und dadurch die Gäste in Verlegenheit zu bringen. Meist ist es deshalb besser, die Frage zu bejahen, selbst wenn das ein wenig zu schlucken gibt. Setzen Sie Prioritäten.

do

- Gästeliste und Sitzordnung frühzeitig erstellen
- Wein vor dem Eintreffen der Gäste probieren, alle Flaschen
- Die Gäste Ihr Zuhause in Strassenschuhen betreten lassen
- Personen miteinander bekannt machen und beim Vorstellen Zusatzinformationen geben
- Regie führen – Gäste nicht allein lassen
- Kurze, knackige Eröffnungsrede
- Das Essen (und Trinken) eröffnen
- Für Gesprächsfluss sorgen
- Im Restaurant den Lead übernehmen

no-go

- Gäste zum Tragen von Hausschuhen nötigen
- Den Partner alles allein machen lassen
- Rechtfertigungen für Malheurs in der Küche
- Mineralwasser in Plastikflaschen
- Laute Musik, die Gespräche beeinträchtigt
- Im Restaurant lautstark reklamieren

190

8 Auf der Goldwaage – Worte in Schrift und Bytes

Der Cursor blinkt unaufhörlich, doch das passende Wort steckt in den Gehirnwindungen fest. Wie sage ichs am treffendsten? Oder sollte ich doch besser gleich anrufen? Zweifellos hat es noch nie so viele verschiedene Kanäle gegeben, auf denen man kommunizieren kann, wie heute. Gerade in letzter Zeit sind viele neue hinzugekommen: Facebook, Onlinedating, um nur zwei zu nennen. Andere sind eher am Verschwinden: der Fax oder die Ansichtskarte beispielsweise. Worauf es ankommt, wenn Menschen sich austauschen, davon ist in diesem Kapitel die Rede. Ohne Floskeln, dafür in einem, zugegeben, ziemlich altmodischen Format: dem Buch.

Wie viele Wörter hat ein Mensch?

Im Duden stehen rund 135 000 Wörter, doch das sind selbstverständlich längst nicht alle, die existieren. Zumal die deutsche Sprache das Verbinden von zwei oder mehr Nomen zu einem einzigen kennt – das ist praktisch und erhöht die Zahl der Möglichkeiten um ein Vielfaches.

Dennoch: Wer gut Deutsch spricht, versteht um die 50 000 Wörter, im Alltag verwendet er davon lediglich zwischen 5000 und 10 000. Um einen Zeitungsbericht lesen und verstehen zu können, muss der Wortschatz mindestens 3000 Wörter umfassen. Und Rilke verwendete in seinen Gedichten gerade mal 5000 verschiedene. So viel zur Ausgangslage.

Von Pergament bis Touchscreen

Mit der Entwicklung der Schrift haben die Sumerer – ein Volk, das zwischen dem heutigen Bagdad und dem Persischen Golf lebte – etwa 4000 vor Christus etwas Phänomenales initiiert: den Austausch von Informationen, ohne dass Sender und Empfänger am selben Ort waren. Oder auf Boten zurückgreifen mussten. Lokale, mündliche Verständigung wurde durch das Element des fernschriftlichen Austausches erweitert – und heute stellt die Informatik sicher, dass unsere Nachrichten innert Sekundenbruchteilen jeden Ort dieser Welt erreichen, sofern es dort ein Gerät mit Netzanbindung gibt.

Angesichts der vielfältigen Möglichkeiten stellt sich die Frage: Welches ist jeweils der richtige Kanal? Beim Kondolenzschreiben per SMS werden bei den meisten wohl die Alarmglocken losgehen. Für den privaten Bereich – und dieser Blickwinkel interessiert hier vornehmlich – gilt seit Langem schon eine Regel, die vermutlich wenig von ihrer Aktualität verloren hat: nur Angenehmes schriftlich, Unangenehmes immer mündlich – Ausnahme: das Trauerschreiben.

Dieses Kapitel nimmt sich zuerst den vielfältigen Formen der schriftlichen Kommunikation an, um am Schluss zu jenen zu kommen, die von Angesicht zu Angesicht geschehen. In diesem Sinne: auf ins Getümmel in Neubabyloniens Wirrwarr des Informationsaustauschs. Im Hinterkopf immer die Tatsache präsent, dass manche Fragen sich wohl nie ändern, wohl aber die Antworten darauf.

Der (gute alte) Brief

Ein modernes Schreiben ist kurz und kommt schnell zur Sache: eine Einleitung, die Informationen, die Ergänzungen, der Schluss – fertig. Der Text ist mit genügend Absätzen versehen. Das erleichtert das Lesen und das Verständnis. Und lässt bei wenigen Informationen eine bessere Darstellung zu.

Vor allem aber ist der Brief Sie-bezogen. Das heisst, es geht nicht um die Anliegen des Schreibenden, sondern um diejenigen der Empfängerin. Im Zentrum steht der Nutzen, den diese aus dem Inhalt ziehen wird.

Die Struktur machts aus

Eine allgemeine Bemerkung zuerst: Früher war unter allen Umständen zu vermeiden, dass ein Brief mit «Ich» oder «Wir» begann. Das galt als anmassend und deshalb unhöflich. Eine gewisse Sympathie dieser Haltung gegenüber kann sich auch der Schweizer Knigge nicht verkneifen – es wirkt auch heute nicht besonders zuvorkommend. Und das Problem ist relativ einfach zu lösen, indem man den ersten Satz etwas umstellt.

Und noch etwas: In privaten Briefen können das Anredepronomen «du» und seine Beugeformen und Ableitungen gross- oder kleingeschrieben werden. Der Duden lässt beides zu.

Anrede

Doch der Reihe nach. Der Brief beginnt mit der Anrede. Falls Sie die Person kennen, drängt sich das «Liebe Frau Brunner» auf – in der Schweiz ohne Satzzeichen am Ende; der Brief geht dann mit einem Grossbuchstaben weiter. Im geschäftlichen Bereich heisst es «Sehr

ZUM BEISPIEL: BRIEF AN DIE SCHULE

Lieber Herr Graf

Die schulische Entwicklung unseres Sohnes Max macht uns Sorgen. Er reagiert in letzter Zeit
sehr abwehrend, wenn wir uns nach seinem Wohlbefinden in der Klasse erkundigen. Auch
seine Hausaufgaben, so scheint uns, erledigt er sehr nachlässig.
Können wir uns zu einem Gespräch treffen? Und darüber diskutieren, wie wir ihm helfen
könnten? Am besten würde uns jeweils ein Tag unter der Woche passen, nach 17 Uhr.

Vielen Dank für Ihre Kontaktaufnahme und freundliche Grüsse

geehrte Frau Dr. Brunner». Natürlich sind auch «Guten Tag, Frau Brunner» oder «Grüezi, Herr Pfister» möglich – was sich am besten eignet, sagt
Ihnen der gesunde Menschenverstand, sprich: das Verhältnis zwischen
Ihnen und dem Empfänger. Kennen Sie den Adressaten, die Adressatin
nicht mit Namen, versehen Sie den Brief mit «Sehr geehrte Dame, sehr
geehrter Herr» – vielfach auf zwei Linien und ohne Komma am Zeilenende
geschrieben.

Hat der Brief freundschaftlichen Charakter und wird er mit dem Computer verfasst, schreiben Sie die Anrede «Lieber Walter» dennoch von Hand,
ebenso den Schluss «Herzlich, dein Silvano». Das macht die ganze Sache
persönlicher.

Der Brieftext

Dann folgt ein Einleitungssatz. Meist nennt er den Grund des Schreibens,
den Anlass. Formulieren Sie den ersten Satz aus der Sicht des Empfängers;
so wird dieser für Ihr Anliegen sensibilisiert, und Sie stellen eine positive
Beziehung zu ihm her.

Im Mittelteil kommen Sie zum Kern Ihres Briefs. Beschreiben Sie Ihr
Anliegen so knapp, konkret und einnehmend wie möglich. Verwenden Sie
pro Gedanken einen Satz, der nicht mehr als 15 Wörter enthält. Meiden
Sie dabei Nomen, die auf -ung, -heit oder -keit enden – sie machen die
Sprache umständlich und schwerfällig. Anschauliche, bildhafte Verben
oder Adjektive dagegen personalisieren den Schreibstil und wirken frisch.

Und bitte: weder Floskeln noch Formelsätze benützen und die Rechtschreibung beachten.

Ausstieg aus dem Brief
Am Schluss folgt eine Ergänzung, in der Sie den Adressaten zum Handeln auffordern oder Vorschläge für das weitere Vorgehen machen. Oder sich bedanken oder eine Perspektive für die Zukunft aufzeigen.

Und schliesslich die Grussformel – «Freundliche Grüsse», Ihre Unterschrift und Vor- sowie Nachname getippt. Dies natürlich nur bei formellen Briefen. In einem privaten Schreiben darf es ruhig persönlicher sein: Lassen Sie Ihrem Herzen freien Lauf, Regeln gibt es da nicht.

Das PS – das Postskriptum (ohne Punkte geschrieben), aber mit Doppelpunkt danach – wird erwiesenermassen sehr stark beachtet. Das kann also eine Möglichkeit sein, die Kernbotschaft noch einmal an den Mann, die Frau zu bringen oder eine Begründung zu verstärken, indem Sie sie in leicht abgeänderter Form wiederholen.

Regeln für die Gestaltung am Computer
Weil heute Briefe fast überwiegend mit dem Computer geschrieben werden, hier noch die wichtigsten Regeln dazu:

- Schriftgrösse 11 oder 12
- Serifenlose Schrift – ohne «Füsschen» an den Buchstaben
- Keine <u>unterstrichenen</u> Textpassagen, keine g e s p e r r t en oder in GROSSBUCHSTABEN geschriebenen Wörter, einzig das **Fettdrucken** ist als Hervorhebung zulässig. Aber bitte sehr selten anwenden, es wirkt schnell unseriös und anmassend.
- Ausrichtung: linksbündiger Flattersatz, kein Blocksatz
- Unschön sind unnötige Nullen in der Datumsangabe, zum Beispiel: 05.02.2013.
- Die Grussformel am Schluss wirkt am vorteilhaftesten, wenn sie auf der gleichen vertikalen Achse steht wie die Empfängeradresse und die Datumszeile.
- Seitenränder: oben 2 bis 3 Zentimeter, unten 3, links ebenfalls 3 und rechts 1,5 bis 2 Zentimeter
- Zeilenabstand 1 (bei sehr kurzen Schreiben allenfalls 1,5)

Verpönte Floskeln

Floskeln sind Nullinformationen, stehlen Ihnen und dem Empfänger die Zeit und lassen den Verdacht aufkommen, dass Sie sich in Phrasendrescherei flüchten müssen, weil die Inhalte fehlen. Stattdessen: Klarheit und Verbindlichkeit suchen. Sagen Sie, was Sache ist – und dies so charmant und freundlich wie möglich. Verwenden Sie Verben statt Nomen, die Wirklichkeits- anstelle der Möglichkeitsform.

ZUM BEISPIEL: DANKESKARTE FÜR EINE EINLADUNG

Liebe Yvonne, lieber David

Vielen Dank für den überaus amüsanten und anregenden Abend. Wir haben sehr interessante Leute kennengelernt, wie immer bei euch, und das Essen, den Wein sehr genossen. Hoffentlich sehen wir uns bald wieder!

In herzlicher Verbundenheit, Corinna und Marc

DIESE FORMULIERUNGEN HABEN AUSGEDIENT

Früher	Heute
Bezugnehmend auf Ihr Schreiben vom …	Vielen Dank für Ihr Schreiben vom …
Dankend bestätigen wir den Erhalt Ihres geschätzten Schreibens vom …	Vielen Dank für Ihren Brief vom …
Beiliegend / Beigefügt / In der Anlage erhalten Sie …	Als Beilage erhalten Sie … / Die mitgeschickten Unterlagen informieren Sie über …
Zu Ihrer Kenntnisnahme	Zu Ihrer Information
Besten Dank für Ihr Telefonat.	Danke für Ihren Anruf.
Für Ihre Bemühungen danke ich Ihnen.	Für das Erledigen (die Zusammenarbeit, Ihr Entgegenkommen in dieser Sache etc.) danke ich Ihnen.
Wir hoffen, Ihnen mit diesen Angaben gedient zu haben.	Ersatzlos streichen
Zu meiner Entlastung sende ich Ihnen die Unterlagen zurück.	Sie erhalten die Unterlagen zurück.
Wir möchten uns erlauben, Ihnen unser Angebot …	Gefällt Ihnen unser Angebot? Dann freuen wir uns über Ihren Auftrag.
Ich stehe jederzeit gern für weitere Auskünfte zur Verfügung.	Bei Fragen erreichen Sie mich unter der Nummer …
Wir bitten um Rückantwort bis …	Bitte antworten Sie uns bis …
Ich sehe mich gezwungen, …	… muss ich …
Wir danken für Ihre Bemühungen.	Vielen Dank, dass Sie sich um dieses Anliegen kümmern.
Würde, sollte, müsste, könnte, möchte	Aktive Verben ohne Abschwächung mit Modalverben: tun, machen, überprüfen, erledigen …
Herrn Georg Frei (in der Adresszeile)	Herr Georg Frei (in der Adresszeile) – zumindest in der Schweiz
Z. Hd. Frau I. Gross	Frau Irene Gross
Hochachtungsvoll / Mit freundlichen Grüssen	Freundliche Grüsse – oder auch mal: Sonnige Grüsse

Das Kondolenzschreiben

Ein schwieriges Thema, das vielen Menschen Mühe bereitet. Man versucht, Nähe herzustellen, und verliert sich dabei aus Unsicherheit leicht in Phrasen, die wiederum distanziert klingen. Angebracht ist es, nur wenige Adjektive zu verwenden und auf Steigerungsformen – «zutiefst betroffen», «mit grösstem Schmerz» – und pathetische Wörter zu verzichten. Vielmehr: nahe bei der Wahrheit, den eigenen Gefühlen bleiben. Weniger ist in diesem Fall mehr, die Worte sollten schlicht sein. Ihr Schreiben hat dann möglicherweise folgende Struktur:

■ Einleitung: «Der Tod Deines Mannes hat uns traurig gemacht.» – «Gestern habe ich erfahren, dass Ihr Vater gestorben ist.»

■ Aussprechen des Beileids: «Ich nehme von Herzen Anteil an Ihrem Verlust und Ihrer Trauer.» – «Wir fühlen mit Ihnen.» – «Auch im Namen meiner Frau spreche ich Ihnen unser Beileid aus.» – «Ich teile Deine Trauer.» – «Unsere Gedanken sind bei Dir und Deiner Tochter Seraina.»

■ Würdigung des Verstorbenen: «Er war immer da, wenn jemand Hilfe brauchte.» – «Sie war stets eine gute Kollegin, und alle mochten ihre warmherzige Art.»

■ Hinweis auf sein Fehlen: «Wir vermissen ihn.» – «Sie wird uns fehlen.» – «Wir haben einen guten Freund verloren.»

■ Eventuell Anbieten von Hilfe oder ein guter Wunsch: «Wir sind immer für Dich da in dieser schwierigen Zeit.» – «Ich möchte Dir meine Hilfe anbieten. Bitte melde Dich, wenn ich etwas für Dich tun kann.» – «Wir wünschen Ihnen die Kraft, in die Zukunft zu schauen.»

■ Grussformel: «Mit stillem Gruss» – «Mit herzlicher Anteilnahme»

Je näher Sie den Verstorbenen gekannt haben, desto einfacher ist die Aufgabe, weil Sie Persönliches in den Text einfliessen lassen können, indem Sie eine Art Rückschau halten. Schwierig ist es, wenn Ihnen die Person unbekannt war. Da gilt besonders: Vermeiden Sie Übertreibung, wählen Sie ungekünstelte Worte, das wirkt angemessener.

Formale Merkmale eines Kondolenzschreibens

Der Brief ist von Hand geschrieben. Auf normales, weisses Papier, das schwerer ist als 80 g/m². Verwenden Sie kein schwarz umrandetes Papier,

das bleibt der Trauerfamilie vorbehalten. Für kürzere Schreiben gibt es auch
Karten im Fachhandel. Orientieren Sie sich punkto Aufmachung und
grafischer Elemente an dem, was Sie als Todesanzeige erhalten haben.

Verschicken Sie das Kondolenzschreiben in einem weissen, neutralen
Kuvert und mit einer A-Post-Briefmarke versehen (keine Frankiermaschine).

Mündliches Kondolieren

Nach der Abdankung vor der Kirche oder bei der ersten Begegnung nach
einem Todesfall passende Worte zu finden, ist diffizil. «Mein Beileid» mag
zwar korrekt erscheinen, kommt aber einer Floskel schon sehr nahe. Stattdessen sprechen Sie vielleicht eher die Wahrheit aus: «Mir fehlen die
Worte, um Sie zu trösten.» Oder: «Es tut mir sehr leid für dich. Gibt es
irgendetwas, was ich für dich tun kann?» Respektieren Sie, wenn jemand
kein Gespräch wünscht; das kann noch zu schmerzvoll oder nicht situationsgerecht sein. Es sei an Ihr Einfühlungsvermögen appelliert.

Wenn Sie nicht persönlich über den Todesfall informiert wurden, ist ein
Zeichen der Anteilnahme gleichwohl angebracht – gegenüber der Nach-
barin beim Tod ihres Mannes oder dem Arbeitskollegen, der seine Mutter
verloren hat. Auch wenn Sie die Person erst einige Monate nach dem
Todesfall zum ersten Mal wieder treffen, hilft ihr dies, ein wenig Abstand
zu gewinnen und die Dinge klärend zu erläutern.

Klick und weg:
E-Mail und SMS

Muss der Nutzen der elektronischen Post noch hervorgehoben werden? Kaum – das Medium ist aus dem Privat- und Geschäftsalltag nicht mehr wegzudenken und seiner Vorteile sind viele: Schriftkommunikation in Echtzeit, wobei der Empfänger gleichwohl den Zeitpunkt der Lektüre frei wählen kann, die Möglichkeit von Dokument-Anhängen. Und natürlich auch: die geringen Kosten.

Kurze Zwischenfrage: Heisst es die oder das E-Mail? Antwort: In Deutschland sagt man die, in der Schweiz eher das E-Mail. Umgangssprachlich ist es also «das», im Schriftlichen wirkt «die» korrekter.

Nutzergerechte E-Mails verfassen

Damit die Vorteile dieses praktischen Kommunikationsmittels erhalten bleiben und man nicht in der Flut der E-Mails unterzugehen droht, sind einige Regeln zu beachten. Der Grundsatz darf heissen: Wahrheit kann man auch freundlich sagen.

- ■ **Schreibstil:** Die Formulierungen sind ähnlich wie beim Brief. Das gilt auch für die Anrede und die Grussformel. Und für die Rechtschreibung! Unterteilen Sie die Nachricht in übersichtliche Abschnitte.
- ■ **Gross- und Kleinschreibung:** Findet vollumfänglich Anwendung in einer E-Mail. Das erleichtert den Lesefluss.
- ■ **Die Betreffzeile ist wichtig:** Sie hilft dem Empfänger, schnell zwischen Spam und Nachricht zu unterscheiden. Das Ein- und Zuordnen wird vereinfacht. Deshalb muss die Zeile aussagekräftig sein – kurz und klar den Inhalt zusammenfassen.
- ■ **Hierarchien:** Es wird nicht einfach mal an höchster Stelle reklamiert, nur weil der CEO eines Unternehmens wahrscheinlich mit «chefvorna-

me.chefnachname@unternehmen.com» zu erreichen wäre. Das würde von schlechtem Stil zeugen. Die «normalen Dienstwege» sind zu respektieren, in- und ausserhalb der eigenen Firma.

- **Ketten- und Werbemails:** Weder weiterleiten noch beantworten – nicht einmal in dem Sinn, dass man keine weiteren Nachrichten will. Das würde nur eine neue Flut von unerwünschten Mails hervorrufen.

- **Knappes Zitieren:** Wenn Sie eine E-Mail beantworten, zitieren Sie nicht die ganze Anfrage, sondern nur das, worauf Sie sich beziehen.

- **Attachments:** Sie sollten nicht zu umfangreich sein – höchstens 20 MB, das ist je nach Provider und Mailprogramm verschieden. Führen Sie in Ihrer E-Mail die Anhänge auf, die Sie mitschicken. Dann weiss die Empfängerin, dass die Dateien «sauber» sind.

- **Diskretion:** Behandeln Sie Mailadressen vertraulich. Wenn Sie eine E-Mail an mehrere Personen verschicken, setzen Sie sich selber ins Empfängerfeld ein und platzieren die Adressen der Adressaten unter BCC (blind carbon copy, Blindkopie). Keinesfalls unter CC (Kopie), sonst wissen alle Empfänger um die anderen Adressaten und ihre Mailadressen! Bedienen Sie Empfänger nur mit CC, wenn dies wirklich nötig ist oder im Interesse aller steht.

- **Terminabsprachen:** Werden am bequemsten über www.doodle.ch abgewickelt, das ist am effizientesten für alle anzufragenden Teilnehmer.

- **Abwesenheitsmail:** Wenn Sie für längere Zeit vom Netz und unerreichbar sind, richten Sie am besten eine automatische Rückantwort für alle Eingänge ein. So wissen die Absender, dass in diesem Zeitraum nicht mit einer Antwort zu rechnen ist.

STICHWORT SICHERHEIT

- Öffnen Sie niemals Anhänge von unbekannten Absendern, sie könnten Computerviren enthalten. In der E-Mail aufgeführte Links sollten Sie ebenfalls tunlichst ignorieren, sofern Ihnen der Absender nicht bekannt ist.

- Geben Sie niemandem Passwörter, Log-in- oder Bankdaten preis. Hat Ihre Bank eine solche Anfrage an Sie, schickt sie einen Brief oder fragt telefonisch nach.

- In Internetforen legen Sie sich eine zweite E-Mail-Adresse zu, die keine Rückschlüsse auf Ihren Namen zulässt. Im Lauftext ersetzen Sie das @-Zeichen durch «at»: schweizer-kniggeatbluewin.ch. Das erschwert den Suchmaschinen das Auffinden Ihrer Adresse. ■

■ **Signatur:** Erstellen Sie einen oder mehrere Signaturblöcke mit den vollständigen Angaben zu Ihrer Person (Adresse, Telefon, E-Mail) – zum Beispiel einen mit nationaler und einen mit internationaler Telefonvorwahl, einen mit und einen ohne Geschäfts-E-Mail, einen mit Privat- und einen mit Geschäftsadresse.

■ **Nochmals durchlesen:** Ein Knopfdruck und die E-Mail ist verschickt. Kein Gang zum Briefkasten, der Ihnen eventuell noch Bedenkzeit gewährt. Diese müssen Sie sich selber nehmen – mit Durchlesen, vielleicht eine halbe Stunde oder einen Tag später.

E-Mail ist nicht gleich Brief

Eine E-Mail ersetzt nicht den von Hand geschriebenen Brief. Und auch nicht den normalen, am Computer verfassten und mit der Post verschickten. Niemals. Denn die Verbindlichkeit und Seriosität einer Nachricht wird nicht allein vom Inhalt bestimmt, sondern auch vom Übermittlungsmedium. Brief ≠ E-Mail ≠ SMS – selbst wenn darin genau dieselben Worte stehen. Im privaten Bereich, wo die Auswahl der Kommunikationsmöglichkeiten gross ist, sollten Sie auf diesen Umstand unbedingt achten.

Und: Nicht alle Menschen fühlen sich wohl beim Umgang mit Smartphone, Computer und Internet. Nehmen Sie Rücksicht auf die Gewohnheiten von Personen, die Ihnen wichtig sind. Die Technik hat sich schneller verändert als die Menschen, die mit ihr leben müssen. Ein toller Hecht an der Computertastatur ist es nicht automatisch auch an der Bar, wenn er mit einer charmanten Bemerkung die Aufmerksamkeit der neben ihm sitzenden Person auf sich lenken möchte. Das Leben will im Realen, nicht im Virtuellen gelebt werden.

Stressfrei per E-Mail kommunizieren

Die Art, wie wir miteinander kommunizieren, hat sich durch die elektronische Post verändert. Sie ist schneller, effizienter, globaler, aber auch komplexer geworden. Manche würden sogar sagen: stressiger und verbunden mit mehr Störungen im Alltag. Damit die positiven Eigenschaften überwiegen, hier einige Regeln für die digitale Kommunikation:

- **Reaktionszeit:** Üblich ist bei geschäftlichen Mails eine Beantwortungszeit von 24 Stunden. Kundenanfragen sollten allerdings noch am gleichen Tag beantwortet werden. Oder der Kunde erhält wenigstens eine Empfangsbestätigung samt Datum, wann er mit der Antwort rechnen kann. Im privaten Bereich gibt es keine starren Regeln.
- **Abfragezeiten:** Rufen Sie Ihre E-Mails gezielt ab und fixieren Sie feste Zeiten in Ihrem Tagesablauf, wann Sie sich um das Lesen und Beantworten kümmern. Bestimmen Sie selber über Ihr Dasein und lassen Sie sich nicht ablenken oder gar terrorisieren von Ihrer Neugier und dem Wunsch, immer auf dem neusten Stand zu sein.
- **Empfangssignaltöne:** Schalten Sie diese aus, sie lenken von der Arbeit ab.
- **Die Gegenwart zählt.** Das Gegenüber im Restaurant hat die Toilette aufgesucht, und Sie wollen bloss rasch checken, was Dringendes ansteht? Lassen Sie die Finger vom Smartphone. Das dauert immer länger als erwartet – die Datenverbindung, nicht der WC-Aufenthalt! Vermeiden Sie es, sich stets zwischen verschiedenen Parallelwelten zu bewegen. Das brauchen Sie nicht, um sich lebendig und begehrt zu fühlen.
- **Aufgeräumt:** Am Ende des Tages sollten alle Mails im Posteingang gelesen sein; Unwichtiges ist gelöscht und die wichtigsten Anfragen sind beantwortet.
- **Ablegen:** Arbeiten Sie mit Ordnern, in die Sie die Nachrichten zwischenlagern. Richten Sie Abläufe im E-Mail-Programm ein, die dies unterstützen. So bleibt die Übersicht einigermassen gewahrt.

SMS 4u

8ung, fyi: es gibt bei dieser mitteilungsform keine regeln, rechtschreibe- oder gross- und kleinschreibepflichten – alles ist ok. Sofern die botschaft vom empfänger verstanden & die höchstzahl von 160 zeichen eingehalten wird. Auslandtarife beachten, thx & cu.

Btw: Entschuldigungen verlangen nach der Form des Briefes, für eine Beziehungstrennung brauchts unter Umständen auch einen Brief, mindestens aber ein Gespräch. Eine SMS würde in beiden Situationen von schlechtem Stil zeugen, oder sind Sie da anderer Meinung?

ODAGHIDAFGNM*

	Bedeutung	Übersetzung
4u	For you	Für dich
asap	As soon as possible	So schnell wie möglich
btw	By the way	Übrigens
cu/cu2	See you/see you too	Bis bald/auch bis bald
fyi	For your information	Zu deiner Information
imho	In my humble opinion	Nach meiner bescheidenen Meinung
iow	In other words	Mit anderen Worten
lol	Laughing out loud	Lauthals lachen müssen
omg	Oh my god	Oh mein Gott
pls	Please	Bitte
thx	Thanks	Danke
(Y)	I like	Finde ich gut
wtf	What the fuck?	Was zum Teufel?
xoxo	Kiss and hug	Kuss und Umarmung
eigch	Eigentlich	
ev	Eventuell	
hdumfg	Ha di uh mega fescht gärn	
gn8	Good night	Gute Nacht
gg?	Gahts guet?	
lg	Liebe Grüsse	
vll	Vielleicht	
wm	Was machsch?	
:-)	Smiley	
:-(	Smiley negativ	
;-)	Smiley Humor	
:-o	Smiley Überraschung	
:-D	Smiley grosses Lachen	
:-*	Smiley Kuss	

*Ohne diese Abkürzungen geht heute im digitalen Alltag fast gar nichts mehr. ;-)

Kommunikation in sozialen Netzwerken

Social Media sind Kommunikationsangebote im Internet. Sofern Sie sich mit Ihren persönlichen Daten als Mitglied anmelden, stellen diese Medien Oberflächen und Speicherplätze für Infos, Fotos, Videos, Erlebnisberichte, Tagebuch sowie Selbstmarketing zur Verfügung. Dabei konsumieren die Nutzer nicht nur Inhalte, sondern produzieren selber eigene und tauschen sich untereinander aus. Web 2.0 ist das Mitmach-Internet der zweiten Generation – im Unterschied zur «ersten» Generation, als lediglich Inhalte abrufbar gemacht wurden.

Der Nachteil von Web 2.0: Persönliche Daten werden von den Diensten verwendet oder weitergereicht, zum Beispiel bei Facebook, LinkedIn oder Myspace. Deshalb sind diese Dienste gratis; ihr Geld (und ihren Börsenwert) machen sie mit dem Handel von Nutzerdaten.

Soziale Netzwerke erleichtern das Aufspüren von ehemaligen Kameraden, unterstützen die Kontaktpflege und stellen für viele Menschen eine Bereicherung des Lebens dar (zurzeit zählt Facebook über 960 Millionen Mitglieder). Gerade auf Teenager, die auf der Suche nach der eigenen Iden-

---

HTTP://INFO.CERN.CH ...

... war die erste Internetadresse. Sie wurde am 13. November 1990 vom Engländer Tim Berners-Lee eingerichtet. Dieser arbeitete in Genf am CERN, das mit dem Problem konfrontiert war, dass sich die Laboratorien teils auf französischem, teils auf schweizerischem Gebiet befanden und in den beiden Ländern unterschiedliche Netzwerk-Infrastrukturen betrieben wurden. Damit Wissenschaftler einfacher und schneller untereinander Informationen austauschen konnten, entwickelte Berners-Lee die Seitenbeschreibungssprache HTML, das Transferprotokoll HTTP, die URL und den ersten Browser WorldWideWeb. Es war der Beginn eines neuen Zeitalters – mit Schweizer Absender.

tität sind, üben diese Plattformen eine fast unwiderstehlich scheinende Anziehungskraft aus. Was früher der Pausenplatz, der Verein, die Pfadi, der Dorfplatz am Samstagabend, die Disco im Kirchgemeindehaus bot, das passiert heute auf Facebook & Co.: neue Bekanntschaften machen, flirten, plaudern, Zerstreuung suchen, den eigenen Stellenwert und die Attraktivität austesten. Solange es auch ein Leben neben dem Bildschirm gibt, ist diese Art von Freizeitbeschäftigung nicht weiter bedenklich.

Gewandt und sicher unterwegs

Für Jugendliche wie für Erwachsene gilt: Man sitzt im Glaushaus. Deshalb auf den Kommunikationsstil und die Inhalte achten, damit einem keine Nachteile entstehen. So sind alle gefahrlos unterwegs:

- **Sorgfältig auswählen:** Vermeiden Sie eine Vermischung von privaten und beruflichen Profilen. Geben Sie vertrauliche Informationen einem beschränkten Kreis frei (sogenannten Freunden).
- **Authentisch bleiben:** Bauen Sie keine erfundene Identität auf. Nicht nur Freunde, auch potenzielle Geschäftspartner und Arbeitgeber recherchieren im Internet. Das Gesamtbild muss stimmig sein und auch das Foto sollte überall das gleiche sein.
- **Vertrauliches vertraulich behalten:** Prüfen Sie Ihre individuellen Sicherheitseinstellungen, sodass nichts Unerwünschtes – zum Beispiel Fotos vom letzten Botellón – für jedermann einsehbar ist.
- **Anfragen von Unbekannt ablehnen:** Eine taktvolle Rückmeldung, dass Sie nur Ihnen persönlich bekannte Personen als Freunde bestätigen, vermeidet Missverständnisse. Und: Wer 500 Friends hat, hat wahrscheinlich gar keine.
- **Belästigungen:** Keine dummen Umfragen oder Spielaufforderungen. Das nervt nur.
- **Freundlichkeit:** So, wie man in den Wald ruft, ... Duzen bei Geschäftskontakten ist inopportun. Bei Kontaktanfragen eine korrekte Anrede und einen höflichen Abschiedsgruss verwenden, das erhöht die Chancen des Akzeptiertwerdens.
- **Humor:** Löschen Sie keine unbequemen Einträge von Ihrer Pinnwand, das widerspricht den Gepflogenheiten des Internets. Reagieren Sie

humorvoll statt verbissen. Entscheidend ist nicht der Eintrag, sondern Ihre originelle Reaktion darauf.

■ **Halten Sie den Dialog aufrecht.** Überprüfen Sie mindestens einmal pro Woche Ihre Seite und reagieren Sie auf Einträge. So bleibt die Welt – des Internets zumindest – auf dem Laufenden.

■ **Etwas Zurückhaltung, bitte:** Überlegen Sie bei Einträgen, ob sie nicht eventuell Ihrer Reputation schaden könnten. Allzu impulsive Reaktionen aus dem Bauch heraus bereuen Sie unter Umständen später. Bedenken Sie, dass viele Unternehmen Netzwerkeinträge potenzieller Bewerber prüfen. Blossstellen und Anschwärzen von Arbeitgebern sind tabu und können rechtliche Konsequenzen haben.

■ **Trolle:** Viele Nutzer sind nicht am eigentlichen Thema interessiert, sondern wollen bloss Menschen in Misskredit bringen oder Diskussionen sabotieren. Blockieren Sie diese Personen – sogenannte Trolle – in Ihrer Kontaktliste, werfen Sie ihnen einen Fisch zu: <•))))>< oder schreiben Sie wenigstens: «Don't feed the troll.»

NETZSLANG

	Bedeutung	Übersetzung
^^	Augenzwinkern	
brb	Be right back	Bin gleich zurück
btt	Back to topic	Zurück zum Thema
faq	Frequently asked questions	Häufig gestellte Fragen
g	Grinsen, lachen	
netcop		Foren-Moderator (Überwachung)
newbie		Neuling im Chatroom
np	No problem	Kein Problem
ot	Off topic	Gehört nicht zum Thema
pov	Point of view	Standpunkt
plonk	Please leave our netgroup, kid	Verlass dieses Forum, Anfänger
pro		Profi im Chatroom
rofl	Rolling on the floor, laughing	Sich kugeln vor Lachen

Networking for Business

Ob bei LinkedIn, dem grössten Anbieter, oder bei Xing, dem Marktleader in Europa, oder bei anderen (mit zum Teil mehr Funktionen auf der Oberfläche): Nutzer von Business-Netzwerken wollen Geschäftskontakte pflegen. Um beispielsweise Aufträge zu akquirieren, in Interessengruppen Themen zu behandeln und den Ideenaustausch mit Kollegen zu pflegen. Sind diese Plattformen letztlich Zeiträuber oder Nutzenstifter? Eine schlüssige Antwort gibt es nicht. Sicher wäre es eine Illusion, zu glauben, dass Business-Netzwerke automatisch Kundenaufträge generieren. Dafür muss man etwas tun. Der Schweizer Knigge empfiehlt Folgendes: Geben Sie Empfehlungen ab. Nutzen Sie Ihr Netzwerk für den Hinweis auf interessante Filme, Websites, Bücher oder Produkte. Wie im realen Leben dürfen Sie zwischendurch hin und wieder auf eigene Projekte hinweisen. Entscheidend sind die Abwechslung und der Informationsgehalt.

Bitte nicht so aufdringlich

Decken Sie Ihre Bekanntschaften nicht mit aggressivem Selbstmarketing ein. Entsteht der Eindruck, dass Sie nur verkaufen wollen, werden Sie schnell ignoriert. Denken Sie langfristig.

Sich digital verlieben – wie geht das?

Der grosse Vorteil der virtuellen Welt, nämlich die Anonymität, ist zugleich eine Gefahr: Jeder und jede kann sich so darstellen, wie er oder sie möchte. Denn während sich beim Direktkontakt Visuelles und Gesprochenes zu einem Gesamtbild ergänzen, ist man im Internet auf das Wort und eventuell ein paar Bilder reduziert. Darum: Gehen Sie die Sache entspannt und nicht mit zu grossen Erwartungen an.

Wenn Sie sich für die Partnersuche per Internet entscheiden, machen Sie sich am besten zuerst kostenlos mit ein paar Plattformen vertraut. Finden Sie heraus, welche Benutzeroberflächen samt Funktionen Ihnen zusagen und wo Sie Personen finden, die bezüglich Interessen, Beruf, Alter, Lebensplänen und Wertvorstellungen zu Ihnen passen – nicht zu vergessen optische und geografische Kriterien. Schliessen Sie eine Bezahlmitgliedschaft erst ab, wenn Ihnen die Site behagt. Beschränken Sie sich dabei auf ein, zwei Anbieter – zu unübersichtlich und aufwendig wird sonst das Bewirtschaften aller Anfragen und Rückmeldungen.

Das Kleingedruckte

Beim Vertragsabschluss mit einer Onlineagentur hat man ein Widerrufsrecht von sieben Tagen. Der Vertrag lässt sich jederzeit kündigen – nach Ablauf der vorher gewählten Dauer der Mitgliedschaft (meist drei, sechs oder zwölf Monate). Um nicht in eine automatische Vertragsverlängerung zu geraten, ist es vorteilhaft, bald nach Unterzeichnung wieder zu kündigen. Ohnehin haben sich laut Umfragen mehr als zwei Drittel der Paare, die sich auf solchen Plattformen gefunden haben, in den ersten drei Mitgliedschaftsmonaten kennengelernt.

Ihre Selbstdarstellung

Beim Zusammenstellen eines eigenen Profils spricht vieles für folgende Massnahmen:

- **Anonymität:** Kommunizieren Sie unbedingt über eine zusätzliche E-Mail-Adresse, die keine Rückschlüsse auf Ihren richtigen Namen zulässt.
- **Privatsphäre:** Schützen Sie Ihre Anonymität, indem Sie Namen, Wohnort, Beruf, Arbeitgeber oder Telefonnummer (SMS-Belästigungen!) nur sehr zurückhaltend bekannt geben. Denn mit den elektronischen Suchmöglichkeiten (Telefonverzeichnisse, Google, Facebook) lassen sich Identitäten verblüffend rasch ermitteln.
- **Schön ehrlich:** Wer in der Masse gefunden werden will, muss auffallen. Erstellen Sie Ihr Profil sorgfältig und individuell. Stehen Sie zu Ihrem Leben: Jedes Schummeln bei Alter, Gewicht oder Ausbildung und Beruf kommt spätestens beim ersten Treffen ans Licht. Eventuell zeigen Sie Ihren Text zuerst einer Vertrauensperson.
- **Foto:** Ohne ein Bild sind die Chancen auf Kontakte gering. Vor allem für Männer. Wählen Sie ein möglichst aktuelles, gut gemachtes Foto aus. Zwei, die Sie in unterschiedlichen Situationen zeigen, sind noch besser.
- **Präsentation:** Mit der Art, wie Sie kommunizieren, vermitteln Sie ein Bild von sich. Seien Sie deshalb auch vorsichtig mit Intimitäten. Überlegen Sie, ob Sie eine bestimmte Aussage auch machen würden, wenn Sie und Ihr virtuelles Date sich gegenübersässen.

DU ODER SIE?

Üblich ist schon bei der ersten Kontaktaufnahme das Du. Herr und Frau Schweizer benützen die informelle Anrede und den Vornamen auch im Alltag schneller als die Menschen in anderen Ländern. Wenn Ihnen allerdings ein anfängliches Sie lieber ist, formulieren Sie Ihre Anzeige entsprechend. Du-Anfragen können Sie dann von vornherein ausschliessen. Seien Sie sich aber bewusst, dass das Siezen einen etwas antiquierten Eindruck hinterlassen kann. Sie entscheiden. ■

Auf eine Kontaktanzeige reagieren

Sie schauen die Profile von interessanten Frauen oder Männern durch: Seien Sie nicht zu vertrauensselig. Achten Sie auf Seltsames und auf Ungereimtheiten. Sehen Sie die Bilder genau an. Wo wurde eventuell geschummelt? Die Fotos sollten auch Figur und Kopfhaare zeigen, so entsteht ein vollständiges Bild. Wenn das nicht der Fall ist, fragen Sie nach, wie sich die äusseren Qualitäten präsentieren.

Ein Profil hat Ihre Aufmerksamkeit geweckt und Sie möchten einen ersten Kontakt herstellen? Seien Sie kurz und prägnant. Die detaillierte Lebensgeschichte(n) heben Sie für später auf. Versenden Sie an die Person Ihrer Wahl keine 08/15-Nachricht, sondern lesen Sie aus dem Profil das Individuelle, Persönliche heraus und gehen Sie bei der Kontaktaufnahme darauf ein. Stellen Sie Fragen.

Und wenn sich die Sache unangenehm entwickelt? Rüpelhaftes muss man sich nicht gefallen lassen. Beenden Sie den Kontakt, wenn Ihnen nicht mehr wohl ist – und seien Sie froh, dass Sie das schon in dieser Phase bemerkt haben. Personen, die sich Ihnen gegenüber unflätig benehmen, können Sie selber aus Ihrer Kontaktliste streichen oder durch die Agentur sperren lassen.

Und noch etwas: Hüten Sie sich vor Betrügern und senden Sie niemals Geld im Voraus, etwa für Tickets für die Anreise.

Nein, danke

Eine Anfrage, die Sie nicht interessiert, beantworten Sie am besten so: «Danke für die Anfrage, Du bist leider nicht mein Typ.» Oder: «Nein. Jedoch vielen Dank!» Unterlassen Sie weitere Äusserungen, die den anderen verletzen könnten.

Von der virtuellen zur realen Romantik

Und dann, weil Sie Daniel Glattauers Roman «Gut gegen Nordwind» noch präsent haben, verabreden Sie sich für ein erstes Treffen von Angesicht zu Angesicht. Hier ein paar Ratschläge:

- **Zuwarten oder nicht?** Vereinbaren Sie erst einen Termin für ein Rendezvous, wenn Sie Vertrauen zur Person gefasst haben. Allerdings: Besser ein Treffen zu viel, als monatelang Nachrichten auszutauschen. Setzen Sie sich den Realitäten aus, sammeln Sie Erfahrungen! Ob die Chemie stimmt, zeigt erst das Zusammentreffen.
- **Abtasten:** Telefonieren Sie vor einem ersten Treffen. So können Sie sich mit der Stimme vertraut machen und erfahren bereits etwas über die Kommunikationsfähigkeiten.
- **Treffpunkt:** Klar, Sie lassen sich nicht von zu Hause abholen. Vielmehr wählen sie einen neutralen Ort (Café), wo Sie sich unter Umständen auch bald wieder verabschieden können. Fühlen Sie sich nicht verpflichtet, etwas weiterzuführen, was Ihnen missfällt. Auch bei einem Treffen können Sie zunächst anonym bleiben, indem Sie Ihre Mobiltelefonnummer und den richtigen Namen erst bekannt geben, wenn Sie das Gefühl haben, der Kontakt sei interessant.
- **Zu Beginn:** Der erste Eindruck zählt: Wenn es optisch und bezüglich Interaktionen nach fünf Minuten nicht passt, dann beenden Sie das

Gespräch. Höflich und ohne Details. Verlassen Sie sich auf Ihr Bauch-
gefühl.

■ **Dauer:** Halten Sie das erste Zusammenkommen eher kurz. Seien Sie
offen, ohne bereits Ihr halbes Leben zu erzählen. Allzu Privates ist
nicht opportun – wer weiss, ob man sich wieder sieht?

■ **Hilfe?** Vielleicht ist es Ihnen angenehmer, wenn Sie einen «Schutzengel»
engagieren? Dann weihen Sie eine Vertrauensperson ein und lassen Sie
sich von dieser zwischendurch anrufen. Sie können auch einen Code
vereinbaren, sodass diese Person weiss, ob alles in Ordnung ist oder
ob sie vorbeikommen soll.

Lassen Sie sich nicht entmutigen, wenn aus einem Kontakt nichts wird.
Es ist wie überall: Der Funke muss springen.

(Fern-)Mündliches

Teile dieses Themas sind natürlich bereits an anderer Stelle behandelt worden – das gekonnte Agieren beim Small Talk, die richtige Reihenfolge von Begrüssung und Vorstellung, das Bitte-, Danke- und Äxgüsi-Sagen. Die Rede vor Publikum und der Umgang mit dem Mobiltelefon werden im Folgenden noch angesprochen.

Gerade das Mobiltelefon in der erst seit fünf Jahren bekannten Version als Smartphone – mit der Kombination von Internet, Fotoapparat und mobilem Telefon – gibt in letzter Zeit viel zu reden. Beziehungsweise der Missbrauch des Geräts. Noch zu neu, zu verlockend und zu umfassend die Möglichkeiten, die sich mit dem Hightech-Spielzeug vermeintlich erschliessen. Offenbar haben sich die Dinge noch nicht eingependelt: Die Euphorie über die Vorteile der smarten Telefone ist allgegenwärtig, die Klagen darüber sind es – zunehmend – auch.

Nach zehn Minuten ists vorbei – eine Rede halten

Es kann jeden treffen. Beruflich oder privat. Nichts Grosses, nur ein paar freundliche Worte am Geburtstagsfest, zur Hochzeit der Tochter, am Jahresabschlussessen mit der Firma. Mehr wirklich nicht: «Ach, kommen

Sie schon, jetzt zieren Sie sich nicht!» Doch auch das ist ein Abenteuer. Vor dem Rede-halten-Müssen haben mehr Menschen Angst als vor dem Tod. Auch Mächtige, Berufspolitiker und Schauspieler. Auch die Profis.

Denn so viel ist sicher: Eine gute Rede halten ist eine Kunst. Künstler jedoch sind die wenigsten. Also ist Handwerk gefragt.

Am Anfang steht die Idee

Ideen fallen bekanntlich nicht vom Himmel. Tragen Sie deshalb alles zusammen, was Sie zum Thema oder zur Person finden können. Gibt es Anekdoten, Schlüsselereignisse, Erfolge, überwundene Schwierigkeiten, Highlights? Und was ist es, was die Person besonders auszeichnet? Schreiben Sie alles in Stichworten auf, ohne Ordnung, sondern so, wie es Ihnen einfällt. Denken Sie zu diesem Zeitpunkt nicht an die fertige Rede; Sie machen jetzt ein Brainstorming mit sich selbst.

Wichtig allerdings: Beginnen Sie früh genug mit diesem Sammeln. Und denken Sie dabei nicht nur an Vergangenes, sondern formulieren Sie auch Wünsche für die Zukunft, Erwartungen, eventuell sogar Ziele.

Ihre Position

Jetzt überlegen Sie sich, welche Rolle Sie einnehmen werden: Was erwarten die Zuhörer von Ihnen, was ist Ihre Aufgabe? Vergegenwärtigen Sie sich die Situation ganz konkret, gehen Sie wenn möglich sogar an den realen Ort. Finden Sie positive Gedanken dazu. Und:

> **EIN GLAS WASSER**
>
> Ein kleiner Trick, wenn der rote Faden verloren geht: Greifen Sie zum Glas Wasser, das Sie vorher bereitgestellt haben, und nehmen Sie einen Schluck. Durch die kurze Unterbrechung findet man meist wieder zum Thema zurück. ■

Eine Rede wird selten länger als zehn Minuten dauern. Es gibt ein Leben danach. Versuchen Sie deshalb, das Publikum als Ihren Verbündeten zu sehen, nicht als Ihren Gegner. Blicken Sie dem Anlass mit Zuversicht entgegen. Prägen Sie sich Ihre Rolle ein.

Manuskript, Redekarten oder gar nichts?

Wenn Sie keine Übung im Reden-Halten haben, formulieren Sie die Ansprache jetzt aus. Verwenden Sie kurze Sätze, es geht nicht um einen brillanten Essay: Schreiben Sie so, wie Sie auch sprechen würden, keine Schachtelsätze und keine abgehobenen Gedankenflüge.

Jetzt ist der Zeitpunkt, die vorher wirr notierten Ideen zu ordnen. Finden Sie ein Leitmotiv? Geübtere Redner notieren sich die einzelnen Ideen in Stichworten auf Karten, um nachher mehr oder weniger frei zu sprechen. Die richtige Gliederung? Auch eine Rede hat eine Einleitung, einen Hauptteil und einen Schluss.

■ Ein packender, origineller **Einstieg** ist die halbe Miete. Verzichten Sie auf Abgedroschenes – etwa bei einer Hochzeit: «Ich habe eine Tochter verloren und einen Sohn dazugewonnen.» Starten Sie eventuell mit einer Frage ans Publikum oder einer Abstimmung. Einer provokanten These. Etwas Überraschendem und Unerwartetem. Brechen Sie gängige Erwartungen, denken Sie frech! Sie werden das Publikum sofort auf Ihrer Seite haben, und es wird Ihnen bei der nachfolgenden Auflösung gebannt folgen.
■ **Hauptteil:** Ist der Einstieg geschafft, mäandern Sie dem roten Faden Ihrer eigentlichen Aussage nach. Es kommt gut. Das Publikum wird Sie lieben, weil Sie das Publikum lieben.
■ **Schluss:** Bemühen Sie sich, dass auch dieser ein prägnanter wird. Er und die Hauptthese, die sie anfangs vorgestellt haben, bleiben am meisten in Erinnerung.

Jetzt gehts ans Reden

Ist die Rede geschrieben – als Manuskript oder auf Karteikarten –, üben Sie das Ganze. Nicht in Gedanken, sondern laut während eines Waldspaziergangs oder vor dem Badezimmerspiegel. Korrigieren Sie das Manuskript, wenn die Sätze holpern oder die Übergänge nicht klappen. Wichtige Stichworte zeichnen Sie mit Leuchtstift an.

Dann gilt es ernst – Sie starten mit Ihrer Rede live. Sprechen Sie langsam und natürlich, leiern Sie nicht und betonen Sie auch nicht übertrieben. Geht der Faden verloren, besteht kein Grund zur Panik. Dafür sind die Notizen oder Karten da. Klappt es trotzdem nicht, dann sagen Sie das, man wird Verständnis zeigen.

Suchen Sie Blickkontakt zum Publikum, anfangs zu Personen, die Ihnen vertraut sind, später zu allen, immer jedoch zur Jubilarin, zum Hochzeitspaar, zum Ehrengast. Reden Sie zu Menschen, nicht zu Ihrem Manuskript.

Lampenfieber?

Bedenken Sie, dass allzu Routiniertes und Selbstgefälliges schnell durchfällt. Dann warten nämlich alle auf den ersten Rumpler und freuen sich insgeheim darüber. Man darf Ihnen ruhig etwas Nervosität anmerken, das macht Sie sympathischer. Atmen Sie tief durch, konzentrieren Sie sich auf die ersten Gesten und Worte und: Los gehts.

Sehen Sie, hat ja geklappt. Und haben Sie das Schmunzeln auf den Gesichtern gesehen, den Applaus gehört?

Hoffentlich klingelts jetzt bei Ihnen – Handy & Co.

Stil am Handy scheint keine Selbstverständlichkeit zu sein; Klagen über Smartphone-Rüpel hört man immer häufiger. Dabei sind Smartphones eine wunderbare Erfindung, solange man selbst bestimmt, wann man sie benützt. Die Frage ist, wo man die Grenzen der immerwährenden Erreichbarkeit zieht, wann man sich der steten Ablenkung durch dieses Gerät entzieht. Und ob man das Ziehen von Grenzen überhaupt ertragen kann. Viele Leute sagen bereits: «Der grösste Luxus für mich ist, unerreichbar für andere zu sein.» Ruhe als Kontrastprogramm.

Der Schweizer Knigge schlägt vor: Am Esstisch und im Schlafzimmer bleibt das Gerät im Off-Modus. Und während der Ferien wird es nur für den privaten Gebrauch verwendet, für die Firma sind Sie nicht erreichbar. Ein kleiner Trick: Geben Sie der wichtigsten Person in der Firma die Nummer Ihrer Partnerin, Ihres Partners bekannt für eine SOS-SMS im absoluten Notfall. Und dann widmen Sie sich Ihren Mitmenschen im Hier und Jetzt. Wie denken Sie darüber? So viel steht jedenfalls fest: Unhöflichkeit manifestiert sich in den verschiedensten Formen, die heutigen Kommunikationsmittel haben den Spielraum um einiges erweitert.

BUSINESS CLASS
TELEVOLUTIONÄR

Der Physiker und Lehrer Johann Philipp Reis stellte am 26. Oktober 1861 den Mitgliedern des Physikalischen Vereins in Frankfurt seine seltsame Erfindung vor: das Telephon. Die Funktionstüchtigkeit wollte er beweisen, indem er jemanden im Garten einen Satz in ein Trichtermikrophon sagen liess, den er, Reis, dann den Anwesenden im Hörsaal mitteilte. Ein abgekartetes Spiel, dachten einige. Einer aus der Runde ging selber in den Garten und sprach dort den bewusst unlogisch formulierten, inzwischen legendären Satz: «Das Pferd frisst keinen Gurkensalat.» Danach: «Die Sonne ist von Kupfer.» Drinnen im Saal verstand Reis zwar nicht ganz, was das Pferd frass, und der Kupfer wurde zu Zucker, aber das Telephon hatte seinen Einstand in die Weltgeschichte gegeben.

Erwarten Sie einen dringenden Anruf?

Wer in einer Besprechung oder beim Essen das Mobiltelefon auf den Tisch legt und es auch benützt, signalisiert in erster Linie: «Alles ist wichtiger als das Gespräch mit Ihnen, das Zusammensein mit dir!»

Steht einmal doch ein dringendes Telefonat an, ist es intelligent, die anderen am Tisch vorher darüber zu informieren, dass Sie einen unaufschiebbaren Anruf erwarten. Stellen Sie den Klingelton aus und den Vibrationsalarm ein, das Gerät bleibt für die anderen wenn möglich nicht sichtbar. Trifft der Anruf ein, verlassen Sie den Tisch – oder noch besser den Raum – so dezent wie möglich und kehren danach auf gleiche Weise wieder zurück. Wie generell für dieses Kommunikationsmittel gilt: Der Gebrauch sollte ein diskreter sein, die Sprechweise so leise, dass andere sich nicht gestört fühlen.

Für Ü14 nicht zu empfehlen

Das Mobiltelefon hat die Art und Weise revolutioniert, wie wir kommunizieren – von überall her nach überall hin. Das Problem dabei: Die meisten tun genau das. Der Schweizer Knigge hat als V-Mann beim grossen Offenbarungsdrang gelauscht und deckt auf, mit welchen Mitteln man sich garantiert als Kommunikationsrüppel von heute outet:

- Wann und wo immer das Ding klingelt, zeigen Sie es herum. Vielleicht kennen noch nicht alle die Segnungen moderner Kommunikationskompetenz.
- Peinlich an Klingeltönen sind nicht Stöhnorgien oder DJ-Antoine-Intros, sondern nur Ü50, die sich ebenfalls so anrufen lassen.
- Geben Sie zu verstehen, dass die unentwegte Nachfrage nach Ihrer Person Ihnen inzwischen lästig ist: «Mein Gott, wer will denn schon jetzt wieder etwas von mir?» Wenn Sie allein sind, ignorieren Sie das Ding. Macht ja auch keinen Spass, wenns keiner sieht.
- Sprechen Sie laut und deutlich. So bekommen alle mit, was gerade angesagt ist oder die Menschheit bewegt.
- Bevorzugte Orte fürs Telefonieren sind Museen, Kirchen, Spitäler und Toiletten. Da lässt es sich ohne lästige Nebengeräusche plaudern.
- Während Kursstunden, Sitzungen, im Theater? Nur zu! Echte Profis sehen das als Herausforderung an und wissen die Situation geschickt in ihre Darbietung einzubauen.

- Was wichtig ist, gehört zuerst erledigt. Trennungsknatsch hat unbedingte Priorität vor anderen Tätigkeiten wie zum Beispiel dem gleichzeitigen Zahlen an der Migros-Kasse. Auch ein Abendessen zu zweit wird nicht grundsätzlich gestört, wenn Ihr Banker einen 50K-Kauf an der Wallstreet empfiehlt, der Aktienkurs von Facebook aber einiges zu bereden gibt.
- Ein Anruf während eines Techtelmechtels ist ebenfalls i. O. Man wird jedenfalls Verständnis zeigen, dass die Neugier vor allem anderen befriedigt werden muss.
- «Mami» und «Papi» am Telefon zu sagen, ist uncool im Freundeskreis, das sind Tabuwörter.
- Auch das Autofahren ist kein Grund, einen Anruf zu ignorieren. Das fördert die Motorik des Einhandlenkens und Überkreuzschaltens. Wichtig fürs Vorbeugen gegen Unfälle wegen Altersdemenz.

do

- Kurz, aber prägnant formulierte und Sympathie weckende Briefe
- Einfache, ungekünstelte Wortwahl in Kondolenzschreiben
- Wertschätzung und Respekt, auch mit modernen Kommunikationsmitteln
- E-Mails mit Gross- und Kleinschreibung, Anrede und Grussformel
- Eine E-Mail vor dem Abschick-Klick nochmals durchlesen
- Klare Trennung von Beruf und Privatem bei Internetprofilen
- Vorbereitung ist das Wichtigste für eine Rede – der Einstieg auch.
- Mobiltelefon abschalten oder lautlos stellen in Kino, Theater, Konzert, Oper, Kirche, Museum, Spital, bei Sitzung, Bewerbungsgespräch, Lesung, Empfängen, Rendezvous

no-go

- Sollte, würde, müsste, könnte, möchte in Briefen verwenden
- Übertrieben wirkende Worte im Trauerbrief
- E-Mails an mehrere Personen mit allen Empfängern unter «An» oder »CC» (Kopie) statt unter «BCC» (Blindkopie)
- Mailadressen auf Partnersuch-Plattformen, die den Namen verraten
- Irrwitzige Klingeltöne
- Ständig erreichbar sein
- In besseren Restaurants das Mobiltelefon benützen

9 Anhang

Das kleine Weinwisser-ABC

Dresscodes im Überblick

Interessante Bücher

Weiterführende Links

DAS KLEINE WEINWISSER-ABC

Abgang Die Dauer des Geschmackseindrucks in Mund und Rachen nach dem Schlucken. Ein langer und nachhaltiger Abgang ist Ausdruck eines guten Weins.

Amigne Walliser Traubensorte mit wenig Säure, aus der schwere, vollmundige Weissweine entstehen.

AOC Abkürzung für «Appellation d'Origine Contrôlée» bei Schweizer Weinen. Damit ein Wein dieses Prädikat führen darf, müssen Vorschriften zu Bestockung und Dichte der Rebstöcke, Ertrag, Zuckergehalt und Produktionsmethode eingehalten werden. Von Kanton zu Kanton gelten jedoch andere Regeln, was das ganze Prozedere letztlich wenig konsumentenfreundlich macht.

AOP Steht für «Appellation d'Origine Protégée» und betitelt Weine mit geschützter Herkunftsbezeichnung aus Frankreich. Früher AOC, also «Appellation d'Origine Contrôlée»; bis 2014 sind beide Bezeichnungen zulässig. Eine unabhängige Kontrollkommission prüft, ob ein Wein hinsichtlich Terroir, Rebsorte(n), Bepflanzungsdichte, Maximalertrag (Hektoliter pro Hektare) den Vorschriften einer Appellation entspricht – vom Boden über das Fass bis in die Flasche.

AOP-Weine repräsentieren rund 40 Prozent der Rebbaufläche und machen etwa 30 Prozent der Produktion der Grande Nation aus. Das Siegel allein bietet jedoch keine Garantie für beste Qualität.

Arvine, Petite Arvine Autochthoner Walliser Weisswein mit harmonischer Säure und einem leicht salzigen Geschmack.

Ausbau Zum Reifen kommt der frisch vergorene Wein in Fässer (oder Stahltanks), bevor er in Flaschen abgefüllt wird. Diesem Vorgang kommt vor allem beim Rotwein besondere Bedeutung zu. Durch den Kontakt mit Holz und Sauerstoff entwickelt der Wein zusätzliche Aromen, der Geschmack wird abgerundet.

Barbaresco Berühmter Rotwein der Region Langhe im Piemont, aus der Nebbiolo-Traube gewonnen. Volle, kräftige Weine mit langem Abgang. Die Hügel des Barbaresco liegen etwas niedriger als die des Barolo und haben eine andere Bodenbeschaffenheit. Die Weine sind deshalb etwas weniger wuchtig, dafür samtiger. Barbaresco wird daher auch als Königin der Weine bezeichnet. Im Vergleich zum Barolo etwas unterschätzt.

Barolo Imposanter, kräftiger Rotwein, zu 100 Prozent aus Nebbiolo-Trauben. Stammt aus der gleichnamigen Gemeinde (sowie den benachbarten) südlich von Alba im Piemont. Oft als «Wein der Könige» bezeichnet. Seit ein paar Jahrzehnten geht der Trend dahin, dass der Wein beim Vergären nur noch rund 17 Tage (statt 24) Schalenkontakt hat und deshalb schon früher getrunken werden kann. Brauchte es einst 15 bis 20 Jahre Wartezeit, sind die meisten Barolo heute schon nach rund 6 Jahren genussreif. Länger warten zahlt sich jedoch aus.

Barrique 225 Liter fassendes Weinfass aus Eichenholz, das seine Gerbstoffe (Tannine) während der Lagerung an den Wein abgibt. Das Holz hat grossen Einfluss auf den Geschmack des Weins – je nach Herkunft, Länge des Ausbaus und ob neu oder schon einmal verwendet. Der Fassausbau dauert rund 18 Monate. Die neue Welt schätzt Holznoten tendenziell mehr als die klassischen Weinländer Europas.

Beaujolais Fruchtige Rotweine aus dem Südburgund, die aus der Gamay-Traube gekeltert werden. Zehn Gemeinden produzieren eine eigene Appellation mit höherer Qualität: Saint-Amour, Brouilly, Chénas, Chiroubles, Côte de Brouilly, Fleurie, Juliénas, Morgon, Moulin-à-Vent, Régnié.

Beaujolais Nouveau, Beaujolais Primeur Jungwein, der nach nur wenigen Tagen Gärung am dritten Mittwoch im November in den Verkauf kommt.

Beerliwein Zu seiner Herstellung werden lediglich die Beeren, aber nicht die Stiele verwendet. Das verhindert zu gerbstoffreiche Weine.

Blanc de blancs Champagner, der ausschliesslich aus der Chardonnay-Traube gewonnen wird. Blanc de noirs wird aus Rotweintrauben hergestellt. Die meisten Champagner sind → Cuvées.

Bordeaux, Bordelais Für viele wohl der Weinhimmel auf Erden. Es gibt dort etwa 3000 Château genannte Weingüter. Ein differenziertes System von subregionalen und kommunalen Appellationen und Klassifikationen schafft unter ihnen eine qualitative Hierarchie. Die einzelnen Lagen spielen demgegenüber eine untergeordnete Rolle. Ihre Stelle nimmt das Château ein, zu dem sie gehören. Typisch sind trockene, langlebige Rotweine, die im Médoc (Hauptanteil: Cabernet Sauvignon) fruchtig nuanciert, in Saint-Émilion

und Pomerol (wichtigste Traube dort: Merlot) sanfter und voller ausfallen. Knapp 20 Prozent der Produktion entfällt auf Weisswein. Die Spitze bilden die edelsüssen Sauternes und Barsac. Die besten trockenen Weissen stammen aus Graves südöstlich von Bordeaux.

Brunello di Montalcino Italienischer Spitzenwein aus der südlichen Toskana, ausschliesslich aus der Sangiovese-Traube gekeltert. Sehr lagerfähiger, wuchtiger, herber Wein, der nicht zu jung getrunken werden sollte.

Brut Bezeichnung für trockenen Champagner, die heute auch bei anderen Schaumweinen üblich ist.

Bündner Herrschaft Berühmt vor allem für die Pinot-Noir-Weine (teils im Barrique-Ausbau), die zu den besten der Schweiz gehören. Viele innovative Erzeuger sind in diesem Gebiet angesiedelt, die zunehmend auch andere Traubensorten anbauen. Fläsch, Jenins, Maienfeld, Malans, Trimmis und Zizers heissen die dazugehörenden Gemeinden.

Burgund Berühmte Weinbauregion in Frankreich zwischen Dijon und Lyon. Pinot Noir bei den Rotwein- und Chardonnay bei den Weissweintrauben dominieren. Zum Gebiet gehören die Côte d'Or – der Oberbegriff für die Côte-de-Nuits, wo die berühmtesten Rotweine herkommen, und die Côte-de-Beaune, wo einige der weltbesten Chardonnays gemacht werden – und südlich davon die Côte Chalonnaise und Mâconnaise sowie das Beaujolais-Gebiet. Nordwestlich von Dijon ist die nicht minder berühmte → Chablis-Region zu finden.

Cabernet Sauvignon Hochwertige rote Traubensorte, die kräftige, würzige und bouquetreiche Weine hervorbringt. Typisch ist ihr Johannisbeeraroma. Inzwischen fast weltweit angebaut, bildet sie das Rückgrat der Médoc-Weine, wobei andere Sorten für die berühmten Château-Erzeugnisse nur in kleinen Mengen Verwendung finden.

Chablais Waadtländer Weinregion im Rhonetal.

Chablis Berühmter Burgunder Weisswein, aus Chardonnay-Trauben gemacht, aus dem gleichnamigen Städtchen. Sieben Grand-Cru-Lagen, wovon Les Clos und Vaudésir als die besten gelten. Auch einige gute Premiers Crus, darunter wird die Qualität jedoch oft zweifelhaft. Auf der ganzen Welt geliebt und nachgeahmt, denn sein klarer, mineralischer Unterton, der von den dortigen schweren Kalkböden herrührt, ist einzigartig.

Champagner Schaumwein, der meist aus Pinot Noir, Pinot Meunier und Chardonnay in einem aufwendigen Verfahren hergestellt wird, indem die zweite Gärung in der Flasche unter Beifügen einer Zucker-Hefe-Mischung stattfindet und so die berühmte Kohlensäure erzeugt wird. Die einzelnen Marken verwenden Weine aus verschiedenen Lagen, Rebsorten und Jahrgängen, um so eine gleichbleibende, für ihr Haus spezifische Qualität zu erzeugen. Anders der sogenannte Millésimé, der nur in guten Jahren gekeltert wird und die jeweilige Jahreszahl auf dem Etikett trägt.

Die bilateralen Verträge zwischen der Schweiz und der EU haben es den Winzern der Gemeinde Champagne im Waadtland verboten, ihren Weisswein unter der Bezeichnung «Vin de Champagne» zu vermarkten, da diese Herkunftsbezeichnung allein der französischen Region vorbehalten ist. Der im Ort produzierte Wein wurde in «Libre-Champ» umbenannt.

Chardonnay Weitverbreitete weisse Traubensorte, everybody's darling. Der Wein aus Le Montrachet in der Côte-de-Beaune ist ihr vielleicht bester Botschafter weltweit, sicher jedoch ihr teuerster.

Chasselas Schweizer Rebsorte für Weisswein, aus der fast ein Drittel der hiesigen Produktion stammt. Im Wallis heisst sie Fendant, in Genf Perlan, in Deutschland Gutedel.

Chatzeseicherli Deutschschweizer Bezeichnung für die Traubensorte Americano, die sehr widerstandsfähig ist und sich deshalb für den Spalier- und Pergola-Anbau eignet. Vor allem im Tessin zu finden. Der Duft liesse sich auch als Fox-Ton umschreiben, was einiges erfreulicher klingt.

Chianti Herber, fruchtiger Wein aus der Toskana. Kommt er aus dem Gebiet zwischen Florenz und Siena, darf er sich Chianti Classico oder – nach zwei Jahren Eichenfasslagerung – Chianti Classico Riserva nennen. Mindestens 80 Prozent darin stammen von der Sangiovese-Traube, andere Sorten sind auch zulässig (inklusive Cabernet Sauvignon und Merlot). Früher wurde dem Chianti auch Weisswein beigemischt und er kam in der traditionellen Bastflasche daher. Heute orientiert er sich eher am Bordeaux-Stil.

Cognac Feinster aller Weinbrände (zweimal destilliert) aus einem → AOP-Gebiet nördlich von Bordeaux. Je älter, desto besser. Armagnac (einmal destilliert) heisst er aus einer anderen Anbauregion, wo die Qualität oft etwas robuster ausfällt.

Cru Französisch für «Gewächs». Wird dort auch als Prädikatsbezeichnung für höher klassifizierte Weinbaugebiete und deren Weine verwendet (→ Grand Cru).

Cuvée Verschnitt aus verschiedenen Weinen (Sorten, Jahrgängen).

Dekantieren Das Umfüllen von der Flasche in eine Karaffe, damit der Wein «atmen» kann. Das kommt dem Entfalten verschiedenster Aromen zugute – wenn es sich um einen jungen Wein handelt. Ganz alte werden durch diese Prozedur eher «abgewürgt».

Dôle Rotwein aus dem Wallis, der aus einem Verschnitt von Pinot Noir (Hauptanteil), Gamay oder anderen Rotweintrauben hergestellt wird. Gefällige, oft vollmundige Weine. Dôle Blanche wird aus Pinot Noir weiss abgepresst (ohne Maischegärung).

Féchy Bei den Deutschschweizern der beliebteste Waadtländer Weisswein (aus Chasselas-Trauben). Wohl auch wegen des Namens.

Federweisser Schweizer Bezeichnung für Pinot-Noir-Weine, die sofort nach der Lese abgepresst werden und somit Weissweine sind.

Fendant Walliser Weisswein aus der Chasselas-Traube. Es gibt viele hervorragende Erzeuger dieses Schweizer Klassikers im Kanton.

Gärung Durch die Wirkung von (natürlichen oder zugesetzten) Hefen wird der im Traubensaft enthaltene Zucker in Alkohol (und Kohlensäure) umgewandelt.

Grand Cru Bedeutet wörtlich übersetzt «grosses Gewächs». Die Krux an diesem Begriff ist, dass die verschiedenen Weinbaugebiete Frankreichs die Bezeichnung unterschiedlich handhaben.

■ Im → Burgund bezieht sich Grand Cru auf die Lage. 1935 wurden alle Weinberge der Côte-d'Or amtlich klassifiziert. Eine der bekanntesten Lagen dort heisst Clos Vougeot, doch deren Weinberg – rund 50 Hektaren, also etwa sieben Fussballfelder gross – teilen sich mehr als 85 Winzer, die natürlich sehr unterschiedliche Qualitäten erzeugen. Deshalb bürgt der Name Clos Vougeot allein noch nicht für höchste Qualität, auch wenn es sich um einen Grand Cru handelt. An zweiter Stelle dieser Lageklassifikation steht Premier Cru. Dann folgen die kommunalen Appellationen, bei denen oft der Name der berühmtesten Lage angehängt wird. Ein Musigny etwa stammt aus dem gleichnamigen Rebberg und ist ein Grand Cru; ein Chambolle-Musigny jedoch stammt von Rebbergen (nicht Grand-Cru-Lagen) aus der ganzen Gemeinde und ist deshalb zwei Qualitätsstufen tiefer angesiedelt, mit anderen Vorschriften zum Ertrag pro Hektare. Das alles ist kompliziert und macht es schwierig, den Überblick zu behalten. Letztlich kommt es auf den einzelnen Weinbauer an, die Lage entscheidet nicht ausschliesslich. Berühmte Grands Crus: Chambertin, Musigny, Richebourg, La Romanée (-Conti), La Tâche und Corton für Rotweine, Corton-Charlemagne und Montrachet für Weissweine.

■ Im → Bordeaux ist es nicht die Lage, sondern das Weingut, das über die Bezeichnung Grand Cru entscheidet (→ Klassifizierung). Die Einteilung geht dort von Premier Cru hinunter zu Cinquième Cru. Ein recht zuverlässiger Indikator für die Qualität der Weine ist jedoch nicht die Klassifizierung (von 1855!), sondern der Preis. Berühmtes Beispiel: Château Lynch-Bages, als fünftes Gewächs einge-

stuft, aber punkto Qualität und Preis gleichwertig mit einem Deuxième.
In Saint-Émilion heissen die Qualitätsstufen aufsteigend: Saint-Émilion, Saint-Émilion Grand Cru, Saint-Émilion Grand Cru Classé B und zuoberst Saint-Émilion Grand Cru Classé A. Die Klassifizierung wird alle zehn Jahre neu erarbeitet.
Im Graves wurde die Einstufung 1953 vorgenommen; es besteht keine Hierarchie, sondern die ausgezeichneten Weine heissen «Cru Classé des Graves».
Das Gebiet Pomerol hat keine Klassifizierung.
Die Süssweine des Sauternes und Barsac wurden 1855 eingeteilt, von Premier Cru Supérieur (Château d'Yquem) über Premier Cru bis Deuxième Cru.
■ Das Elsass kennt 51 Grand-Cru-Lagen, jede mit eigener → AOP versehen.

Heida Auch Savagnin Blanc, Païen oder Traminer. Uralte Walliser Traube, die in den höchsten Weingebieten nördlich der Alpen, in Visperterminen, zu saftigem, kräftigem Weisswein heranwächst.

Humagne Blanc Lagerfähige Weissweinsorte aus dem Wallis. Ergibt fruchtige, frische Weine.

Humagne Rouge Schweizer Spezialität aus dem Wallis, die für volle Rotweine sorgt.

Jahrgang Wein ist ein Produkt aus der Natur, und Witterungseinflüsse können grosse Auswirkungen auf seine Qualität haben. Die Jahrgangsunterschiede sind generell bei Weinen aus Übersee weniger erheblich als zum Beispiel im Bordeaux, wo sie sich sehr bestimmend auf die Preise auswirken.

Johannisberg Weisser Walliser Wein aus der Sylvaner-Traube mit zartfruchtiger Note.

Kalorien Mit ca. 660 kcal pro Liter enthält Wein recht viele Kalorien. Hauptverantwortlich dafür sind vor allem der Restzucker und der Alkohol.

Kirchenfenster Weine, die einen hohen Glycerinanteil haben (gleichbedeutend mit hohem Alkoholgehalt), bilden beim Schwenken an der Glas-Innenseite Schlieren, deren Form an Kirchenfenster erinnert. Enthält der Wein viel Glycerin, fliessen sie sehr langsam hinunter.

Klassifizierung An der Pariser Weltausstellung 1855 wurde eine Klassierung der → Bordeaux-Weine in fünf Qualitätsstufen vorgenommen. Diese betraf das Gebiet Médoc und Sauternes (plus Château Haut-Brion als Ausnahme für das Graves-Gebiet). Die Klassierung reicht vom Premier Cru bis zum Cinquième Cru. 65 Châteaux fanden darin Aufnahme. 1973 wurde sie ein einziges Mal geändert, als Château Mouton Rothschild vom Deuxième zum Premier Cru aufstieg. Natürlich wird die Klassifizierung immer wieder angefochten, weil die Qualität der Weine in der Zwischenzeit geändert haben mag, doch zu Anpassungen kam es ansonsten bis heute nie (→ Grand Cru).

Klevner Deutschschweizer Bezeichnung für Blauburgunder (Pinot Noir). Wird auch in Deutschland, Österreich und im Elsass verwendet.

Korken Der Weinflaschenverschluss entstammt der Rinde der Korkeiche, die in Portugal und auch in Sardinien heimisch ist. Seine

Luftdurchlässigkeit ermöglicht dem Wein einen Reifeprozess. Als Alternative zum Naturkork setzen sich immer mehr Schraubverschlüsse oder Kunststoffkorken durch, wenn die Alterung eines Weins keine zusätzlichen Qualitäten hervorbringen soll oder kann.

Schmeckt ein Wein nach Kork, hat er auf gut Schweizerisch Zapfen. Ein unangenehmer Geschmacksfehler, der Grund dafür liegt in einer mangelnden Desinfektion oder chemischen Wechselwirkungen.

Merlot Rotweintraube, die in Pomerol (Château Pétrus), Saint-Émilion, Kalifornien, Australien und natürlich auch im Tessin vollmundige, saftige Weine ergibt.

Müller-Thurgau, Riesling×Sylvaner Kreuzung der beiden Traubensorten Riesling und Sylvaner durch den Thurgauer Hermann Müller. Mittlerweile hierzulande sehr verbreitet. Die Traube ermöglicht zwar keine Spitzenweine, doch fruchtige, säurearme und gefällige Tropfen.

Nebbiolo Wird hauptsächlich im Piemont angebaut, wo die Traube teils spektakuläre Rotweine (→ Barolo, Barbaresco) hervorbringt. Sie sorgt für sehr tanninreiche Weine, die eine lange Flaschenlagerung benötigen.

Öchsle Die Masseinheit gibt an, um wie viel ein Liter Traubenmost schwerer ist als ein Liter Wasser, und definiert somit den Zuckergehalt. 90 Öchsle entsprechen 12,5 Prozent Alkoholgehalt.

Œil de Perdrix (französisch für Rebhuhnauge) Ein Roséwein aus der Schweiz, der aus Pinot Noir gekeltert wird.

Pinot Noir (Blauburgunder, Spätburgunder) Neben Cabernet Sauvignon die grosse Rotweintraube, die sich zum Anbau in eher kühleren Regionen eignet. Berühmt sind die Erzeugnisse aus der Côte-d'Or im → Burgund, wo die Traube zu Spitzengewächsen punkto Bouquet und Fülle gedeiht. Leider auch punkto Preis. Schöne Pinot-Noir-Weine gibt es zudem aus der Schweiz, Deutschland, Österreich, überhaupt aus ganz Mitteleuropa und auch aus der neuen Welt.

Prosecco War bis 2009 der Name einer weissen Rebsorte aus dem Veneto. Seither darf Prosecco nur noch als Herkunftsbezeichnung genutzt werden, die Traube heisst Glera. Champagner, deutscher Winzersekt und andere gute Schaumweine (nach der méthode champenoise) werden durch eine aufwendige Flaschengärung hergestellt (→ Champagner), während beim Prosecco die Kohlensäure in der Tankgärung erzeugt wird. Das erklärt auch den Preisunterschied.

Portwein (Port) Roter Süsswein aus dem Douro-Tal in Portugal. Wird hergestellt, indem der noch nicht ganz vergorene Wein einem Fass mit Traubenbranntwein (Cognac) zugefügt wird. Durch dieses sogenannte Spriten wird der Gärprozess gestoppt und es bleibt eine Restsüsse. Der fertige Wein hat einen Alkoholgehalt von 19 bis 22 Prozent und wird dadurch sehr lagerfähig.

Bei normaler Qualität bleibt der Wein nach dem Öffnen viele Wochen trinkbar; teurer und sehr guter (Jahrgangs-)Port sollte jedoch schnell getrunken werden. Eignet sich als Begleiter von Desserts, generell nach dem Essen und vor allem auch zu würzigem Käse. Wundervoller Wein, der leider etwas in Vergessenheit geraten ist.

Pouilly-Fuissé Chardonnay-Wein aus dem Mâconnais (Burgund) mit sehr eleganter, frischer Note.

Pouilly-Fumé Weisswein aus dem Loire-Tal, der aus dem weissen Sauvignon Blanc hergestellt wird. Nachbargebiet: Sancerre. Beide Weingebiete gelten als das Kernland dieser Traube und haben den Wein in der ganzen Welt berühmt gemacht.

Räuschling Alte Weissweinrebe aus der Ostschweiz, häufig am Zürichsee angebaut.

Riesling Gilt neben Chardonnay als beste Traube für Weissweine, ist aber in der Schweiz nicht ganz so beliebt. Das ändert sich zum Glück, denn überall sonst wird sie sehr geschätzt. Spitzenweine kommen aus dem Elsass, aus Deutschland, Österreich, Italien, Kalifornien und mittlerweile auch aus Australien und Neuseeland.

Rioja Weinbaugebiet in Nordspanien. Die klassischen Riojas sind meist reinrassige Rotweine, aus der Tempranillo-Traube oder durch Verschnitt mit anderen Sorten gewonnen. Neuerdings wird aber vermehrt experimentiert und Vorbildern aus dem Bordeaux nachgeeifert.

Rosé (in der Schweiz auch Süssdruck) Wird aus Rotweintrauben hergestellt, indem man die Beerenhäute während des Gärprozesses nur kurze Zeit in Kontakt mit dem Saft lässt, sodass sie fast keine Farbe abgeben können.

Sauvignon Blanc (auch Fumé Blanc) Weissweintraube, die aromatische, gefällige Weine hervorbringt. Sehr unterschiedlich im Geschmack, je nach Herkunft und Ausbau. Mittlerweile fast überall angebaut, obwohl ursprünglich aus dem Loire-Tal und dem Bordeaux stammend.

Sherry Aufgespriteter (→ Port) Weisswein aus Spanien, der aus einer Mischung von verschiedenen Jahrgängen besteht. Die 600 Liter fassenden Sherryfässer sind übereinander gelagert und miteinander verbunden, oben werden jeweils die Jungweine hineingegeben und der fertige Wein wird aus der untersten Reihe entnommen. Es gibt verschiedene Geschmacksrichtungen: Fino (trocken, fein), Manzanilla (welcher Fino), Amontillado (älterer, kräftigerer Fino), Oloroso (wuchtig, schwer), Cream Sherry (süss bis sehr süss).

Tannine Im Wein anzutreffende Gerbstoffe. Sie werden einerseits durch die Beerenhäute, Stiele und Kerne der Trauben bei der Rotweinverarbeitung hervorgerufen, andererseits durch die Lagerung in Holzfässern während des → Ausbaus. Die Holztannine geben dem Wein Raffinesse und Langlebigkeit, können aber auch feinere Aromen überdecken und den Wein, wenn er zu früh getrunken wird, «pelzig» machen.

Terroir In Frankreich und inzwischen auch anderswo verwendete Bezeichnung für das Zusammenwirken von Klima, Landschaft, Böden, Hangneigung und Umgebung eines Weinbergs.

Tessin Viertgrösster Weinbaukanton der Schweiz mit dem Merlot als Hauptsorte. Andere Sorten werden jedoch auch angebaut, und einige der besten (Rot-)Weine des Landes kommen aus diesem Gebiet. Hier hat eine junge Generation von Winzern in den 80er-Jahren mit neuen Verfahren experimentiert und eine eigentliche Revolution im Schweizer Weinbau ausgelöst.

Trester Das, was nach der Kelterung beziehungsweise Maischegärung an Stielen, Häuten und Kernen zurückbleibt. Trester ist das Ausgangsmaterial für Grappa (I) und Marc (F).

Vinho Verde Weisswein aus dem nördlichen Portugal. Sehr leichter Wein mit relativ wenig Alkohol (8,5 bis 11,5 Prozent), der mit seinem spritzigen, leicht moussierenden Charakter als frischer Sommerwein beliebt ist.

Waadt Zweitgrösster Kanton punkto Weinproduktion in der Schweiz. Nicht so interessant und vielfältig wie andere Kantone, das tut aber der Beliebtheit der Weine keinen Abbruch.

Wallis Grösster und vielleicht spannendster Weinbaukanton der Schweiz, in dem über 40 verschiedene Sorten angebaut werden. Viele engagierte Winzer pflegen Spezialitäten und bringen teils sehr interessante Weine hervor. Es gibt manche Entdeckung zu machen.

Weinstein Helle, weisse Kristalle auf dem Flaschenboden oder am Korken eines Weissweins sind kein Grund für eine Beanstandung, sie weisen eher darauf hin, dass der Wein vor der Abfüllung wenig behandelt wurde.

Zapfengeld Betrag, der im Voraus vereinbart wird, wenn ein Gastgeber selber den Wein ins Restaurant mitbringt. Üblich ist das nur bei grösseren Familienfeiern und Hochzeiten. Schwankt zwischen 8 und 25 Franken pro Flasche, je nach Preisniveau des Lokals.

Zinfandel Rote Traubensorte, die in Kalifornien würzige, gefällige Weine hervorbringt. 1999 konnte der Nachweis erbracht werden, dass sie mit der italienischen Primitivo-Traube identisch ist. Auch in Italien liefert sie verlässliche Weine mit guten Allrounder-Eigenschaften.

DRESSCODES IM ÜBERBLICK

Dresscode	Anlass	Der Mann
D: zwanglose Bekleidung F: tenue décontractée E: private casual	Freizeiteinladung	Keine Vorschriften
D: informelle Bekleidung F: tenue informelle / tenue sport chic E: business casual / casual elegance	■ Brunch ■ Sightseeing (auf Geschäftsreise) ■ Kundenanlass mit Freizeitcharakter ■ Hochzeitsauftakt ■ Workshop ■ Seminar ■ Vortragsbesuch	■ Sportliche Hose (Chino, Leinen, Baumwolle, Cord) ■ Sportliches Langarmhemd oder Poloshirt ■ Sportliches Jackett ■ Dunkle Socken, geschlossene dunkle Schuhe ■ Keine Krawatte!
«come as you are» Nicht wortwörtlich zu nehmen: Gemeint ist, dass man so wie bei der Büroarbeit erscheint.	■ Büroparty ■ Private Veranstaltung ■ Festlicher Anlass ■ Cocktail	■ Anzug mit Krawatte oder modische Kombination ohne
D: Strassenanzug / Cocktail (gedeckter Anzug) F: tenue de ville E: informal / business suit / business attire / day informal	■ Geschäftsalltag ■ Businessveranstaltung ■ Geschäftsreise mit Kundenkontakt ■ Cocktail ■ Diplomfeier ■ Firmenessen ■ Hochzeit ■ Beerdigung	■ Anzug in eher dunkler Farbe (allenfalls dezente Kombination aus Veston und Hose) ■ Weisses, hellblaues oder dezent gemustertes Hemd ■ Dunkle Socken, dunkle Schuhe mit Ledersohle ■ Krawatte
D: festlicher / dunkler Anzug F: tenue foncée E: dark suit / lounge suit	■ Festlicher Anlass ausserhalb der Geschäftsräume ■ Abendveranstaltung oder Cocktail ■ Theater- oder Opernpremiere ■ Klassisches Konzert ■ Roter-Teppich-Anlass ■ Hochzeit	■ Dunkler Anzug (anthrazit, dunkelblau oder -grau, schwarz) ■ Weisses Hemd ■ Diskrete, dunkle Krawatte ■ Evtl. Pochette ■ Schwarze Socken, schwarze Schuhe

Die Frau	Nein	Ja
Keine Vorschriften	–	Auch «sporty casual» genannt ■ Baumwollhose ■ Cordhose ■ Jeans ■ Sportliches Jackett
■ Sportliches Kostüm oder Hose, Jacke (auch Blusenjacke) und Shirt ■ Strümpfe, geschlossene dunkle Schuhe	■ Shorts ■ Jeans ■ Freizeit-Look ■ Offene Schuhe ■ Mini ■ Dekolleté	■ Blazer ■ Pullover/Rolli ■ Loafer ■ «Smart casual»: 2-teiliger Anzug ohne Krawatte und evtl. Poloshirt statt Hemd ■ Caprihose (für sie!)
■ Deuxpièce mit Rock oder Strickjacke ■ Twinset	■ Kein Dresscode für eine FKK-Party, «so wie Gott Sie schuf» ■ Freizeitkleider und Jeans	
■ Dezentes Kostüm ■ Kurzes Kleid mit Jacke ■ Eleganter Hosenanzug ■ Strümpfe, geschlossene, elegante Schuhe	■ Aufgeknöpftes Hemd ■ Helle Socken ■ Pullover/Rolli ■ Dunkle Hemdfarbe ■ Kurzarmhemd	■ Anzug plus Weste ■ Nadelstreifen und andere dezente Muster ■ Im Sommer: beiger oder hellblauer Anzug ■ Rosa Bluse für sie ■ Evtl. Etuikleid mit Jacke für sie
■ Festliches Kostüm ■ Dunkler Hosenanzug ■ Das kleine Schwarze ■ Evtl. offene, dunkle Schuhe	■ Bunte Krawatte ■ Schuhe mit Gummisohlen ■ Kombination von Veston mit anderer Hose	■ Manschettenknöpfe ■ Evtl. Smoking für Damen ■ Für sie: auch ohne Strümpfe möglich

Dresscode	Anlass	Der Mann
D/e: black tie optional F: cravatte noire facultative	Festlicher Anlass in etwas weniger formalem Rahmen	■ Smoking und schwarze Fliege oder ■ Dunkler (nachtblauer oder schwarzer) Anzug mit festlicher Krawatte
D: Smoking (kleiner Gesell- schaftsanzug) F: cravatte noire E: black tie / dinner jacket (USA: «tuxedo»)	■ Hochzeitsdinner ■ Silvesterfeier ■ Theater- oder Opernpremiere ■ Ball ■ Festliche Preisverleihung und Roter-Teppich-Anlass	■ Schwarzer Smoking mit rundem Seidenkragen und «Galon» an Hose ■ Weisses Smokinghemd mit Kentkragen ■ Schwarzer Kummerbund und schwarze Fliege ■ Schwarze (Lack-?)Schuhe (Oxford) zum Schnüren
D: Cut F: jaquette E: cutaway coat, morning dress	■ Hochoffizielle Tages- garderobe ■ Staatsempfang ■ Bräutigam ■ Brautvater und Gäste bei sehr klassischer Hochzeit bis 17 Uhr ■ Pferderennen in Ascot ■ Anlässe mit Royals tagsüber	■ Schwarze oder (für den Bräutigam) graue Schossjacke ■ Grau-schwarz gestreifte Hose ohne Aufschlag ■ Graue oder cremefarbene Weste ■ Weisses Hemd ■ Silberne Krawatte (oder Plastron) ■ Schwarze Oxfords oder Monkstraps
D: Frack (grosser Gesellschaftsanzug) F: cravatte blanche / frac habit E: white tie / full evening dress	■ Nobelpreisverleihung ■ Privater (Adels-)Ball ■ Wiener Opernball	■ Schwarze Frackjacke ■ Schwarze Hose mit Doppel- galons und ohne Aufschlag ■ Weisses, brustverstärktes Frackhemd mit Stehkragen und Doppelmanschette ■ Weisse, V-förmige Weste ■ Weisse, selbstgebundene Fliege ■ Schwarze Lackschuhe

Die Frau	Nein	Ja
■ Cocktailkleid oder ■ Langes Abendkleid oder ■ Festliches Kostüm	■ Farbige Fliege	■ Möglich: Smoking auch ohne Fliege zum geöffneten Hemd (heikel!)
■ Langes oder kurzes Abendkleid mit festlichem Charakter aus Samt, Brokat oder Seide ■ Strümpfe ■ Clutch	■ Stehkragen ■ Weisse oder farbige Fliege ■ Weisse Smokingjacke (nur etikettenkonform bei abendlichen Festen unter freiem Himmel und auf Kreuzfahrtschiffen) ■ Krawatte ■ Für ihn: Uhr ■ Üppiger Schmuck	■ Evtl. ersetzt Smokingweste den Kummerbund ■ Pochette ■ Evtl. offene Schuhe und keine Strümpfe für sie (mutig!) ■ Jacke oder Stola für sie ■ Dekolleté
■ Kurzes Kleid mit Jacke oder Mantel (weder weiss noch ganz schwarz) oder ■ Elegantes Kostüm ■ Edelstrümpfe ■ Geschlossene, elegante Schuhe	■ Fliege ■ Lackschuhe ■ Langes Abendkleid für sie ■ Hosenanzug für sie	■ Evtl. Zylinder (gleicher Stoff wie Weste) ■ Pochette ■ Modern, aber mutig: farbige Weste ■ Für sie: Rock mindestens knielang ■ Für sie: Hut
■ Grosse Abendgarderobe mit Dekolleté ■ Clutch ■ Ausgewählter Schmuck ■ Aufwendige Frisur	■ Schwarze Fliege ■ Krawatte ■ Hose oder Kostüm für sie	■ Evtl. schwarzer Zylinder und weisse Handschuhe ■ Offene Schuhe ohne Strümpfe für sie absolut möglich

Interessante Bücher

Beobachter-Ratgeber

Baumgartner, Gabriela: *Besser schreiben im Alltag. Aktuelle Tipps und Vorlagen für die private Korrespondenz.* 4. Auflage, Beobachter-Edition, Zürich 2013
Immer die richtigen Worte finden: ein Handbuch für Kommunikation in allen Lebenslagen. Ausführlich, praxisgerecht und mit Online-Angebot.

Baumgartner, Gabriela: *Besser schreiben im Business. Aktuelle Tipps und Vorlagen für den Geschäftsalltag.* 2. Auflage, Beobachter-Edition, Zürich 2013
Ohne Floskeln und juristisch korrekt formulieren – ein Business-Nachschlagewerk mit gebrauchsfertigen Vorlagen für den Geschäftsalltag. Mit Online-Angebot.

Bodenmann, Guy; Fux, Caroline: *Was Paare stark macht. Das Geheimnis glücklicher Beziehungen.* 4. Auflage, Beobachter-Edition, Zürich 2013
Einfühlsam und konkret gehen der Autor und die Autorin der Frage nach, was es für ein glückliches Miteinander braucht. Lesenswert!

Büchi, Andres; Zeugin, Käthi: *Was Schweizer wissen wollen. Der grosse Beobachter-Ratgeber.* Beobachter-Edition, Zürich 2013. Die Kompetenz des Beratungszentrums und das Wissen aus 30 Jahren Beobachter-Ratgeber in Buchform.

Pelosi, Lea; Wyss, Ralph: *Besser verhandeln im Alltag. Die wichtigsten Verhandlungstechniken richtig anwenden. Mit vielen Praxisbeispielen.* Beobachter-Edition, Zürich 2013. Mit diesem Ratgeber bereiten Sie Verhandlungen richtig vor, gestalten sie aktiv und führen sie erfolgreich zum Ziel.

Rohr, Patrick: *Reden wie ein Profi. Selbstsicher auftreten – im Beruf, privat, in der Öffentlichkeit.* 3. Auflage, Beobachter-Edition, Zürich 2010
Der erfahrene Moderator bietet Hilfestellungen und Insidertipps für souveräne Reden in jedem Rahmen.

Rohr, Patrick: *So meistern Sie jedes Gespräch. Mutig und souverän argumentieren – im Beruf und privat.* 3. Auflage, Beobachter-Edition, Zürich 2012
Ob Small Talk, Konfliktgespräch oder Verkaufsgespräch – dieses Buch zeigt, wie man Vertrauen schafft und überzeugend argumentiert.

Von Flüe, Karin: *Letzte Dinge. Fürs Lebensende vorsorgen – mit Todesfällen umgehen.* 2. Auflage, Beobachter-Edition, Zürich 2011. Dieses Buch beantwortet Fragen, die das Leben gegen das Ende hin stellt. Das eigene Lebensende betreffend wie auch nach dem Tod einer nahestehenden Person.

Bücher zu Stil und Lebensart

Alves, Katja: *Darf man das? Ein Benimmbuch für unterwegs.* Sanssouci 2006
Etikette für Geschäfts- und Freizeitreisen ins Ausland. Humorvoll geschrieben,
erfrischend die Erkenntnisse.

Asserate, Asfa-Wossen: *Manieren.* dtv 2005
Ein sprachmächtiges Sittengemälde über Anstand und Benimm in Deutschland.
Sehr philosophisch. Ein Muss für alle, die Bescheid wissen wollen.

Bewes, Diccon: *Der Schweizerversteher. Ein Englander unter Eidgenossen.*
Malik 2012
Kurzweiliges und kenntnisreiches Buch über die Eigenheiten hierzulande.

Goleman, Daniel: *EQ. Emotionale Intelligenz.* dtv 2011
Die Erweiterung des Intelligenzbegriffs um die emotionale Komponente.
In den 90er-Jahren geschrieben und heute noch lesenswert.

Johnson, Hugh: *Der grosse Johnson.* Gräfe & Unzer 2009. Eine umfassende
Enzyklopädie der Weine, Weinbaugebiete und Weinerzeuger der Welt.
DAS Standartwerk zum Thema.

Knigge, Adolph Freiherr: *Über den Umgang mit Menschen.* Tredition Classics 2011
Keine Sammlung von Benimmregeln, sondern ein Buch über den angemessenen
Umgang zwischen den verschiedenen Gesellschaftsschichten. Auch heute noch
lesbar und interessant.

Lüdemann, Carolin: *Little Black Book Knigge.* Wiley-VCH-Verlag 2011
Eigentlich das einzige Knigge-Buch aus Deutschland, das man nicht nach zehn
Seiten wieder weglegt. Klug und knapp geschrieben.

Tingler, Philipp: *Stil zeigen! Handbuch für Gesellschaft und Umgangsform.*
Kein & Aber 2008
Amüsantes, Witziges und Ironisches über die Umgangsformen der oberen
Zehntausend. Mit Illustrationen von Daniel Müller. Sehr empfehlenswert.

Willmeroth, Sandra; Hämmerli, Fredy: *Exgüsi. Ein Knigge für Deutsche und
Schweizer zur Vermeidung grober Missverständnisse.* Orell Füssli 2009
Amüsant und kenntnisreich geschrieben.

Weiterführende Links

www.beobachter.ch
Beobachter-Expertinnen und -Experten geben praktischen Rat bei privaten Rechts-, Geld- und Lebensproblemen des Alltags. Das Wissen der Fachleute steht den Beobachter-Mitgliedern (Abonnentinnen und Abonnenten) kostenlos zur Verfügung. Wer kein Abonnement hat, kann online oder am Telefon eines bestellen und erhält sofort Zugang zu den Dienstleistungen.

- HelpOnline: rund um die Uhr im Internet unter www.beobachter.ch/beratung (→ Beratung mit HelpOnline)
- Am Telefon: Montag bis Freitag von 9 bis 13 Uhr. Direktnummern der Fachbereiche unter www.beobachter.ch/beratung (→ Beratung per Telefon) oder unter 043 444 54 00
- Kurzberatung per E-Mail: Link zu den verschiedenen Fachbereichen unter www.beobachter.ch/beratung (→ Beratung per E-Mail)

www.eda.admin.ch
Wenn Sie genau wissen wollen, wie mit hochrangigen Gästen, Monarchen, kirchlichen Würdenträgern und Botschaftern umzugehen ist, richten Sie eine Anfrage an protokoll@eda.admin.ch und lassen Sie sich «Protokoll und Etikette» sowie «Protokoll im Schriftverkehr» als PDF zukommen.

www.knigge-rat.de
Hier lassen sich die wichtigsten Themen nochmals nachlesen. Praxisnah und informativ.

www.stil.de
Noch eine Knigge-Site. Etwas bunt, aber die Informationen stimmen. Bei den Details allerdings machen wir es in der Schweiz manchmal etwas anders.

www.stilclub.de
Antworten und Wissenswertes zum Thema Stil und Geschmack – Tipps und Kniffe gehören auch dazu.

www.reiseknigge.eu
Sehr vertiefende Informationen zu China, Frankreich, Grossbritannien, Indien, Italien, Japan, Russland, Spanien, Thailand, Türkei und den USA. Äusserst empfehlenswert bei Reisen in diese Länder.

www.weka-personal.ch
Das Schweizer Portal für Personalverantwortliche. Sehr breit gefächertes Themenspektrum, das immer wieder auch Business-Knigge-Fragen erörtert.

www.cash.ch/news/karriere-knigge
Einmal pro Woche beantwortet Corinne Staub, eine ausgewiesene Fachfrau,
Fragen aus der Geschäftswelt bezüglich Etikette. Unbedingt lesen, wenn Sie
Business-Themen suchen.

www.farbstil.ch
Adresse der Schweizerischen Informations- und Fachstelle für Farb- und
Modestilberatung. Nach Regionen aufgelistet finden Sie dort Fachpersonen,
die Sie beim Modeeinkauf begleiten und beraten.

www.femininleben.ch
Riesige Themenvielfalt rund ums Frausein in der Schweiz. Gut gemacht.

blog.tagesanzeiger.ch/mamablog
Kinder, Knatsch & Prosecco, so die Eigenwerbung. Einer der meistgelesenen
Blogs in der Schweiz. Hat inzwischen Kultstatus, zu Recht!

www.gentleman-blog.de
Ein Blog rund um Mode, Manieren, Genuss und Lebensart. Durchaus amüsant
für den Herrn mit gehobenen Lebensansprüchen.

www.barrierefrei-kommunizieren.de
Richtet sich an behinderte Menschen, die moderne Kommunikationsmittel
nutzen wollen.

www.stattgewalt.ch
In verschiedenen Schweizer Städten werden Rundgänge angeboten, bei denen
es um Sicherheit und Zivilcourage geht. Schauspieler stellen reale Situationen
nach, das richtige Reagieren wird besprochen.

www.ritualnetz.ch
Führt eine Liste mit Porträts von freischaffenden Theologen und Ritualbegleitern.

www.vinfox.com
Listet die Online- und Offline-Angebote der Weinhändler der Schweiz umfassend
und aktuell auf und zeigt, wo und zu welchem Preis ein spezifischer Wein
hierzulande erhältlich ist. Genial.

www.weinwisser.com
Ein unabhängiger Newsletter für alle, die mehr über das Thema wissen wollen.
Heute die wichtigste und meistzitierte deutschsprachige Quelle zu Weinbewertungen.